Rosmarie Fichtenkamm-Barde (Hrsg.)

Freitags von Zehn bis Zwölf

Rosmarie Fichtenkamm-Barde (Hrsg.)

Freitags von Zehn bis Zwölf

Wortfenster in zwölf Leben

Bibliografische Information der Deutschen Bibliothek:
Die Deutsche Bibliothek verzeichnet diese Publikation in der
Deutschen Nationalbibliografie; detaillierte bibliografische
Daten sind im Internet über http://dnb.dnb.de abrufbar.

Copyright © 2017 bei den Autoren
Umschlaggestaltung: Aquarell von Gisela Schweikart
Korrektorat: Erika Weber-Herkommer und
　　　　　　Heide-Marie Kullmann
Alle Rechte vorbehalten.
Satz: Gerd Tremmel
Herstellung und Verlag: BoD - Books on Demand,
　　　　　　　　　　　　　　Norderstedt
ISBN 978-3-7448-0185-0

Inhalt

Einleitung Rosmarie Fichtenkamm-Barde	7
Mein verlorenes Kleeblatt Ursula Bauer	11
Vom Kommunismus zum Kapitalismus Inge Bethke	35
Hinter dem Schleier Susann Deterding	53
Heimat Brigitte Herrmann	79
Wechselnde Perspektiven Sibyl Jackel	109
Aotearoa Ingrid Johanna Kiltz	143
Ortswechsel Heide-Marie Kullmann	175
Gedanken und Gefühle Gerda Liedemann-Heckenmüller	201
Wunschkind Christel Locher	229
Liebe und Eigensinn Gabriele Schneider	253
Überleben und Leben gestalten Gisela Schweikart	279
Von Stuttgart um die halbe Welt Erika Weber-Herkommer	305
Autorinnen	329
Grußwort	333

Einleitung
Rosmarie Fichtenkamm-Barde

„Freitags von Zehn bis Zwölf. Wortfenster in zwölf Leben" ist der dritte Sammelband, den die Autorinnen der Oberurseler Schreibwerkstatt veröffentlichen.

Ausgangspunkt für dieses Schreibprojekt war die Suche nach persönlichen Wörtern, nach bevorzugten Wörtern, nach existentiellen Wörtern, nach Wörtern, die dem eigenen Leben auf den Grund gehen, Wörter mit Tiefenresonanz und innerem Seelenwert. Solche Wörter sind mit Erlebnissen, Erinnerungen und Stimmungen verbunden, die im Leben eine wichtige Rolle spielen. Sie bringen Bilder, Assoziationen, Schlüsselszenen hervor und berühren tiefe Emotionen.

Wie durch ein Fenster gewähren sie Einblick in das Innere eines Menschen, lassen aber auch Rückschlüsse von seiner Innenwelt auf die jeweilige Außenwelt zu, ja, verbinden in persönlich bedeutsamer Weise Innen und Außen, sind: Wortfenster ins eigene Leben.

Wer durch solche Wortfenster schaut, macht sich auf die Suche nach den prägenden Kindheitserlebnissen und bedeutsamen Menschen, nach vertrauten Orten und fremden Landschaften, nach verschlungenen Wegen und unbewussten Aufträgen, nach Weichenstellungen, von denen man im Nachhinein sagt, dass sie das Leben verändert haben.

Und so erspüren die Autorinnen dieses Buches auf ihrer Entdeckungsreise Augenblicke des Gelingens und des Scheiterns, der Fülle und des Mangels, widerstreitender Gefühle und Gedanken: Etwa, wenn Gisela Schweikart ihren Kampf ums Überleben als Zwillingskind 1944 beschreibt und präsent hat, wie dieser Kampf sie gestärkt, aber auch geschwächt hat. Oder Christel Locher ihre Kindheit als „Wunschkind", das eigentlich ein Junge hätte werden sollen, schildert. Gerda Liedemann-Heckenmüller bis heute den implantierten Ängsten der Mutter durch exzessives Lauftraining zu entkommen versucht.

Einige Autorinnen beschäftigt die Frage nach den „Portalfiguren" (Peter Weiss) des Lebens: Eltern, die Geborgenheit und Vertrauen in die Welt vermittelten (Brigitte Herrmann), Freundschaften, die das ganze Leben überspannten und in denen man Werte wie Treue, Mut und Zuverlässigkeit einübte (Ursula Bauer), Ehepartner, mit denen man bis zuletzt in Liebesgewissheit und Liebeszweifel verbunden ist (Gabriele Schneider).

Auch der Einfluss politischer Systeme, die Vor- und die Nachteile für die eigene Entwicklung, werden abwägend in den Blick genommen, wenn Heide-Marie Kullmann mit der Familie zunächst von Ost-Berlin in den Westteil der Stadt und schließlich nach dem Mauerbau 1961 ganz in den Westen nach Frankfurt am Main übersiedelt. Oder wenn Inge Bethke ihren zunächst erfolgreichen beruflichen Werdegang als Deutsche im kommunistischen Polen und nach der Ausreise 1958 das holperige Ankommen und Zurechtfinden im kapitalistischen Westdeutschland schildert. Einzigartig auch die Geschichte von Sibyl Jackel, die als leibhaftiges „Ergebnis einer deutsch-französischen Liebe" am Tag der Unterzeichnung des Deutsch-Französischen Vertrages am 22.Januar 1963 geboren wurde und dennoch in einem hessischen Provinzstädtchen mit Vorurteilen und Ressentiments zurecht zu kommen lernen muss.

Manche Autorinnen denken über ihren Mut und Freiheitsdrang, ihre Reisesehnsucht und Neugier auf fremde Kulturen – ganz im Sinne von leitmotivischen Wortfenstern – nach. So fragt sich Frau Weber-Herkommer, warum sie damals 1965 als zwanzig-Jährige nicht das Leben einer schwäbischen Hausfrau führen wollte, und stattdessen lieber mutterseelenallein und mit einem Diplom als Wirtschaftskorrespondentin im Gepäck nach Barcelona aufbrach. Und, woher sie die Motivation und Energie nahm, um sich als Managerin in einem von Männern dominierten Beruf durchzusetzen. Durch Ingrid Kiltz' Leben zieht sich wie ein roter Faden die Sehnsucht zu reisen. Logisch und konsequent ergreift sie den Beruf des „Reisebürokaufmanns", später dann wird sich die Prophezeiung „you will walk an untrodden path" in „Aotearoa – dem Land der langen weißen Wolke", doch noch erfüllen. Bei Susann Deterding überwiegen Neugier und Abenteuerlust die Befürchtungen und Bedenken und sie lässt sich – zusammen mit ihrem Mann – auf ein Leben in Saudi-Arabien ein.

Alle Erzählungen sind eigensinnige Geschichten der Selbstfindung und Standortbestimmung. Sie spielen im Osten und im Westen, auf dem Land und in der Stadt, sie sind privat und politisch, weich und hart und stecken voller Empfindungen, Lebensklugheit, Glück und Traurigkeit. Kein Detail ist überflüssig, jeder gläserne bunte Mosaikstein ist ein Fenster der Aus- und Einblicke ins Fernste, aber oft auch ins alltäglich Nächstliegende, insgesamt wohl: in die „Wahrheit des Gefühls, in emotionale Wahrheit" (Siri Hustvedt).

Es ist das Nebeneinander von freudigen und schwierigen Erlebnissen, von guten und falschen Entscheidungen, die Gleichzeitigkeit von Vergangenem und Gegenwärtigem, das „Sowohl-als-auch" komplementärer Gedanken und Gefühle, das diese Geschichten nicht sentimental, sondern realitätsnah und lebensecht macht.

„Jede Idee und jede Überzeugung bringt unmittelbar die entgegengesetzte Idee, Meinung oder Überzeugung mit sich. Dies hat seinen Grund, dass die Wirklichkeit polarisiert, paradox und widersprüchlich ist...Alles Leben oszilliert, vibriert und ist symmetrisch nach rechts und nach links angelegt. Alles Leben ist Konfrontation und Spannungsverhältnis zwischen Gegensätzen. Wer Konfliktfreiheit will, will das Unnatürliche...Der Konflikt der Polarität ist die Kraft, die die Wellen und die Gezeiten bewegt. Polarität liegt den Bahnen der Planeten und dem Zyklus der Jahreszeiten zugrunde, ist der Wechsel zwischen Nacht und Tag, Schlaf und Wachen, Spannung und Entspannung...Realität ist, wie auch das Leben in ihr, Tanz, Zwiegespräch, ein Hin und Her von Echos" (Gabriele Rico).

Ja, so ist das Leben, das nichts glattmacht, Widersprüche zulässt, denkt man beim Lesen!

Literatur:
Hustvedt, Siri: Leben, Denken, Schauen. Reinbek bei Hamburg 2014
Rico, Gabriele: Garantiert schreiben lernen. Reinbek bei Hamburg 1991
Weiss, Peter: Abschied von den Eltern. Frankfurt/M. 1982

Mein verlorenes Kleeblatt
Ursula Bauer

Freunde – Treue – Fröhlichkeit – Mut – Zuverlässigkeit – Humor

Damit sie nicht vergessen werden, möchte ich von ihnen erzählen. Niemand wird ihnen jemals ein Denkmal setzen, an keiner Gebäudewand wird einmal eine Tafel zu sehen sein mit der Aufschrift „Hier weilte von … bis …" Sie waren keine herausragenden Persönlichkeiten, keine von ihnen hat etwas Außergewöhnliches geleistet. Sie waren meine Freundinnen. Dass wir uns begegneten, war Zufall, dass wir uns wieder verloren, macht mich traurig, sooft ich an sie denke.

Da war Sabine, dickes dunkelbraunes Haar, widerborstig gelockt, eine feste, dunkle Masse – „mehr so Rosshaar", meinte Ingrid, die Dritte in unserem Bunde. Sabine hatte ein rundes Gesicht, kleine Augen von so hellem Grau, dass sie neben ihrer brünetten Haut nahezu farblos wirkten. Sie war die erste in unserer Klasse, die sich mit getuschten Wimpern in die Schule traute. Unser Lehrer fragte mich in der großen Pause, ob ich es für möglich hielte, dass Sabine sich die Wimpern getuscht hätte. Ihre wasserhellen Augen jedenfalls fielen von diesem Tag an noch mehr auf.

Als wir uns kennenlernten, waren wir sieben Jahre alt. Der gemeinsame Schulweg verband uns. Wir waren sechs Mädchen, die die Verkehrsinsel auf einer großen Kreuzung als Treffpunkt nutzten. Wer keine Lust hatte zu warten, kratzte mit dem Fuß ein Kreuz und den Anfangsbuchstaben seines Namens in den Schotter unter der Laterne. Sabine wartete immer.

Wir wechselten auf die höhere Schule. Unser neuer Klassenlehrer baute in seiner Freizeit Boote unterschiedlicher Größe und trainierte die Kajakfahrer im örtlichen Wassersport-Verein. Wir hörten von Regatten auf der Alster, von Wochenendausflügen mit Boot und Zelt auf die Elbinseln und konnten es kaum erwarten, zwölf Jahre alt zu werden und das Fahrtenschwimmer-Zeugnis in der Tasche zu haben, um die Bedingungen für die Aufnahme in den Verein zu erfüllen. Unsere Klasse trat dem Kanu-Verein nahezu geschlossen bei. Einige Jungen und sieben von uns Mädchen begeisterten sich neben den Kanu-Wanderfahrten ganz besonders für das Kajaktraining.

Sabines Familie hatte inzwischen ein eigenes Haus bezogen, und um nicht die Schule wechseln zu müssen, nahm sie nun einen Weg von 45 Minuten auf sich. Sie war bereits 15 Minuten unterwegs, wenn sie vor unserem Haus die ersten Takte des „Yankee Doodle" pfiff und ich ihr durch den Vorgarten entgegenlief. Bis zu unserem letzten gemeinsamen Schultag holte sie mich jeden Morgen ab, bei Eis und Schnee, bei Sturm und Regen, an unzähligen frisch-kühlen Sommermorgen. Der Unterricht begann um 7.10 Uhr, und aus Rücksicht auf meinen schlafenden kleinen Bruder sollte um 6.30 Uhr bei uns noch nicht geklingelt werden. Erst Jahre später erfuhr ich, dass für etliche Nachbarn Sabine und der „Yankee-Doodle" der zuverlässigste Wecker waren.

Zuverlässig war sie. Schon als Kind gewöhnte sie sich an, einen einmal gefassten Entschluss auf geradem Weg umzusetzen. Sie war die erste, die sich durch Babysitting ein Taschengeld verdiente, die erste, die Stenografie und Schreibmaschine lernte, während wir anderen unsere freie Zeit im oder auf dem Wasser verbrachten. Als wir uns für die Tanzschule anmeldeten, hatte Sabine ihren Abschlussball bereits hinter sich. Sie hatte es praktischer gefunden, zusammen mit ihrem älteren Bruder tanzen zu lernen, weil sie so das Risiko, an einen unsympathischen Partner zu geraten, ausschließen konnte. Als ich ihr erzählte, dass ein junger Maurer von einer Baustelle, die wir täglich passierten, mir jedes Mal zuwinkte, wenn ich allein an dem halbfertigen Haus vorbeiging, erklärte sie mir energisch, dieser Maurer habe mir nicht zu gefallen. Das passe nicht, schließlich besuche ich eine höhere Schule. Sie riet mir dringend davon ab, mich in einen Bauarbeiter zu verlieben. Ich konnte reinsten Gewissens versichern, dass ich auf diesen Gedanken noch gar nicht gekommen war. Das war der Sommer, als wir fünfzehn Jahre alt waren. In den großen Ferien fuhr ich mit der Schule und unserem Kanu-Verein zum Schüleraustausch nach London. Dort verliebte ich mich dann allerdings doch in einen neunzehnjährigen Studenten. Aber da war Sabine nicht dabei. Wäre sie mit uns in England gewesen, sie hätte mir das sicher mit dem Hinweis ausgeredet, dass eine Beziehung, bei dem einer in London und der andere in Hamburg wohnt, vollkommen zwecklos sei.

Es folgten Jahre, in denen wir nur sporadisch voneinander hörten. Man gratulierte zum Geburtstag und schrieb zu Weihnachten eine Karte. Wichtiger waren Studium oder Berufsausbildung, die Karriere, die Familiengründung. Man hörte, wer ein Kind bekommen, eine schwere Krankheit überstanden oder sich hatte scheiden lassen. Ich lebte mit Mann und Kindern in Mailand, als meine Mutter mir erzählte, Sabine ginge häufig in Begleitung eines schmalbrüstigen Jünglings an unserem Haus vorüber, ob ich wüsste, wer das sei. Ich fragte bei Ingrid nach und erfuhr, dass Sabine sich mit Bodo verlobt habe. „Kein

Mensch kann das begreifen!", berichtete sie und ich war absolut ihrer Meinung. Sabine hatte sich also einen Partner aus dem großen Fundus unseres Sportvereins ausgesucht, aber musste es unbedingt dieser Schulabbrecher aus gutem Hause sein? Wir unterschätzten offensichtlich ihre Qualitäten. Der chronische Ausreißer saß, ehe er sich recht versah, wieder auf der Schulbank, machte in Windeseile das Abitur und fand sich noch vor der offiziellen Verlobung an der Universität wieder. Was Wunder, dass die großbürgerlichen Schwiegereltern, völlig hingerissen von ihrer tüchtigen Schwiegertochter, den Kindern ein Baugrundstück schenkten. Sabines Architekten-Vater entwarf das Haus. Das junge Paar bewohnte zwei winzige Zimmer unterm Dach und vermietete sämtliche Räume an Studenten. Man lebte sparsam und fleißig und hatte das Haus ganz schnell bezahlt. Und nun Kinder! Aber plötzlich versagte Sabines Planwirtschaft. Jahr um Jahr verging, Dutzende Ärzte wurden konsultiert, Hormonkuren halfen nicht und auch ein Psychiater wusste irgendwann keinen Rat mehr. Sie resignierten und dachten an Adoption. Und als sie sich endlich von allem Stress befreit hatten, kamen ganz kurz hintereinander zwei Kinder.

Als wir um die vierzig waren, raffte sich endlich jemand auf und organisierte ein Klassentreffen. Und alle kamen! Aus allen Ecken Deutschlands, aus der Schweiz, aus Dänemark, den USA und Somalia. Sabine kam von Bornholm, braungebrannt, die hellen Augen strahlten, das inzwischen schneeweiße Haar stand ihr prächtig. Sie war schlanker, als sie es je gewesen war, und jeder Zentimeter zeigte es: Sie war eine rundherum glückliche Frau! Es war nicht zu fassen! Sie hatte Mann und Kinder verlassen und lebte mit einer Urlaubsbekanntschaft! Wie konnte sie die Kinder verlassen, die zu bekommen sie und ihren armen Mann jahrelang so unter Stress gesetzt hatten! Dass sie den Bodo stehen gelassen hatte, konnte man ja gerade noch nachempfinden, aber die Kinder? Eine Mutter verließ doch ihre halbwüchsigen Kinder nicht! Und war dabei offensichtlich so unverschämt glücklich!

Einen kurzen Moment hatten wir drei, Ingrid, Sabine und ich, in all dem Trubel für uns. „Und ihr", fragte sie, „verurteilt ihr mich auch?" Ach, wie konnten wir? Wir waren jetzt vierzig, da fragt sich doch jeder mal, ob das nun schon alles gewesen sein sollte. Ingrid führte eine gute Ehe, wie viele Kompromisse ihr abverlangt wurden, wussten nur wenige. Ich war seit einem Jahr Witwe und lernte nach vielen dunklen Monaten erst wieder den Rücken gerade zu machen. Und Sabine? Sie hatte sich gesagt: Nein, das kann noch nicht alles gewesen sein und konsequent, wie sie es immer gewesen war, ein ganz neues Leben angefangen.

Als wir uns etwa fünfundzwanzig Jahre später wieder trafen, nun nicht mehr berufstätig, unsere Kinder erwachsen und selbst schon Eltern, als wir fast wieder so frei waren wie als Teenager, beschlossen wir, Sabine im Folgejahr auf Bornholm zu besuchen. Ich schrieb zu Ostern eine Karte und fragte, wann ihr unser Besuch angenehm wäre. Einige Wochen später erhielt ich den Anruf von einem Arne Olsen. Ich kannte niemanden dieses Namens und nahm an, er habe sich verwählt. „Nein", sagte er, ich sei doch eine Freundin seiner Frau Sabine. Mir wurde ganz kalt und eigentlich wollte ich gar nicht hören, was er mir stockend und nach Worten suchend mitzuteilen hatte. Sabine hatte sich vor einigen Wochen einen Hirntumor entfernen lassen müssen und war aus der Narkose nicht mehr aufgewacht. Sie hatte befürchtet, an

Demenz erkrankt zu sein, und aus Angst viel zu spät einen Arzt aufgesucht. Sabines Tochter sei für einige Zeit bei ihm, das ganze Dorf stünde ihm zur Seite, denn sie sei sehr beliebt gewesen. Ich erinnerte mich, wie mühsam sie Sprachen gelernt hatte, und fragte, ob sie damit auf Bornholm keine Probleme gehabt hätte. „Wir haben hier mehr so einen schwedischen Dialekt", erklärte er und begann zu meinem Entsetzen plötzlich zu weinen: „Meine Sabine – weißt du – meine Sabine konnte alles!"

„Ach Gott Arne, wie traurig", schluchzte nun auch ich ins Telefon, obwohl ich den Mann nie gesehen hatte. Er hatte sie liebgehabt, meine kleine, treue Freundin, die an hundert dunklen Wintermorgen bei Regen und Sturm vor unserem Haus auf mich gewartet hatte, die mich in der Pause Mathe abschreiben ließ, mit der ich im Sommer auf unserem Rasen lag und den Wolken nachträumte. Ich erzählte ihm von unseren Campingsommern und vom Rodeln und Schlittschuhlaufen im Winter, von unseren Kindergeburtstagen in ihrem Elternhaus und unseren ersten Partys. Und ich sagte ihm, wie glücklich sie mit ihm gewesen war.

Sieben Mädchen waren wir, die nach den Booten, in denen wir trainierten – Einer-, Zweier- und Vierer-Kajaks – überall das „Siebengestirn" genannt wurden. Nun war der erste Stern für immer erloschen.

Die zierliche junge Frau im leuchtend blauen Kostüm fiel nicht nur mir auf. Wenn sie in den kleinen Geschäften unseres Viertels einkaufen ging, sahen ihr nicht nur die Männer nach. Ich sah sie immer nur in diesem blauen Kostüm, das viel zu warm schien für den unbarmherzigen Mailänder Sommer. Sie sah anders aus als meine italienischen Nachbarinnen, die auch überwiegend dunkelhaarig waren; das Haar dieser jungen Frau war jedoch so schwarz, dass es – wenn die Sonne darauf schien – bläulich schimmerte. Nachdem wir uns mehrfach beim Einkaufen begegnet waren, grüßte sie mich mit einem leichten Kopfnicken und einem freundlichen Silberblick. Ich hätte sie gern kennengelernt, aber dazu ergab sich keine Gelegenheit. Die meisten meiner Nachbarinnen hatte ich in der Bar gegenüber unserer Wohnung getroffen, wo ich nachmittags einen Kaffee trank, bevor ich mit meiner kleinen Tochter zum Spielplatz ging. Viele junge Mütter machten das so. Über die Kinder, die ihr kleines Eis lutschten oder ein Stück Gebäck knabberten, freundeten wir uns an. Hier fragte ich nach einem Kinderarzt oder einer Schneiderin, ließ mir Kochrezepte erklären und lernte so recht schnell nicht nur Italienisch, sondern zum Vergnügen meiner Nachbarinnen auch den Mailänder Dialekt. Die schlanke junge Frau im blauen Kostüm traf ich hier nie.

Die Bekanntschaft ergab sich dann eines Nachmittags durch unsere Kinder. Meine knapp zweijährige Tochter spielte meistens recht friedlich mit einem etwas älteren kleinen Mädchen, das sich in Begleitung der Großmutter auch jeden Nachmittag auf dem Spiel-platz einfand. Die Kinder unterhielten sich in einem seltsamen Kauderwelsch, für beide schien Italienisch eine Fremdsprache zu sein. Sie waren es offensichtlich gewohnt, nicht immer verstanden zu werden und andere Kinder auch nicht immer zu verstehen. So spielten sie einträchtig miteinander, bis mein sonst so friedliches Kind dem anderen eines Tages eine Schaufel entriss und trotz markerschütterndem Geschrei nicht wieder herausrückte. Man begann, sich mit Sand zu bewerfen, mit den Füßen zu trampeln und lauthals nach den Müttern zu brüllen.

Und die kamen dann natürlich auch, stifteten Frieden und setzten sich lachend auf die nächste Bank. Das kleine Mädchen hieß Marisol, und ihre Mutter, die zierliche junge Frau im blauen Kostüm, war Nena, die für die Mailänder Jahre meine unentbehrliche Freundin wurde.

Ich sei ihr aufgefallen, sagte sie, weil ich nicht gerade italienisch aussähe. Als sie hörte, dass ich aus Hamburg sei, erzählte sie, dorthin – nämlich nach Hamburg – hätte sie beinahe geheiratet. Nena war in Barcelona geboren und als Schulkind mit ihren Eltern nach Chile ausgewandert. Sie wuchs in Santiago auf und arbeitete später bei einem Schiffsmakler in Valparaiso. Dort hatte sie einen spanischen Seemann kennengelernt, der als Offizier auf einem deutschen Schiff fuhr und, weil er Kapitän werden wollte, deutscher Staatsbürger geworden war. Sie hatten sich verlobt, als sie sich etwas mehr als ein Jahr kannten und sie sich an den Gedanken gewöhnt hatte, in Deutschland zu leben. Als sein schönes weißes Schiff etwas länger als die übliche Zeit im Hafen von Valparaiso lag, fuhren sie nach Santiago und Nena präsentierte den Eltern ihren Verlobten. Die Eltern waren entsetzt. Mit allen Mitteln hintertrieben sie die Heiratspläne, schließlich wären sie nur ihretwegen nach Chile ausgewandert und hätten alles für ihre Ausbildung geopfert. Obwohl kerngesund, stellte die Mutter in Aussicht, noch am Tag der Abreise an gebrochenem Herzen zu sterben. Nach mehreren Wochen intensiven Drucks schrieb Nena ihrem Seemann einen tränenbekleckerten Abschiedsbrief, und als der abgrundtiefe Kummer dann irgendwann überwunden war, heiratete sie einen italienischstämmigen Piloten. Der entsprach dann aber dem Drängen seiner Eltern, die ihr Heimweh nie überwinden konnten und wieder in Italien lebten, und folgte ihnen mit Frau und

Kind nach Mailand. „Und nun bin ich genauso weit weg", meinte Nena, und es war ziemlich klar zu erkennen, dass sie darüber nicht gerade glücklich war. Sie lächelt etwas hilflos. „Bestimmt ist er schon Kapitän. Er war ein schöner Mann!"

Ich hatte Mühe gehabt ruhig zu bleiben, während Nena erzählte. Die Welt – was für ein Dorf! Da gab es einen über sieben Ecken angeheirateten Vetter aus der Familie meines Stiefvaters, der für eine Hamburger Reederei auf der Südamerika-Linie fuhr und außer uns niemanden in Hamburg kannte. Wann immer sein schmuckes weißes Schiff bei uns im Hafen lag, besuchte er uns, schleppte mich ins Theater und in teure Lokale und gab sein Geld großzügig für mich aus. Einmal hatte er einen spanischen Offizierskollegen mitgebracht, einen großen, gutaussehenden Mann mit einer schlohweißen Strähne im tiefschwarzen Haar. Er hieß Francisco und erzählte von seiner chilenischen Verlobten, die er bei der nächsten Reise mitbringen wollte. Sie könne kein Deutsch, und obwohl er dann in Hamburg die Kapitänsschule besuchen würde, wäre sie sicher viel allein. Ob ich mich ein wenig um sie kümmern könnte. Ich versprach es und sah ihn nie wieder. Auch der über sieben krumme Ecken verwandte Vetter wandte sich von mir ab, denn inzwischen hatte ich mich verlobt, und natürlich sah er keine Notwendigkeit mehr, seine Heuer für mich auszugeben. Verdutzt und sprachlos hockten wir auf unserer wackeligen Bank zwischen tobenden, schreienden Kindern und konnten es gar nicht richtig begreifen. Offenbar war es seit mehr als fünf Jahren vorbestimmt, dass wir uns begegnen sollten.

Wir waren uns auf Anhieb sympathisch und wurden einander schnell unentbehrlich. Nena war eine Handbreit älter als ich, sie war humorvoll, großzügig, wissbegierig und äußerst unkonventionell und sah dabei aus wie eine porzellanzarte Dame, die man sich gut in einem Kleid mit Dutzenden Volants und hochgestecktem Haar bei einer Fiesta vorstellen konnte. Wir stellten schnell fest, dass wir uns über die gleichen Dinge aufregten, die gleichen Dinge komisch fanden und beide hin und wieder von tiefen Heimweh-Attacken befallen wurden.

Auch unsere Männer freundeten sich schnell an, und da mein Kind sich gut mit der in Nenas Haushalt lebenden Großmutter ihres Mannes verstand und kaum etwas Schöneres kannte, als bei Marisol zu übernachten, stürzten wir uns zu viert ins Mailänder Nachtleben, was wir uns bisher aus Mangel an einem zuverlässigen Babysitter versagt hatten. Die heißesten Wochen des Jahres verbrachten wir mit unseren Kindern an der Riviera, wo unsere Männer nur an den Wochenenden und im Urlaub auftauchten. Nena und ich wirkten in unserer Verschiedenartigkeit offenbar etwas exotisch. Sie legte sich ganz unspanisch in die pralle Sonne und behielt trotzdem ihre Porzellanhaut, ich ging der Sonne möglichst aus dem Weg und wurde ganz schnell brutzelbraun. Unsere Vermieterin achtete abends auf die Kinder, wir braven Ehefrauen spazierten über die Promenade, die sogenannte „Lästerallee", erlaubten uns, einen Spritz oder einen Campari zu trinken und ein wenig nach rechts und links zu flirten. Einen besonderen Spaß hatte Nena, die eine recht gute Schwimmerin war, daran, sich von den attraktiven Rettungsschwimmern vor dem Ertrinken retten zu lassen. Sie schwamm ein kleines Stück hinaus, begann dann um sich zu schlagen, die Arme hochzureißen und mehrfach unterzutauchen. Es dauerte nie lange, bis einer der hübschen Jungen sich zu ihr auf den Weg machte. Auf diese Weise hatten wir meist nach wenigen Tagen einen Kreis gutaussehender Jünglinge um uns geschart, die uns und unsere Kinder vorbildlich umsorgten, bis ihnen klar wurde: Mehr ist bei diesen beiden nicht drin.

Als unsere Zeit in Mailand sich dem Ende näherte, bereitete auch Nenas Familie ihre Rückkehr nach Chile vor. Ihr ständiges Heimweh hatte die Ehe hochgradig gefährdet, aber auch Giuseppe fühlte sich in seinem Geburtsland nicht mehr zu Hause. Sogar seine Eltern, die seine Übersiedlung nach Italien ursprünglich veranlasst hatten, fanden sich nicht mehr zurecht, wollten aber bei der inzwischen fast 90jährigen Nonna bleiben, solange sie hier gebraucht würden. Ein paar Wochen noch, dann würde die Distanz des halben Erdballs zwischen uns liegen. Wir freuten uns beide auf die Rückkehr in unser jeweiliges Heimatland, auf Geschwister, Eltern und Freunde, aber ob wir uns noch einmal wiedersehen würden? Wir versprachen uns ganz fest, das Band nicht abreißen zu lassen. Irgendwann würde es bestimmt ein Wiedersehen geben, schließlich war unsere Freundschaft doch so etwas wie vorbestimmt gewesen! Ich stellte für Nena ein Album zusammen mit Abzügen aller Fotos, die ich in unseren gemeinsamen Jahren aufgenommen hatte. Nena fuhr mehrmals ins Stadtzentrum, um nach einem ganz besonderen Abschiedsgeschenk für mich zu suchen. Nach der wer weiß wievielten Abschiedsparty, als Nena und Giuseppe zum Glück bereits gegangen waren, öffneten wir voller Neugier unser Päckchen und blickten erschrocken auf einen bratpfannengroßen Aschenbecher, dessen Form entfernt an einen Plattfisch erinnerte. Das ganze Stück war mit perlmuttartiger Glasur überzogen, zwei flossenförmige Auswüchse schillerten dunkelgrün. Über das ganze Kunstwerk erhob sich eine Art Schwebetreppe, wie man sie auf Bühnen manchmal sehen kann, ebenfalls in changierendem

Grün und offenbar als Ablage für Zigaretten gedacht. Mein Mann starrte ergriffen auf diese Scheußlichkeit und beschloss dann, dass dieses Geschenk besonders gut verpackt werden müsse, weil es bestimmt nicht einfach gewesen war, so etwas Grässliches aufzutreiben. Dass es trotzdem als einziger Gegenstand bei unserem Umzug kaputtging, muss vom Schicksal gewollt gewesen sein.

Am allerletzten Tag tauschten wir die Adressen unserer Eltern, weil keiner von uns wusste, wo wir uns endgültig niederlassen würden. Ich schrieb an Nenas Eltern nach Santiago und erfuhr einige Briefe später, die ganze Familie beabsichtige nach Valparaiso zu ziehen. Lange Monate wartete ich auf die erste Nachricht aus ihrer neuen Heimatstadt, als ein Putsch der Allende-Regierung ein blutiges Ende machte und das Land im Chaos versank. Besorgt warteten wir weiter auf Nachrichten, zumal Giuseppe kein Mann war, der den Mund hielt, wenn ihm etwas nicht passte. Nach mehr als einem Jahr ließ ich die Familie durch das Rote Kreuz suchen und bekam nach monatelangem Warten die Nachricht, dass Encarnacion, genannt Nena, und Giuseppe Rossitto sowie die Kinder Maria Soledad und Giuseppino weder in Santiago noch in Valparaiso auffindbar seien.

Heute wäre meine Freundin Nena für mich nicht vorstellbare 80 Jahre alt. Wenn ich an sie denke, sehe ich eine porzellanzarte junge Frau mit tiefschwarzem, bläulich schimmernden Haar, einem freundlichen Silberblick und dem blauen Kostüm, das für den Mailänder Sommer eigentlich viel zu warm war.

Als ich meine erste ernst zu nehmende Tätigkeit aufnahm, wies man mir einen Schreibtisch in einem großen, bereits mit drei Kolleginnen besetzten Büro zu. Ich hatte mich ca. zehn Jahre mit Haushalt und Kindern beschäftigt und das unbestimmte Gefühl, dass mein Hirn langsam einstaubte. In Wien hatte ich den Wiedereinstieg in die Arbeitswelt geprobt, auf recht gemütliche Art bei einem staatlichen Energieversorger. Ich konnte feststellen, dass mein Gehirn doch noch recht ordentlich funktionierte, und sah mich – wieder in Deutschland – nach etwas Anspruchsvollerem um. Mit drei weiblichen Beschäftigten in einem wenn auch sehr geräumigen Büro zu arbeiten – da hatte ich allerdings starke Bedenken. Bisher hatte es sich ergeben, dass ich überwiegend mit Männern zusammenarbeitete. Die Damen erwiesen sich jedoch als durchaus hilfsbereit und nett, ich fühlte mich recht schnell wohl an meinem Arbeitsplatz. Am wenigsten freundlich war die Kollegin, deren Schreibtisch mir am nächsten stand. Ich schätzte, dass sie etwas älter war als ich, sie schien sehr energisch und bestimmend und ihre Angewohnheit, immer mal ein englisches Wort in ihre deutschen Sätze einzustreuen, fand ich wichtigtuerisch und überflüssig. Englisch konnten wir schließlich alle und außer ihr beherrschten wir anderen alle noch mindestens eine weitere Fremdsprache. Vom Direktor bis zum Hausmeister genoss sie offenbar großen Respekt, den Anforderungen des Konzerns genügte sie vollkommen. Zu meiner Verwunderung durfte man ihr allerdings keine allgemeinen kaufmännischen Fragen stellen. In solchen Momenten grinste sie entschuldigend, schlug mit der flachen Hand auf den Schreibtisch und kicherte: „Fragen Sie mich doch nicht so was, ich hab doch auf Pudding und Rinderbraten studiert!" Womit sie sagen wollte, dass sie eine Hauswirtschaftsschule besucht hatte. Einem Buchhalter, der sie wegen irgendeines Fehlers zur Rede stellte, antwortete sie ungeduldig: „Ich hab' Ihnen schon so oft gesagt, dass ich ein Depp bin und Sie mir auf die Finger sehen müssen! Sie sind doch der Buchhalter von uns beiden!"

Es dauerte seine Zeit, sie wurde mir zusehends sympathischer. Wir hatten einen sehr ähnlichen Arbeitsstil, einen vergleichbaren Humor und die gleiche Abneigung gegen jede Art von Katzbuckelei. Nach etwa einem Jahr wurde ich zum ersten Mal privat eingeladen. Ich lernte ihren Sohn kennen, den sie sehr streng allein erzog, und erfuhr ganz allmählich ein paar Einzelheiten aus ihrem Leben. Sie stammte aus einer großen Lehrerfamilie und war erst vor einigen Monaten nach einem zehnjährigen New York-Aufenthalt nach Deutschland zurückgekommen. Langsam wurde unsere Bekanntschaft offener und herzlicher. Ich bewunderte ihren Mut, ihre Direktheit und ihre gelegentliche Härte. Damals wusste ich noch nicht, dass man auch diese Eigenschaften entwickeln sollte, wenn man allein mit den Anforderungen des Lebens fertig werden muss. Als ich es dann wenig später lernen musste, war sie da und stärkte mir den Rücken. Zu der Zeit hatte ich die Firma schon verlassen und sie war bereits Anne, meine Freundin, geworden.

Meine Reisen mit Anne – wie viel Spaß hatten wir zusammen! Ob wir nachts mit leerem Benzintank weit ab von jeder menschlichen Ansiedlung im Chiantigebiet festsaßen, ob wir in Griechenland ein privates Anwesen für ein Restaurant hielten, durch das Haus zur Toilette stiefelten und, weil man uns nur erschreckt beäugte, recht barsch etwas zu essen verlangten. Wir verursachten manchen Verkehrsstau, weil Anne vor jedem Tunnel entsetzt anhielt und ich mit ihr den Platz tauschen musste, weil sie sich nie traute, das Auto auf eine Fähre zu fahren, und in der steilsten Kurve voller Panik die Bremse anzog und ausstieg oder weil sie vergaß, den Nebelscheinwerfer auszuschalten, und der tödlich geblendete Gegenverkehr auf der Amalfi-Küstenstraße komplett zum Erliegen kam. Wir reisten zusammen den italienischen Stiefel rauf und runter, wir liebten Griechenland und zogen kreuz und quer von Thassos im hohen Norden bis Kalamata im Süden und besuchten etliche große und kleine Inseln. Immer gelang es Anne, die wie eine vom Leben frustrierte englische Handarbeitslehrerin aussehen konnte, innerhalb weniger Stunden einen Kreis von fröhlichen Einheimischen und Touristen um sich zu scharen.

Anne erzählte mir glucksend vor Lachen, dass sie sich splitterfasernackt ausgesperrt hatte, weil sie nach dem Duschen ihre im Hausflur abgestellten Pantoffeln holen wollte. Sie bewohnte das letzte Stockwerk eines Mehrfamilienhauses, hatte wie üblich alle Fenster ihrer Wohnung weit aufgerissen und ein heftiger Luftzug hatte die Tür hinter ihr zugeknallt. Meine Anne an einem Sonntagmorgen frisch geduscht im Treppenhaus! Und nur mit einem Paar eleganter Pantöffelchen bekleidet! Nach kurzem Schrecken schlich sie in den Wäschetrockenraum, wickelte sich in ein noch etwas feuchtes Bettlaken und spazierte hocherhobenen Hauptes durch das sonntägliche Taunusstädtchen zu ihrem Hauswirt, um den Ersatzschlüssel zu holen. Ein wenig von dieser Unerschrockenheit schaute ich mir von ihr ab, ihr energisches Auftreten und ihre ausgeprägte Selbstsicherheit erreichte ich nie.

Anne zog nach Bad Zwischenahn, als sie nicht mehr arbeiten musste, und nach ein paar Jahren und einem schweren Unfall, als sie bemerkte, dass das Leben weit weg von Freunden und Angehörigen doch nicht der Weisheit letzter Schluss ist, in die Nähe ihrer Geschwister nach Hannover. Ich besuchte sie dort in ihrer schönen Wohnung. Es ging ihr gut, sie war voller Pläne und meinte, wir sollten doch mal wieder eine gemeinsame Reise planen. Wir spazierten bei schönstem Frühsommerwetter durch die Herrenhäuser Gärten. Anne tat der Rücken weh, vermutlich hatte sie sich bei ihrem Umzug etwas übernommen. Wir nahmen diesen Umstand beide nicht ernst. Rückenschmerzen – wer hat die denn nicht hin und wieder?

Es kam nicht mehr zu einer gemeinsamen Reise. Ein knappes Jahr später wurde die Urne meiner Freundin Anne in einem anonymen Grab beigesetzt – ohne Trauerfeier und „Gedöns" – wie sie es bestimmt hatte. Es hatte Monate gedauert, bis ein Arzt endlich feststellte, dass Knochenkrebs der Grund für die immer stärker werdenden Rückenbeschwerden war. Der Tod erlöste sie von monatelang ertragenen, grausamen Schmerzen. Sie hatte ihn herbeigesehnt, hatte außer ihrem Sohn und ihrer Schwester niemanden mehr sehen wollen. Den Wunsch sie zu besuchen schlug sie mir ab. In unserem letzten Telefongespräch klang noch einmal der lockere Ton, der mehr als 30 Jahre zwischen uns üblich war. „Mensch Anne", hatte ich gesagt, „ich will doch nicht erst zu deiner Beerdigung kommen!"

„Schon gut", antwortete sie mit kaum hörbarer Stimme, „ich komme bestimmt auch nicht zu deiner!"

Was kann ich von meiner Freundin Julia erzählen? Dass sie den lieben langen Tag reden konnte und doch so verschwiegen war? Dass viele Ängste sie umtrieben und sie trotzdem so tapfer sein konnte? Ach

Julia, liebe Julia, du warst voller Verständnis für menschliche Schwächen, du warst großzügig, liebenswert und manchmal etwas schrullig.

Wir fingen am gleichen Tag in der neuen Firma an und begegneten uns im Vorzimmer des Personalchefs zum ersten Mal. Weder der Personalchef noch seine Vorzimmerdame waren anwesend. Die Firma hatte mit Beginn unseres Einstellungsdatums auf Gleitzeit umgestellt. Wir waren um acht Uhr erschienen, wann die anderen auftauchen würden, war nicht abzusehen. Natürlich wussten wir, für welche Ressorts wir eingestellt worden waren, hatten auch unsere zukünftigen Abteilungsleiter bei den Vorstellungsgesprächen kennengelernt. Wo sich jedoch in diesem Hause die entsprechenden Abteilungen befanden, wussten wir nicht. Wir beschlossen also, bis auf Weiteres im Vorzimmer zu warten. Auf dem Weg hierher war ich an einer Kaffeeküche vorbei gekommen, aus der verführerische Düfte den Flur durchzogen. Die zukünftige Kollegin traute sich nicht, ich inspizierte also allein die kleine Küche und kam mit zwei Bechern Kaffee zurück.

So lernte ich sie kennen, die nicht ganz farbechte blonde Julia, die lebenslänglich gegen Fettpolster kämpfte, die außer ihr niemand bemerkte, davon abgesehen aber mit ihrem Dasein recht zufrieden schien. Da sie in einem anderen Stockwerk arbeitete, sahen wir uns nur selten, bis ich sie eines Tages in unserem Waschraum antraf. Sie hielt sich mit beiden Händen am Waschbecken fest und weinte so heftig, dass sie sich kaum auf den Füßen halten konnte. Bestürzt nahm ich sie mit in mein Büro und schloss die Tür, was für die Kollegen der Hinweis war, dass ich nicht gestört werden wollte. Ich bot ihr ein Glas Wasser und eine Zigarette an, stopfte die Hörer meiner beiden Telefone in die Schreibtischschublade und reichte ihr ein Taschentuch. Was war geschehen?

Julia hatte es nicht so gut getroffen wie ich. Ich hatte als einzige Fachkraft für Gefahrgut-Logistik im Hause keine Konkurrenz zu fürchten und wurde einer Abteilung angehängt, in der ein ausgesprochen gutes Klima herrschte. Julias Abteilungsleiter schien sie angefordert zu haben, weil er auf keinen Fall weniger Mitarbeiter haben wollte als seine Kollegen. Ihre beiden Zimmergenossinnen, von denen eine die Ex-Geliebte des Abteilungsleiters war, waren ausgesprochen eklig zu ihr. Da die Aufgaben nicht eindeutig umrissen waren, schoben ihr die beiden Damen alles zu, was unangenehm war und wozu sie keine Lust hatten. Dem Vorgesetzten war völlig egal, wer die anfallende Arbeit erledigte, sie musste nur gemacht werden. Julia hatte mit wochenlanger Geduld und gleichbleibender Sanftmut das, was man heute „Mobbing" nennt, ausgehalten und schließlich in einem Gespräch mit ihrem Vorgesetzten um Klärung der Situation gebeten. Der gute Mann hatte mit solchem „Weiberkram" gar nichts am Hut, sein bajuwarisches Temperament überwog seine Fähigkeit der Mitarbeiterführung bei weitem, und so wurde das Gespräch von ihm mit Brüllen und Poltern ganz schnell erledigt. Die arme Julia war völlig verzweifelt in den Waschraum des nächsten Stockwerks gestürzt, damit sie keiner ihrer Kolleginnen begegnen musste, und dort hatte ich sie dann vorgefunden.

Woher ich den Mut nahm mich einzumischen, weiß ich bis heute nicht. Ich ging mit Julia eine große Runde spazieren, was an sich schon unerhört war, und machte mich in der Mittagspause auf in das Restaurant, in dem ihr Chef zu essen pflegte. Ich setzte mich unaufgefordert an seinen Tisch und verlangte, ihn allein zu sprechen. Etwas verblüfft gingen die Herren seiner Begleitung an einen anderen Tisch. Dann schilderte ich Julias abgrundtiefe Verzweiflung so eindringlich, wie es mir möglich war, und behauptete, er sei doch so ein guter, taktvoller, gerechter Vorgesetzter, er könne doch nicht wollen, dass ein alleinstehender, wehrloser Mensch aus Verzweiflung über die Zustände in seiner Abteilung krank werde. Er setzte zu der Frage an, was mich das eigentlich anginge, aber ich ließ ihn gar nicht zu Wort kommen. Wozu war ich seit Jahren Mitglied einer Laienspielgruppe! Als ich mein Pulver verschossen hatte, verließ ich mit dem Hinweis, meine Pause sei bereits überschritten, das Lokal.

In den folgenden Tagen wurde mir doch etwas blümerant. Würde mein Auftritt womöglich unangenehme Folgen haben? Aber es war nun mal geschehen, jetzt ließ sich nichts mehr ändern. Nach wenigen Tagen kam Julia und fragte, was ich mit ihrem Chef gemacht hätte. Er hatte eine Besprechung angesetzt, sich offiziell bei ihr entschuldigt und ihr endlich ein festes Aufgabengebiet zugewiesen. Auch die beiden Kolleginnen hatte er aufgefordert, Julia zu unterstützen und gefälligst für ein freundliches Betriebsklima zu sorgen. Man sei doch schließlich ein Team!

Natürlich wurde aus unserem grantelnden Saulus nicht dauerhaft ein Paulus, aber er nahm sich doch etwas zusammen. Julia wurde selbstsicherer und traute sich manchmal sogar, auf diesen groben Klotz einen fast ebenso groben Keil zu setzen. Einmal kam ich dazu, als sie ihm kühl untersagte, ihre Protokolle zu kritisieren, schließlich glaube er nur, Englisch zu können. „Wenn er noch einmal am Telefon sagt ‚I became your letter', erwürge ich ihn", vertraute sie mir an. Zum Dank für mein Eingreifen lud sie mich kurz darauf zu einem wunderbaren Opernabend ein, und beim anschließenden Abendessen besiegelten wir dann unsere Freundschaft.

Wen Julia einmal ins Herz geschlossen hatte, der konnte sich in allen Lebenslagen auf sie verlassen. Sie betreute und bekochte mich, wenn ich krank war, sie holte mich ab, wenn mein eigenwilliges Auto mich mal wieder im Stich ließ. Wir gingen zusammen ins Theater und in Konzerte, und wenn ich meine Freunde einlud, war sie immer dabei und half mit Gläsern oder Suppentassen aus. Dafür akzeptierte ich ihre nicht wenigen, meist durchaus liebenswerten Eigenheiten. Man durfte sie nicht anrufen, wenn Steffi Graf oder Boris Becker Tennis spielten. Sie ließ niemanden in die Wohnung, wenn nicht alles picobello aufgeräumt war. Sie kaufte sich teure Kleidung, aber immer war irgendetwas daran nicht in Ordnung. Immer war etwas schief zugeknöpft, mal fehlte ein Knopf, ein Saum war ein Stück aufgerissen oder ein vergessener Fleck prangte an exponierter Stelle. Und sie war nie fertig, wenn ich sie abholte. Selten rannte sie weniger als zweimal in ihre Wohnung zurück, weil etwas vergessen worden war. An jeder roten Ampel arbeitete sie an ihrem Make-up, was mich so nervte, dass ich manchmal besonders ruckartig anfuhr. Sah sie sich dann im nächstbesten Spiegel, lachte sie schallend, nahm mich unter den Arm und wir verschwanden im Waschraum.

Als Julia die Fünfzig überschritten hatte, machten ihr Geburtstage keine Freude mehr. Sie tauchte für einige Tage ab, hatte ihren Freunden gegenüber aber immer ein schlechtes Gewissen und lud uns anschließend doch alle zu sich ein. Immer war es urgemütlich in ihren schönen geerbten Möbeln. Wir hielten unsere Weingläser ins Kerzenlicht, lobten ihre Kochkünste und sie versprach uns: „Nächstes Jahr bleibe ich hier und koche für euch!"

Julia ging zwei Jahre vor mir in den Ruhestand. Sie konnte es gar nicht erwarten, dass auch ich aufhören würde zu arbeiten. Was wollten wir dann alles zusammen unternehmen! Wir wollten Ausflüge machen und reisen, nach Ostpreußen, wo sie geboren war, und nach Norwegen, auf das ich sie neugierig gemacht hatte. Wir wollten Europa kreuz und quer bereisen und so lange wegbleiben, wie wir Lust hatten. Etwa ein Jahr nach Beginn des Ruhestandes wurde Julia außerordentlich geschäftig. Sie räumte ihren Keller gründlich auf und putzte und entrümpelte wochenlang ihre Wohnung. Natürlich durfte sie während dieser Zeit niemand besuchen. „Ich melde mich", sagte sie nur.

Ich hatte meinen Kindern einen zweiwöchigen Aufenthalt auf einem Bauernhof an der Nordsee geschenkt. Meine Enkel bestanden darauf, dass ich sie dort unbedingt besuchen müsse. Als ich daher zu einem längeren Wochenende an der Nordsee aufbrechen wollte, rief Julia mich an. Sie lag im Krankenhaus, war am Vortag operiert worden. Es ginge ihr gut, sie sei selbst überrascht, wie gut sie die OP weggesteckt habe. Als ich meinen ersten Schrecken überwunden hatte und meine Empörung darüber, dass sie mir nichts gesagt hatte, kündigte ich ihr meinen Besuch für den folgenden Montag an. „Dann bin ich vielleicht schon wieder zu Hause", meinte sie. Ihre Schwester sei für ein paar Tage gekommen und könne sich um sie kümmern. Ich solle mir nur keine Sorgen machen.

Ich machte mir keine Sorgen und genoss das Wochenende mit Kindern und Enkeln. Am Montag rief ich im Krankenhaus an. „Eine Frau Julia Ghoniem liegt nicht bei uns!", sagte man mir in der Vermittlung. „Sie muss bei Ihnen sein", beharrte ich, „schauen Sie bitte genau nach!" Was müssen dort für Zustände herrschen! Schlamperei! Ich erreichte Julias Schwester.

Meine Julia war am Samstag gestorben! Es war ihr doch so gut gegangen! Ich konnte es nicht begreifen. Ja, es war ihr gut gegangen. Sie hatte am Samstagmorgen ihre Schwester angerufen und sie gebeten, ihr die vergessenen Hausschuhe mitzubringen. Immer, immer vergaß sie irgendetwas! Die Schwester hatte die Hausschuhe nicht mehr gut genug gefunden und ein neues Paar gekauft. Sie war etwa zwei Stunden nach dem Anruf im Krankenhaus und da war Julia tot. Gestorben an einer Embolie. Auf dem Weg ins Bad war sie zusammengebrochen. Als die Ärzte, die gerade Mittagspause machten, endlich auf der Station erschienen, war es bereits zu spät. Meine liebe, sanfte, meine großherzige Julia gab es nicht mehr!

Zwei Wochen später legten wir einen kleinen Kranz aus blauen und weißen Blüten auf eine braune Kiste und weinten mit ihren Geschwistern um einen liebevollen, hilfsbereiten, großzügigen Menschen, um unsere Julia! Und erst jetzt erfuhren wir, sie hieß gar nicht Julia, sondern Rosemarie! Sie hatte den Namen nie leiden mögen und ihn nach einem längeren Aufenthalt in London einfach abgelegt.

Ihre Geschwister hatten sich natürlich nicht mehr umgewöhnt, aber wir Freundinnen und Kollegen wären nie auf den Gedanken gekommen, sie könnte anders als Julia heißen. So ist sie unsere Julia geblieben, und an jedem 11. Oktober treffen wir uns in dem kleinen Lokal im Erdgeschoss ihres Hauses, wo heute ihr Klavier steht. Wir halten unsere Weingläser ins Kerzenlicht und feiern ihren Geburtstag. Manchmal glaube ich, Julia ist jetzt eher dabei als früher, als sie aus Angst vor dem Älterwerden ihren Geburtstag immer auf Reisen verbrachte.

Meine Julia fehlt mir jeden Tag. Wie gern würde ich ihr erzählen, dass ihr Patenkind, ihre geliebte Nichte Claudia, am 11. Oktober – drei Wochen vor der Zeit – ein gesundes Baby zur Welt brachte. Das kleine Mädchen wurde Julie-Rose getauft, denn Claudia lebt in Paris. Es gibt wieder eine Julia, die am 11. Oktober ihren Geburtstag feiert. Vielleicht wird sie ein so liebenswerter Mensch wie ihre Großtante.

Alles Gute, kleine Julie-Rose!

Vom Kommunismus zum Kapitalismus
Inge Bethke

Nikolaiken / Ostpreußen an den Masurischen Seen
Schulabschluss 1951 in polnischer und russischer Sprache. Der Vorschlag des Rektors, ich soll auf die Pädagogische Schule nach Sensburg gehen, wurde von meiner Mutter abgelehnt. „Du musst dann ins Internat, das kostet Geld, dann kommen wir nicht nach Deutschland." Diesen Satz musste ich mir bei jeder Gelegenheit anhören. Mutti, mein Bruder Werner-Otto und ich hatten die Flucht aus Königsberg nicht geschafft und so landeten wir bei Oma und Opa auf dem Bauernhof in Nikolaiken. Danach hatten wir nochmals den Versuch gemacht zu flüchten, leider zu spät. Wir mussten in Ostpreußen bleiben, das Polen zugeteilt wurde. Vati war in dänischer Gefangenschaft und wurde nach Itzehoe in Schleswig-Holstein entlassen. Viele Jahre kämpfte er, um eine Ausreise für uns zu ermöglichen, er arbeitete mit allen Tricks. Um uns Dokumente aus Deutschland zukommen zu lassen, ließ er beim Metzger in einer Wurstdose Papiere einschweißen und schickte sie uns. Wir Kinder freuten uns auf die tolle Wurst. Beim Öffnen der Dose große Enttäuschung, die Wurst war verschimmelt. Nein, es war kein Schimmel. Die Dose war mit Sand und grauer Watte ausgestopft worden. So wurde das Gewicht stimmig gemacht.
„Du wirst Schneiderin", sagte Mutti, „Vati ist Schneider, du kannst ihm in Deutschland helfen." Immer mischte sich Mutti ein. Drei Wochen war ich in der Schneiderlehre. Dann habe ich, wie es heute heißt, gestreikt. „Na Ingchen, hast du keine Lust zum Nähen?", fragte die Schneiderin. Nein, ich schüttelte nur

mit dem Kopf. „Dann geh mal nach Hause." Ich war noch nie so schnell aus einem Raum geflüchtet. Ich setzte mich durch!

Als Mutti das erfuhr, sagte sie nur: „Gut, dann gehst du nächste Woche auf den Bauernhof zur Oma, die braucht immer Hilfe: Ausmisten, Kühe melken und auf dem Feld braucht sie dich auch." Ich wollte nicht zur Oma. Mein Abschlusszeugnis war sehr gut, fast nur Einser und Zweier. Ich nahm mein Zeugnis und ging als erstes in die Stadtverwaltung, direkt zum Bürgermeister. Er schaute sich das Zeugnis an und sagte sofort: „Ja, du darfst in die Lehre." Meine Mutti war sprachlos. Dieses Kind setzte sich immer durch. Es war eine schöne Zeit. Mein direkter Chef sah aus wie ein General. Groß, dunkle buschige Augenbrauen. Wenn er mich anschaute, dann immer über den Brillenrand. Unangenehm war es nur beim Wohnungsamt, denn der Abteilungsleiter schaute gerne und oft ins Glas. Wenn wir dann in Wohnungen gingen, die kontrolliert wurden, kam erst die Alkoholfahne in den Raum und dann er. Leider musste ich mit. Mir gegenüber verhielt er sich korrekt.

In der Lehrzeit ging ich jeden Abend von 18 bis 22 Uhr in die Volksuniversität. Es war sehr interessant in der Schule, viele Schüler waren viel älter als ich. In der Stadtverwaltung musste ich alle Abteilungen durchlaufen. Auf dem Standesamt arbeitete auch ein Deutscher. An seinem Geburtstag lud er alle Kollegen zu einem Umtrunk ein. Pfefferminzlikör – wie der schmeckte. Ich hatte noch nie so etwas getrunken. Als Mutti von der Arbeit kam, fragte sie meinen Bruder: „Wo ist Inge?" „Sie liegt im Bett und ist krank." Sie kam an mein Bett und fragte: „Ingchen, was ist denn?" „Mutti, ich habe Likör getrunken, mir ist schlecht." Die Antwort war eindeutig: eine Backpfeife.

Im Jahre 1953 hatte ich meinen Abschluss und dachte, jetzt beginnt das Leben. Nein, meine Mutter beschloss: "Du musst nach Stettin, denn aus Stettin gehen Transporte nach Deutschland. Bitte fahre noch auf den Hof zur Oma, verabschiede dich und sage, dass du nach Stettin umziehst. "Lange stand Oma am Hoftor, was hat sie gedacht? Trauriger Abschied am Bahnhof. Noch nie bin ich alleine gereist. Der Weg war weit, mehr als 400 km.

Stettin/Pommern

Eine neue Welt für mich. Die Stille war nicht mehr da. Der Hafen hell erleuchtet, die Kräne kreischten und die Möwen auch. Wasser war zum Glück auch da, die Oder floss durch Stettin, aber mit den Nikolaiker Seen kein Vergleich. Der Duft nach Fisch und hüpfende Glühwürmchen, das fehlte.

Wohnung suchen, Arbeitsamt. Die mir zugewiesene Arbeitsstelle war eine Schuhfabrik, dort wurde eine Sekretärin gesucht. Die Stelle bekomme ich bestimmt nicht – mit 17 Jahren. Vier polnische Frauen hatten sich auch beworben. Diese Fabrik wurde nach 1945 nur von Juden geführt – ich mit dem Namen Spehr, der ein großer Nazi war, Hitlers Architekt. Nur die Schreibweise war anders, sein Name schrieb sich mit zwei e, meiner mit eh. In der Schule wurde viel darüber gesprochen, denn wir waren die „Hitlerkinder". Ich kannte keine Juden. Wie sehen sie aus? In der Schule wurden nur Bilder aus der Nazizeit gezeigt. Da sahen die Juden hässlich und mager aus. Die Bilder stammten aus den Konzentrationslagern. Als Schülerin besuchte ich mit der Klasse ein Konzentrationslager, es war grausam. Viele Haare und Kinderschuhe lagen da auf großen Haufen.

Der Personalchef war sehr hager, er trug einen braunen Anzug, ein gelbes Hemd und eine braungelb gestreifte Krawatte. Er staunte, dass ich als Deutsche so gut polnisch sprach. Die Tür zum Nebenraum stand offen. Plötzlich rief der Personalchef: „Herr Leviner". Der Herr kam in den Raum. Er sah ganz anders aus, hatte rote Haare und Sommersprossen. Der Personalchef sagte: „Sie ist eine Deutsche, nehmen wir sie?" Herr Leviner schaute über seine Brille und sagte: „Wir nehmen sie." Ich war sehr überrascht, bekam sofort eine Zusage. Es war eine ganz tolle Zeit, ich wurde total verwöhnt. Musterschuhe bekam ich geschenkt. In dieser Firma war ich von 1953 bis zur Ausreise nach Deutschland, zwischen Weihnachten und Neujahr 1957/1958, beschäftigt.

Als die Nachricht von der Ausreise nach Deutschland kam, wollte ich nicht mehr. Ich hatte meinen Freund Karl-Heinz kennengelernt, einen tollen Tänzer. Zum Glück war der Ledereinkäufer Herr Baran im Ausreiseausschuss der Deutschen. Er verriet mir, dass mein Freund auf der Liste für die Ausreise am 13. Januar 1958 stand.

Itzehoe/Schleswig-Holstein
Über Friedland nach Itzehoe zum Vati. Endlich im Westen, Itzehoe in Schleswig-Holstein. Auf dem Bild, das ich immer bei mir trug, war er ein schöner Mann und nun stand ein sehr alter Mann vor mir, der am Stock ging. Ich war enttäuscht.

Vati liebte mich über alles, tat alles für mich. Er war ja Schneider und nähte mir ein Kostüm nach dem anderen. Die Knöpfe waren sehr teuer: „Knöpfe sind die Zierde am Kostüm." Ich musste Hüte tragen. „Zu einem Kostüm braucht man einen Hut und eine Handtasche", sagte Vati. Die Wohnung in Itzehoe war vollständig eingerichtet. Nichts fehlte. Ich müsste doch eigentlich glücklich sein. Die Straße „Hinterm Sandberg" war ohne Bäume, viele Häuser mit roten Klinkersteinen gebaut, nicht so gemütlich wie in Nikolaiken. Es erdrückte mich. Dann fiel mir der Abschied von Oma und Nikolaiken ein.

Weißt du, wie es ist,
wenn du dich von Großmutter
in Nikolaiken verabschiedest,
du den langen Weg bis zur Chaussee läufst,
die mit Lindenbäumen bepflanzt ist
und sie immer noch auf dem Hof steht und winkt?

Weißt du, wie es ist,
wenn du dich nach Jahren fragst,
ob Großmutter traurig war oder gar geweint hat,
obwohl du damals nichts gemerkt hast
und du es nie mehr erfahren wirst?

Weißt du, wie es ist,
wenn du aus dem Haus durch den Vorgarten läufst
und hinter dir die schöne Veranda aus Holz
mit bunten kleinen Fenstern, in der du oft gespielt hast,
zurückbleibt?

Weißt du, wie es ist,
wenn das Wasser am Seeufer gluckst,
das Schilf raschelt

und das Boot am Steg hin und her dümpelt,
du nie mehr in dem Boot sitzen wirst?

Weißt du, wie es ist,
wenn du zum letzten Mal über die Seebrücke läufst
und dreimal in den See spuckst,
so wie du das immer gemacht hast?
Wo du dich mit Freunden getroffen hast
und nun alles vorbei ist?

Weißt du, wie es ist,
wenn du mit der Eisenbahn stundenlang fährst
und sie immer sagt:
„Das letzte Mal, das letzte Mal" und
du die Strecke niemals mehr fahren wirst?

Weißt du, wie es ist,
wenn du dann in einer Straße wohnen musst,
eng und ohne Bäume, Häuser aus roten Klinkersteinen,
Menschen, die nicht lächeln, die nicht grüßen,
dich nicht fragen, wie es dir geht, wohin du gehst?

Dann weißt du,
dass du dich von deiner Heimat,
deiner Kindheit und
deiner Jugend
verabschiedet hast.

Nach kurzer Zeit sagte mein Vati: „Kind, du musst jetzt zum Arbeitsamt, da wird dir eine Arbeit zugeteilt." „Ich dachte, ich suche mir selbst eine Arbeit." „Nein, du musst zum Arbeitsamt."

Arbeitsamt, eine Dame bittet mich ins Büro. „Was sind Sie von Beruf?" „Ich habe beim Bürgermeister in Nikolaiken gelernt, in Polen." „Also Verwaltung." „Ja." „Nur in polnischer Sprache?", fragte sie. ^^„Ja."

„Dann machen wir mal einen Test." Ich musste schreiben: Ochse, Echse, Hexe, Nixe, Wechsel, Wachs. Sie schaute sich die Wörter an: „Nein, fürs Büro eignen Sie sich nicht. Aber Sie könnten auf die Handelsschule nach Hamburg-Eppendorf gehen." Da machte ich meinen ersten Fehler: „Nein, ich werde heiraten, ich gehe nicht mehr auf eine Schule."

Erstes Angebot: Gruner & Jahr. Zeitungen bündeln und Adressen schreiben. Nein, ich werde doch nicht Zeitungen bündeln. Wer bin ich denn! Das war mein zweiter Fehler. Ich wusste zu dieser Zeit nicht, wer Gruner & Jahr ist.

Zweites Angebot: Weberei Hablik und Lindemann in Itzehoe. Da wurden Teppiche aus Fell für den Schah von Persien geknüpft. Wer ist das denn? Ein Teppich 25 mal 25 Meter im Schachbrettmuster. Ich kam an eine Maschine. Erst musste ich beweisen, dass ich das Spinnrad bedienen kann, ein einfaches Spinnrad wie meine Oma eins hatte. Lächerlich, so etwas kann ich doch. Die Chefin gab mir eine Papiervorlage, schön bunt. Nach diesem Muster musste ich Wollspulen stecken, die dann über einen Webbaum gespult wurden. Schön aufpassen, dass kein Faden abreißt, sonst gibt es Fehler im Stoff. Große Verantwortung, aber langweilig. Ich musste oft auf die Toilette, die Chefin fragte dann: „Haben Sie was an der Blase?" „Nein, das ist so langweilig", antwortete ich in der Annahme, sie gibt mir eine andere Aufgabe. Ich konnte gehen. Ich war in der Probezeit. Für mich Kapitalismus!

Drittes Angebot: eine Dosenfabrik. Ohrenschützer, dicke Schürze, große Handschuhe. Ein Heidenlärm. Nein, nein, wer bin ich denn! Bin einfach fort. Zu Hause angekommen sagte ich zu meinem Vater: „Ich packe meinen Koffer und gehe nach Polen zurück, die sind alle arrogant, ich bleibe nicht hier." Die Polen hatten gleich gesagt: „Bleib hier, du wirst es bereuen." Mein Vater bettelte: „Kind, wir sind doch auch erst im Aufbau, es wird alles besser, bleibe bitte."

Viertes Angebot: Näherei in Itzehoe / Tegelhörn. Ich musste jeden Tag an Kasernen vorbeilaufen, gefährlich, die wollen hier auch nur Krieg. Vater arbeitete inzwischen beim Militär in der Kleiderkammer und Mutti auch in der Kaserne im Sanitätsbereich, aber was! Sie musste putzen.

Näherei, das wollte ich nie machen, es wurden Pullover genäht. Ich betrat den Vorraum, die Frauen standen in einer Reihe, jede hatte einen Esstender in der Hand, der am Mittag gewärmt wurde. Meine Gedanken: Oh, Straflager, Kapitalismus, die Polen hatten recht. Die Frauen durften erst an ihre Maschinen gehen, wenn der Chef die Tür öffnete. Mir wurde auch eine Maschine zugeteilt, ich „durfte" Ärmel zusammennähen.

Die Frauen warnten mich: „In der Tür ist ein Fenster, der Chef sitzt dahinter und beobachtet uns." Straflager!! Mein Blick hielt der Warnung nicht lange stand, ich musste immer wieder auf das Fenster schauen. Nach vierzehn Tagen rief mich der Chef ins Büro. „Fräulein Spehr, Sie arbeiten schlecht, Sie schauen immer auf das kleine Fenster in der Tür, das geht nicht." Naiv, frech fragte ich ihn: „Schauen Sie denn immer am Fenster? Dann können Sie ja auch nicht arbeiten." Er schaute mich an und sagte: „Fräulein Spehr, nehmen Sie Ihre Tasche und gehen Sie."

Ich lief durch Tegelhörn, rausgeschmissen, was sage ich meinem Vati. Meine Papiere hatte er mir nicht gegeben und mein Geld für die vierzehn Tage auch nicht. Fristlos entlassen, so etwas war mir noch nie passiert.

An einem Haus stand ein Schild, Rechtsanwalt, vielleicht könnte er mir helfen. Ich ging rein und erklärte ihm den Sachverhalt. Als erstes fragte er mich, ob ich Geld hätte, denn wenn er mich vertritt, würde es Geld kosten. „Nein, habe ich nicht, ich komme aus Polen." „Ja, dann gehen Sie mal Richtung Bahnhof, da steht ein großes rotes Klinkerhaus, das gehört der Gewerkschaft, die könnte Ihnen helfen." Ich lief durch die Straßen zum Bahnhof, Gewerkschaft, juhu! Die Polen sagten immer, in Deutschland gebe es nicht mal eine Gewerkschaft. Ich betrat das Haus, durfte auch gleich in ein Zimmer. Ich trug mein Anliegen vor. „Ja, junge Frau, sind Sie in der Gewerkschaft?" „Ja sicher, Gewerkschaft Zawodowe." „Kenne ich nicht", sagte er. „Das ist in Polen." „Na gut, dann treten Sie unserer Gewerkschaft bei und wir übernehmen den Fall." Vierzehn Tage später hatte ich meinen Lohn und auch meine Papiere. Anstatt für vierzehn Tage bekam ich Lohn für vier Wochen. Toll, man kann auch im Kapitalismus was erreichen!

Unsere Hochzeit war schon geplant, Heinz wohnte im Flüchtlingslager in Oberhöchstadt, arbeitete und sparte tüchtig. Das Geld, das ich meinen Eltern als Kostgeld abgeben musste, sparten sie für mich und schenkten es uns zur Hochzeit. Jetzt wurde geheiratet. Mutti wollte eigentlich, dass ich einen Mann aus Itzehoe heirate, den Sohn aus einem Schuhgeschäft. Ich war einige Male mit meiner Freundin Elisabeth tanzen, sie war ein Flüchtling aus der DDR. Der junge Mann holte mich oft und wollte sich auch mit mir treffen. Nein, lieber nicht. „Kind, denk mal nach,

Heinz ist schon jetzt oft krank, was soll das später werden?" Nein, ich wollte meinen Heinz.

Es war Oktober, die Hochzeit musste im Oktober stattfinden, denn meine Eltern hatten Silberhochzeit. Aus Sparsamkeit wurden die Feiern zusammengelegt. Bahnhof, der Zug läuft ein, Heinz steigt aus. Mein Gefühl, den soll ich heiraten? Wir hatten uns schon acht Monate nicht gesehen, nur Briefe geschrieben. Am nächsten Abend gingen wir in einen Liebesfilm. Wir hielten Händchen wie früher, es war schön, es war richtig, dass wir heirateten. Ich liebte Heinz und er liebte mich auch.

Nach der Hochzeit 1958 musste ich mich von Mutti verabschieden wie damals von Oma, nur sie stand nicht am Hof, sie stand auf der Treppe. Ich war verliebt und bin genau so unbekümmert fortgegangen wie damals von Oma.

Oberhöchstadt / Taunus

Wo war ich gelandet! Heinz wohnte mit seinen Eltern im Flüchtlingslager, wir mussten mit ihnen im gleichen Zimmer wohnen. Schwiegervater teilte das Zimmer mit einer Eisenstange und einem Vorhang. Der Lagerleiter hatte uns kein eigenes Zimmer gegeben.

Ich war schnell auf dem Arbeitsamt. Natürlich hatten sie was für mich. „Sie waren ja schon in einer Näherei, in Königstein ist eine Bekleidungsfirma, dort werden Kleider genäht." Schon wieder Nähen. Jetzt nähte ich schon, als hätte ich es gelernt. Ich konnte für mich alle Kleider nähen.

Das Flüchtlingslager in Oberhöchstadt wurde aufgelöst, wir wurden nach Königstein in die alte Post verlegt, das kam mir gelegen, ich arbeitete in Königstein und Heinz auch. Dort bekamen wir ein eigenes Zimmer mit Ausblick auf die Burg, im Winter ein Traum. Wir waren das erste Mal in Deutschland glücklich.

Oberursel / Stierstadt

Es war das Jahr 1960, ein Brief vom Amt, es wurden Wohnungen für Flüchtlinge gebaut, wir bekamen eine Wohnung, entschieden uns für Stierstadt. Einzug am 1. Juni 1961. Jetzt mussten wir beide zur Arbeit mit dem Bus nach Königstein fahren. Für ein Auto fehlte uns das nötige Geld. Das störte uns nicht, zu dieser Zeit hatten viele Familien kein Auto. Neid war uns fremd.

Wir hatten uns entschlossen, eine kleine Familie zu gründen. Jetzt wo wir eine Wohnung bekommen hatten. Gesagt, passiert. Im Lager sorgten sich schon die Leute, dass wir noch immer kein Kind hatten. „Die sind doch schon drei Jahre verheiratet, das liegt bestimmt an ihm, der ist so dünn." Der Weg nach Königstein mit dem Bus war eine Qual, mir wurde immer schlecht. Ich musste schon in Oberhöchstadt aussteigen. Man hatte mich krankgeschrieben, ich war glücklich. Eines Tages klingelte es an der Tür, eine Dame stellte sich vor: „Ich bin vom Amt und zuständig für die Fürsorge werdender Mütter." Wieso, warum, ich war ganz erschrocken, was ist das für ein Amt? „Junge Frau, Sie können Ihr Geld jetzt beim Arbeitsamt abholen, einmal in der Woche bis zur Geburt Ihres Kindes und danach bekommen Sie Ihr Geld von der Krankenkasse. Die Firma, in der Sie arbeiten, ist pleite. Sie hatten unterschrieben, dass Sie auf Ihren Urlaub verzichten. Das ist nicht rechtens, das bekommen Sie auch bezahlt." Trotz Kapitalismus?! Am 24.Oktober 1961 kam unser Jörg auf die

Welt. Zu Hause blieb ich vier Jahre, bis Jörg in den Kindergarten kam. Nun wollte ich wieder arbeiten.

Ich lief durch Stierstadt an einem Konsumladen vorbei, da könnte ich doch Ware auffüllen. Leider nicht, der Laden war zu klein. „Wir bauen einen neuen, da können Sie dann noch einmal vorsprechen", sagte der Filialleiter. Ich tat es.

Der Konsum hieß jetzt CO-OP und wurde eröffnet. Ich durfte Ware auffüllen. Ganz schnell übernahm ich die Verantwortung für die ganze Tiefkühlkost, Angebote bestellen, Kassenlehrgang.

Nach Jahren, Jörg war schon 14 Jahre alt, wurde der CO-OP in Stierstadt geschlossen. Ich ging nach Oberursel, dort wurde der CO-OP zum IN-Markt umbenannt und neu eröffnet. Lehrgang für Personalführung, mit Urkunde.

Nie mehr habe ich Nein gesagt. Als ich das erste Mal zum Jahresende die ganze Bestellung machen musste, war ich mit den Nerven am Ende, viel zu viel Ware war angekommen. Das ging kaum ins Lager rein. Alle schüttelten nur mit dem Kopf.

Am Jahresende wurden die Läden von den Bezirksleitern kontrolliert. Wir wurden gelobt, nichts hatte gefehlt und zu viel war auch nicht bestellt worden. Die Inventur hatte gestimmt. Ich glaube, ich war ein paar Zentimeter größer geworden!

Eines Tages kam ein Außendienst-Mitarbeiter der Firma Kraft. Die Firma hatte ein Regal von drei Meter Breite für die normale Ware und zwei Meter für den Frischdienst. Das Regal wurde immer schmaler. „Frau Bethke, wieso wird unser Regal immer kleiner?" „Ach, sind Sie doch so nett und fragen Sie meinen Chef, dem bringen Sie doch immer Käse."

Ich habe den Käse bekommen und das Regal war immer toll bestückt. Nun erschienen zwei Mitarbeiter der Firma Kraft. Den einen Herrn kannte ich schon, der andere war der Bezirksleiter. „Frau Bethke, Sie sind doch so clever, warum kommen Sie nicht zu uns in die Zentrale?" „Nein danke, es gefällt mir hier sehr gut."

Der Chef stellte seine Frau ein, nun gab es Unstimmigkeiten. Meine Kollegin, die sehr tüchtig war, und ich beschwerten uns bei ihm, dass es so nicht weiterginge. „Wenn sich das nicht ändert, kündigen wir beide." Da machte er einen Fehler, er sagte so in dem Sinne, dass wir zu alt seien für eine neue Stelle. Meine Kollegin bewarb sich bei einer Bank, ich bei der Firma Kraft in Eschborn. Wir wurden beide eingestellt.

Mein erstes Gespräch bei der Firma Kraft war nicht sehr ergiebig, der zuständige Herr sprach viel über sein Privatleben, ich kam kaum zu Wort. „Sie können in der Auftragsabteilung in der nächsten Woche anfangen", sagte er. „Nein, das geht nicht, ich muss erst kündigen, ich kann meine Kollegen nicht so im Stich lassen."

1.Oktober 1979, mein erster Arbeitstag. Ich hatte ein Büro für mich ganz alleine. „O Gott, die vielen Artikelnummern, die behalte ich nie." Meine Kollegen trösteten mich: „Das geht ganz schnell, wir haben es auch geschafft." Ich kenne heute noch viele Artikel. Frühmorgens betrat ein Außendienst-Mitarbeiter mein Büro: „Guten Morgen, sind Sie die Neue?" „Ja." „Na hoffentlich machen Sie nicht auch so viel Scheiße wie Ihre Vorgängerin!" Ich war erschrocken. Was ging hier ab? Das war ja schlimmer als in der Warenannahme beim IN-Markt.

Ich beschwerte mich bei einer jungen Kollegin. Sie fragte: „War das der Kollege mit dem hellen Anzug und den grauen Haaren?" „Ja", sagte ich. „Ach, das ist der Motsch, der macht immer so Dinger, der ist im Außendienst. Der wollte nur sehen, wie Sie reagieren." Nach einem halben Jahr ging es schon sehr gut, alle Außendienst-Mitarbeiter kannten mich vom Telefon. Sie fanden mich toll. Ich setzte mich auch für die Außendienst-Mitarbeiter ein, wo ich nur konnte. Eines Morgens stand eine Flasche Sekt auf meinem Tisch und ein kleines Päckchen. Ich wunderte mich, was das sein sollte. Im Päckchen war ein Buch mit dem Titel „ Die Unbesiegbare". Oh, das hatte jemand bemerkt.

Der Betriebsratsvorsitzende stellte sich vor und fragte: „Frau Bethke, Sie sind ja in der Gewerkschaft, wollen Sie sich nicht für den Betriebsrat zur Wahl stellen? Ich glaube, Sie haben bei Ihrer Einstellung nicht erzählt, dass Sie in der Gewerkschaft sind." „Doch, der Herr hatte mich gefragt, was ich so alles mache. Ich habe ihm gesagt, ich bin in der Gewerkschaft und war im Betriebsrat." „Und sie haben Sie eingestellt?" „Ja, das sehen Sie ja."

Ich war einverstanden: „Mich wählt sowieso niemand, die kennen mich ja nicht." Die Wahl fand statt, ich bekam eine Stimme mehr als der Betriebsratsvorsitzende, ich war erschrocken. „Musst du nicht, der Vorsitzende wird intern gewählt."

Meine Arbeit machte mir viel Spaß, alles was mir angeboten wurde, nahm ich an. Es kamen die Computer. „Wollen Sie?" „Ja." Sie bekommen dann ein Gehalt wie eine Sekretärin mit Englischkenntnissen." Super! Später wurde ich in den Wirtschaftsausschuss gewählt. Wenn der Gesamtbetriebsrat Sitzungen einberufen hatte, wurden sie in verschiedenen Städten abgehalten, z.B. in Lindenberg, Hamburg, München, Fallingbostel. Ich war viel unterwegs.

Ein Fall für den Betriebsrat. Ein Kollege sollte entlassen werden, er hatte sich zu spät bei seinem Chef krankgemeldet. Er war schwul, sein Freund hatte ihn verlassen, Nervenzusammenbruch. Die Kollegen mochten ihn nicht. Der Betriebsratsvorsitzende wollte in Urlaub fahren. So war es meine Aufgabe, den Betriebsrat einzuberufen. Wir brauchten für die Entscheidung mindestens drei Personen. Damit die Kündigung Gültigkeit hatte, mussten alle drei der Kündigung zustimmen, ich tat es nicht. „Es ist alles nicht schlimm, schlimmer ist es, wenn man seine Frau betrügt." Aus Versehen hatte ich mal einen Liebesbrief geöffnet. Der eine Kollege wusste genau, wohin ich wollte. „Dann gehst du aber zum Chef und bringst ihm das bei", sagten die Herren.

Gesagt, getan. Ich saß meinem Chef gegenüber und stellte ihm das Ergebnis vor. Er stand auf und sprach ganz ernst: „Ich bin verantwortlich für die Abteilung, muss sehen, dass hier alles in Ordnung ist. Wenn der Betriebsrat nein sagt, treffen wir uns vor dem Arbeitsgericht." Er dachte wohl, ich knicke ein. „Ja Chef, Sie haben Recht. Der Betriebsrat muss die Mitarbeiter schützen, denen Unrecht angetan wird." Er sagte: „Gehen Sie, wir sehen uns vor dem Arbeitsgericht." Zum Glück war der Vorsitzende schon aus dem Urlaub zurück, ich musste nicht zum Gericht. Der Anwalt unserer Gewerkschaft war sehr tüchtig.

Gewonnen, der Kollege konnte bleiben. Nach Jahren bei einem Betriebsausflug zu vorgerückter Stunde sagte doch mein alter Chef: „Frau Bethke, Sie haben mir damals im Fall des Kollegen aus dem Verkauf sehr gut gefallen." „Na toll Chef, warum haben Sie mir das damals nicht gleich gesagt, ich hätte doch einige ruhige Nächte gehabt."

Die Geschäftsleitung beschloss, jeder Mitarbeiter müsste eine Arbeitsplatz-Beschreibung abgeben. Einem Abteilungsleiter gefiel meine Beschreibung nicht. Danach müsste ich mehr Gehalt bekommen. Er benötigte das Geld aber für seine persönliche Managerin. So musste er meine Arbeitsplatzbeschreibung neu gestalten. Meine wäre nicht korrekt. Nachdem er das getan hatte, stellte die Personalabteilung fest, die Beschreibung ist die gleiche, nur in andere Worte gefasst. Ich kannte den Fall, da ich im Betriebsrat war.

Nun war es soweit, der gewisse Herr kam auf mich zu, überreichte mir einen Brief und sagte: „Frau Bethke, ich habe für Sie gekämpft, Sie bekommen eine Gehaltserhöhung. Eine Erhöhung bekommen Sie jetzt im Dezember und die nächste gleich im Januar."
„Toll, danke, ich kenne den Ablauf. Ich bin doch im Betriebsrat, haben Sie das vergessen?" Dieser Kollege kämpfte immer gegen mich. Warum? Das konnte ich mir nicht erklären.

Die Firma Kraft wurde nach Bremen verlegt, viele Arbeitslose. Ich wurde auch zu einem Gespräch eingeladen. Der Personalleiter aus Bremen, unser Personalleiter, der oberste Chef, der Gesamtbetriebsratsvorsitzende. „Frau Bethke, gehen Sie mit nach Bremen. Es gibt noch ein Bonbon drauf, wenn Sie mitgehen."
„So wichtig bin ich? Ich bin doch ein kleines Licht."
„Sie können jedes Wochenende nach Hause fliegen."
„Nein danke, meine Familie ist hier, die Freunde, Sportvereine und die Gräber." Mein Mann war schon verstorben. „Ich bleibe. Sie sagten, ich bekomme ein Bonbon extra, das kann nur ein saurer Drops werden."

Alle mussten lachen. Unser Personalleiter sagte nur: „So ist sie."

Ich sagte noch: „Wenn Sie nach Bremen fliegen, hat Ihre Frau den Koffer schon gepackt, ich muss waschen, bügeln, packen. Wo ist mein Wochenende?"

Die Eschborner Kollegen wurden nacheinander verabschiedet. Ich musste tatsächlich noch zwei Tage nach Bremen, um meine Arbeit den Bremer Kollegen zu übergeben. Bei einer Verabschiedung saß auch der gewisse Abteilungsleiter mit seiner Managerin dabei. Er lästerte gerne über Alte und Dicke, hat sich scheiden lassen und sich in eine junge Kollegin verliebt. „Na, jetzt kann das mit dem jungen Glück losgehen", lästerten einige aus der Gruppe. Plötzlich sagte der Typ doch: „Frau Bethke hat ja auch einen jüngeren Mann." Das war meine Stunde. „Ja, meinen Sie, ich will später so einen alten Knaben pflegen?" Das hat gesessen.

Ich hatte noch einmal das Vergnügen ihm zu begegnen. Ein Treffen der Großverbraucher-Abteilung. Es wurden einige Weine getrunken. Er saß neben mir, wir scherzten. Plötzlich sagte er zu mir: „Frau Bethke, wir könnten uns doch duzen", und hob sein Glas. Wieder eine meiner Stunden. Er, der mich immer unterdrücken wollte, dem es nie gelungen war, wollte mich plötzlich duzen. „Nein, nein, bleiben wir mal beim Sie, hört sich besser an. Ich duze mich nur mit Sportlern." Mein Chef lachte laut und sagte: "So ist sie." Ab diesem Zeitpunkt sah ich ihn nie wieder.

Bei der Firma Kraft in Eschborn habe ich mein Arbeitsleben mit 58 Jahren beendet. Ich war der letzte Jahrgang für den Vorruhestand – mit Abfindung! Ich hätte noch gerne weiter gearbeitet. Es war ein schönes Leben, ich habe viel Erfahrung gesammelt.

Ich besuchte die polnische Schule, lernte in polnischer und russischer Sprache und hatte nur acht Monate deutsche Schule. Aber meine Zeugnisse konnten sich sehen lassen, fast nur sehr gut und gut. Ein Psychologe sagte einmal: „Sie nehmen alles visuell auf."

Jetzt als Rentnerin habe ich viel zu tun, Enkel, Garten, turnen, wandern, ich bin zufrieden. Eins darf ich auf keinen Fall vergessen. Eine Kollegin organisierte Rentnertreffen der Firma Kraft. Kurz bevor sie starb, übergab sie mir alle Unterlagen. „Es kommen ja nur noch zwölf Personen, das schläft bestimmt bald ein." „Wie bitte? Frau Bethke macht das jetzt, toll." Das letzte Mal waren es 25 Personen. Das war mein Arbeitsleben. Die Schneiderei war nicht mein Fall, ich habe es überstanden und gelernt habe ich auch dabei.

Hinter dem Schleier
Susann Deterding

„In dieses Land gehe ich nicht!", war meine spontane Antwort, als mein Mann Leopold mich im Februar 2009 fragte, ob ich mir für die nächsten zwei bis drei Jahre ein Leben in Saudi-Arabien vorstellen könnte. Er hatte gerade ein Angebot für eine Tätigkeit in der Geschäftsführung einer großen saudischen Baufirma in der Hauptstadt Riad bekommen. Ich konnte es mir nicht vorstellen. Dieses Land mit seiner strengen Religion und seinen archaischen Traditionen, in dem Frauen nicht Auto fahren dürfen und nach landläufiger Meinung ohne ihren Mann am besten auch gar nicht das Haus verlassen sollten, erschien mir nicht gerade als ein bevorzugtes Ziel für eine freiheitsgewohnte westliche Frau.

Neugier

Dennoch nistete sich die Idee in meinem Kopf ein. Wie eine Art Virus, der von Tag zu Tag stärker wurde, breitete sie sich in mir aus. Mitte der 1980er Jahre hatten wir schon einmal beruflich bedingt knapp zwei Jahre im Ausland verbracht und diese Zeit in guter Erinnerung. Und nun standen Leopold und ich an einem neuerlichen Wendepunkt unseres Lebens. Unsere Kinder waren erwachsen geworden. In diesem Sommer würde auch unsere Jüngste mit dem Abitur in der Tasche das Elternhaus verlassen. Unser Lebensrhythmus würde dann nicht mehr vom Stundenplan der Altkönigschule bestimmt sein und unsere Elternschaft, jedenfalls im Alltag, in den Hintergrund treten. Der Reiz, sich in dieser Lebensphase noch einmal auf etwas ganz Neues einzulassen, war groß. Noch waren wir nicht so weit, in der Bequemlichkeit des heimischen Sofas auf den Ruhestand zu warten. Meine Neugier auf die arabische Welt war bereits durch eine frühere Reise nach Marokko geweckt worden und machte sich nun immer stärker bemerkbar. Außerdem erinnerte ich mich daran, dass der Name „Riad" in meiner Jugend oft in den Fernsehnachrichten vorkam, vermutlich wegen der Ölkrise und der autofreien Sonntage in den 1970er Jahren. Damals beschwor er in mir die blumigsten Vorstellungen von Tausendundeiner Nacht und dem Morgenland herauf.

Am Ende siegten all diese Überlegungen und vor allem die Zustimmung unserer Kinder über meine anfänglichen Bedenken. Leopold nahm das Angebot an, im Mai 2009 begann er seine Tätigkeit. Mit klopfendem Herzen machte ich mich im September auf den Weg nach Riad. Ohne rechte Vorstellung, was mich dort erwartet und wie ich mein neues Leben als „begleitende Ehefrau" würde meistern können, aber mit dem festen Vorhaben, Arabien kennenlernen zu wollen. Mir würde zu gegebener Zeit schon das Richtige einfallen, darauf vertraute ich voll und ganz.

Die Frage, wie wir in Riad denn wohnen wollen, entscheiden wir schnell zugunsten eines Hauses in einem Compound, einer internationalen Siedlung für Ausländer. „Musst du auch in einem solchen Ghetto wohnen?", werde ich zuhause oft gefragt. Dass man eine solche Siedlung, wenn man in Fernsehberichten nur die hohen Mauern und die Sicherheitskontrollen an den Toren sieht, tatsächlich für ein von der Außenwelt abgeschnittenes Ghetto halten könnte, kann ich mir gut vorstellen. Ich selbst habe aber nicht das Gefühl des Eingesperrtseins. Vielmehr muss man sich eine solche Ansiedlung wie ein Dorf mit sehr guter

Infrastruktur vorstellen. Kleine Läden, Restaurants, Sportangebote, Pool, Kindergarten – es fehlt an nichts. Dass alle Compounds aus Sicherheitsgründen mit einer hohen Mauer umgeben sind und bei jeder Einfahrt das Auto kontrolliert wird, stört mich nur wenig. Ich kann ja jederzeit rein und raus, es dauert nur etwas länger. In den Jahren 2004/2005 hatte es tatsächlich schwere Anschläge auf solche Ansiedlungen gegeben, die damals nur wenig geschützt waren. Zahlreiche Ausländer kamen dabei ums Leben. Das sollte nicht wieder passieren.

Außerdem stelle ich schon bald nach meiner Ankunft fest, dass sich saudische und westliche Lebensweisen allein wegen der Geschlechtertrennung im öffentlichen Raum auf Dauer nicht gut vertragen. Will man z. B. als Ehepaar ein Restaurant besuchen, muss man einen Tisch in der „family section" nehmen, in der Familien, Ehepaare oder Frauen ohne männliche Begleitung bedient werden. Hat Leopold hingegen ein Geschäftsessen, an dem nur Männer teilnehmen, müssen die Herren in die „men's section", denn Männer ohne Begleitung ihrer Ehefrau oder eines verwandten weiblichen Wesens stehen immer in dem Verdacht, den Frauen Ungemach zu bereiten, weswegen man beide Geschlechter am besten trennt. Die althergebrachte Vorstellung, dass der Mann seiner Natur nach der ewige Jäger und die Frau ihrer Natur nach das ewige Opfer ist, hat auch heute noch Bestand. Noch nie zuvor habe ich eine Gesellschaft kennengelernt, in der sexualisiertes Denken noch die kleinste Geste im Umgang der Geschlechter miteinander so sehr beherrscht wie hier. Da ist es für mich geradezu überlebenswichtig, einen Bereich zu haben, in dem das gewohnte unkomplizierte, partnerschaftliche Miteinander möglich ist, man Sport treibt oder einfach nur im Badeanzug am Pool liegt, in dem ich schlicht so leben kann, wie ich es als westliche Frau kenne und schätze. Von wenigen Ausnahmen abgesehen findet saudisches Recht im Compound keine Anwendung. In den Anlagen, die ich nach und nach kennenlerne, wohnen westliche Familien oder arabische aus Ländern wie Jordanien, Syrien oder Libanon, die eine offenere Lebensweise pflegen. Abgesehen von einigen Beschwerden über zu laute Musik bei Partys, knutschende Jugendliche am Pool oder ständig bellende Hunde in der Nachbarschaft erlebe ich keine Konflikte zwischen den unterschiedlichen Nationalitäten und Religionen.

In unseren Medien wird manchmal der Eindruck erweckt, man müsse als ausländischer Arbeitnehmer in einem solchen Compound wohnen. Das entspricht nicht den Tatsachen. Im Laufe meiner Zeit lerne ich viele Ausländerinnen kennen, die in privat gemieteten, zum Teil sehr großen Häusern verteilt im Stadtgebiet wohnen. Dort sind die Straßen meistens eng bebaut. Eine hohe Mauer umgibt jedes einzelne Grundstück, so dass man von innen durch die Fenster nichts als diese Mauern sehen kann. Platz für einen Garten gibt es nur sehr selten. In einem solchen Haus hätte ich mich dann wirklich einsam und von der Außenwelt abgeschnitten gefühlt.

Fremde Sprachen und Kulturen

Bei meinen ersten Fahrten in die Stadt, in den Supermarkt oder in die allgegenwärtigen Shopping Malls bin ich noch ziemlich unsicher. Einerseits habe ich das Gefühl, alle Einheimischen starren mich an, die jüngeren Frauen neugierig, die älteren oft nicht gerade freundlich. Ob das an meinen offenen Haaren liegt oder an meinem ungeschickten Umgang mit der Abaya, diesem leichten schwarzen Mantel, den ich in der Öffentlichkeit tragen muss und der sich bei jedem Schritt um meine Beine wickelt – ich weiß es nicht. Andererseits zieht mich mein Gastland durch seine Fremdartigkeit von Anfang an in seinen Bann. Die Männer faszinieren mich. Ihre dunklen Augen und Haare und die zumeist gepflegten Bärte stehen in einem attraktiven Kontrast zu ihren blütenweißen Gewändern und den rot-weiß gewürfelten, von einem Ring aus Ziegenhaar gehaltenen Kopftüchern. Sie bewegen sich würdevoll und in gemessenem Schritt, so sie nicht schrecklich übergewichtig sind und mit den Armen rudernd durch die Gänge watscheln. Die Frauen erfüllen auf den ersten Blick allein wegen ihrer wallenden schwarzen Verhüllung das Klischee der unterdrückten Frau. Viele, aber bei weitem nicht alle tragen einen Gesichtsschleier, den Niqab, der nur die Augen frei lässt. Bei genauerem Hinsehen und je mehr mein eigener Blick sich schärft, bemerke ich aber, dass sie sich anders bewegen und verhalten, als ich es mir vorgestellt habe. In Deutschland sieht man bei Familien aus dem traditionellen, zumeist ländlich geprägten islamischen Kulturkreis häufig, dass der Mann vorausgeht und die Frau hinterher, oft mit niedergeschlagenen Augen und in einigem Abstand. Ganz anders die saudische Frau. Sie schreitet voran, aufrecht, stolz, die Augen offen und geradeaus gerichtet. Der Mann geht hinterher, meist mit Einkaufstüten beladen. Diese Beobachtungen überraschen mich sehr und geben mir jede Menge Rätsel auf. Wie kann es sein, dass diese auf ihre eigene Weise so selbstbewusst und sicher wirkenden Frauen sich darein zu fügen scheinen, dass allein dem Mann alle Macht im Staate zusteht?

Dass Frauen in rechtlicher Hinsicht Menschen zweiter Klasse sind, zeigt sich für mich in krasser Weise allein daran, dass ihnen kein inländischer Führerschein ausgestellt wird und ihre internationalen Führerscheine keine Geltung haben. Nach Meinung einiger religiöser Hardliner leiden infolge des Autofahrens nämlich die weiblichen Unterleibsorgane. Mitfahren darf frau aber, da leidet anscheinend nichts. Das gilt auch für Ausländerinnen. Nur weil ich eine Frau bin, darf ich mich also nicht selbst hinters Steuer setzen. Und so ist es für mich ein wichtiger Moment, als ich wenige Tage nach meiner Ankunft Karim kennenlerne, meinen Fahrer. Ein noch junger, sympathischer, sehr zuverlässiger Mann aus Palästina, der mich fortan durch Riads Straßen- und Verkehrsgewirr kutschiert, wann immer ich irgendwohin möchte. Abgesehen davon, dass ich meine Unternehmungen nun einigermaßen planen muss, fühle ich mich in meiner Bewegungsfreiheit nicht eingeschränkt. Im Gegenteil, die bisweilen aggressive Fahrweise der Saudis, die chaotische Straßenführung und das fast vollständige Fehlen von Parkplätzen im Stadtzentrum wären wahrscheinlich sogar ein Hindernis für mich. Ich glaube kaum, dass ich einfach aufs Geratewohl losgefahren wäre, denn wegen der Sprachbarriere und der strengen gesellschaftlichen Konventionen hätte ich damit rechnen müssen, dass ich als Frau keine Antwort bekomme, wenn ich z.B. an einer Tankstelle den Tankwart nach dem Weg frage.

Zu Beginn unserer Zeit in Riad sind noch fast alle Straßenschilder einsprachig arabisch, was zwar die Orientierung zusätzlich erschwert, aber meine Begeisterung für die Schönheit der arabischen Schrift tagtäglich wachsen lässt. In den ersten Wochen ist Karim der einzige Araber, den ich kenne, immer hilfsbereit und so respektvoll, wie ich es von deutschen Männern nicht gewohnt bin. Dieser Respekt beeindruckt mich nachhaltig, passt er doch wiederum so gar nicht mit unserer Vorstellung von einer unterdrückten Frau zusammen, die dem Mann zu dienen hat. Ins Deutsche übersetzt bedeutet das Adjektiv „karim" großzügig. Das ist eine sehr passende Beschreibung seines Wesens. Mein unvoreingenommenes Interesse für alles Arabische belohnt er mit großer Auskunftsfreude, ob es sich dabei nun um das köstliche Essen handelt, die gesellschaftliche Bedeutung der arabischen Großfamilie oder die Situation der Palästinenser in Israel und den besetzten Gebieten. Im Schutze des Innenraums unseres Autos sprechen wir viel miteinander. Zunächst nur sehr vorsichtig, dann offener. Nach und nach lerne ich, durch seine Erklärungen verständiger geworden, mich unbefangener zu bewegen, und fühle mich nicht mehr so fremd.

Karim ist es auch, der mir im Verlaufe unserer zahlreichen Autofahrten anhand der Nummernschilder das arabische Alphabet und die Zahlen beibringt. Dieser erste Unterricht macht mir Appetit auf mehr. Voller Enthusiasmus kaufe ich mir ein englisch-arabisches Lehrbuch, muss aber erkennen, dass ich die Sprache nicht autodidaktisch „einfach so" erlernen kann. Als ich einige Monate später eine Empfehlung für Privatunterricht bekomme, greife ich sofort zu. Fortan fahre ich zweimal die Woche in einen nahegelegenen Compound zu Iman, einer christlichen Palästinenserin. Sie hat, so wird mir versichert, eine Ausbildung zur Sprachlehrerin für Erwachsene. Ob das stimmt? Ihre Bücher sehen mir doch sehr selbstgestrickt aus und in puncto Didaktik hält sie viel von Frontalunterricht und Auswendiglernen. Einstweilen ist mir das aber ganz egal. Mit wachsender Freude sitze ich am Schreibtisch, male Buchstaben für Buchstaben auf vorgezeichnete Linien und lerne wie eine Erstklässlerin die „Würmerschrift", wie ich sie liebevoll nenne.

Mit dem Lesenlernen wird es schon schwerer, denn im Arabischen werden von wenigen Ausnahmen abgesehen nur die Konsonanten geschrieben. Immerhin sind die Vokale in Texten für Anfänger durch bestimmte Zeichen markiert. Für die nicht gerade einfache Aussprache der verschiedenen hellen und dunklen H- und K-Laute gibt mir ein deutscher Sprachführer ganz praktische Orientierung: einem weichen H-Laut kommt man nahe, wenn man so tut, als würde man seine Brillengläser anhauchen, bevor man sie putzt. Einen speziellen K-Laut trifft man am besten, wenn man das Krächzen einer Krähe nachahmt. Also hauche und krächze ich, was das Zeug hält. Die Vokabeln lerne ich nicht nur wegen ihrer Bedeutung, sondern ich versuche, mir ganz genau Konsonanten, Vokalzeichen und die Aussprache der hellen und dunklen, der stimmlosen und stimmhaften und der tief aus dem Rachen kommenden Laute einzuprägen, sonst ist man beim Sprechen hoffnungslos verloren. Die Gefahr, die Worte zu verwechseln, ist sehr groß. Imans Ratschlag, ich müsse mir die Bedeutung der Worte eben aus dem Gesamtzusammenhang erschließen, hilft mir nicht wirklich weiter. Denn den Gesamtzusammenhang zu erkennen, ist doch gerade eines meiner Hauptprobleme. Aber allein, dass ich bald die Straßen- und Ortsschilder lesen kann, macht mich ziemlich stolz und ist uns im Alltag eine große Hilfe.

Gelegenheit zur Anwendung meiner neuerworbenen Sprachkenntnisse zu finden, ist in Riad allerdings gar nicht so einfach. Beim Einkaufen treffe ich fast nur auf asiatische Gastarbeiter, die oft schlechter arabisch sprechen als ich. Die arabischen Frauen, die ich kennenlerne und von denen ich später noch erzählen werde, wie auch Karim finden es zwar großartig, dass ich mir die Mühe mache, ihre komplizierte Sprache zu erlernen, aber sich langsam und auf einfachem Niveau mit mir zu unterhalten, ist ihnen dann doch zu mühsam. Oder es stehen kulturelle Schranken im Weg: Als ich einmal mit Leopold einen seiner jordanischen Mitarbeiter treffe, stelle ich mich auf Arabisch vor, erhalte aber wie üblich nur eine englische Antwort. Obwohl Leopold ihn ausdrücklich dazu auffordert, bringt der Mann es nicht über sich, mit mir in seiner Muttersprache zu reden. In seinen Augen ist es höchst unanständig, sich mit einer Frau zu unterhalten und deren Ehemann weiß nicht, worum es geht.

Dass ich trotz dieser Hindernisse gut vorankomme, merke ich immer wieder auf unseren Reisen, z.B. in Jordanien oder Kuwait, wo ich mich mit den Taxifahrern unterhalten, das Essen bestellen oder einmal sogar, zumindest in groben Zügen, übersetzen kann, was ein Museumsführer uns erklärt. Abgesehen vom praktischen Nutzen begeistert mich ein um das andere Mal die wunderschöne Schrift, vor allem die Kalligraphie in den Moscheen, die sich wegen des Bilderverbots im Islam zu solcher Höhe entwickeln konnte. Auch mag ich die sehr höfliche Sprache, in der die Menschen miteinander umgehen. Meinem Mann, dem Physiker, ist die blumige Ausdrucksweise oft zu langatmig und zu wenig präzise. Was die moderne, effizienzorientierte Sprache unter Naturwissenschaftlern und Ingenieuren angeht, glaube ich das sofort. Im Verlaufe meines Unterrichts bei Iman mache ich jedoch eine andere Erfahrung, mit der ich die arabische Kultur und Gesellschaft besser zu verstehen lerne. Bei den im traditionellen Arabien wirklich wichtigen Dingen, z.B. den Familienbeziehungen, ist die Sprache nämlich sehr genau. So gibt es u.a. für Tante und Onkel, Cousin und Cousine mütterlicher- und väterlicherseits jeweils ein eigenes Wort, so dass man sofort weiß, wer zu wem in welcher Beziehung steht. Wenn das nicht präzise ist! Mir gefallen auch die Fragen und Floskeln, mit denen zu Beginn eines Gesprächs erst einmal der Boden bereitet und ausgelotet wird, ob der Gesprächspartner in passender Stimmung ist. Wie geht es dir? Deiner Familie? Was machen die Kinder? Welche Neuigkeiten hast du von Zuhause? Was macht die Arbeit? Erst wenn sich sein Gegenüber mit den erforderlichen Höflichkeitsfloskeln, Antworten und Gegenfragen gesprächsbereit gezeigt hat, bringt man sein Anliegen vor. Direkt zur Sache zu kommen, ist für Araber nicht erstrebenswert. So lerne ich von Iman, dass Sprache im Arabischen nicht bloß der Verständigung dient, sondern ein Mittel ist, den gegenseitigen Respekt zu bekunden, Nähe auszudrücken und Beziehungen zu pflegen.

Menschen

Die schon beschriebene Geschlechtertrennung hält bis zu einem gewissen Grade auch in unser Leben Einzug. In Leopolds Firma sind zum damaligen Zeitpunkt nur Männer beschäftigt. Private Kontakte gibt es nur gelegentlich mit den wenigen christlich-arabischen Kollegen und deren Ehefrauen. Dennoch ist es für mich kein großes Problem, Bekannte zu finden. Einige Botschaften oder Frauenvereinigungen einzelner Länder organisieren regelmäßig gesellige oder kulturelle Veranstaltungen, zu denen meistens nur Frauen eingeladen werden, um auch saudischen oder arabischen Frauen anderer Herkunftsländer die Teilnahme zu ermöglichen. „ladies only" steht dann auf der Einladung. Dürfen auch Männer kommen, heißt es „open for families". Bei einer dieser Damenveranstaltungen treffe ich Maha, eine Saudi, die auf mein Wohlergehen in Riad ganz entscheidenden Einfluss bekommen wird. Aber das ahne ich an diesem Nachmittag noch nicht. Zunächst einmal ist sie einfach nur eine sympathische, energische Frau etwa in meinem Alter, verheiratet, drei erwachsene Kinder. Ihre langjährige Tätigkeit in einem Ministerium hat sie aufgegeben, um nun, nachdem ihre Kinder flügge geworden waren, beruflich neue Wege zu gehen. Ein Lebenslauf also, der auf einen mutigen Charakter schließen lässt und genauso in Deutschland oder anderswo vorkommen könnte. Sie ist als Gastrednerin zu der betreffenden Veranstaltung eingeladen, um ihr Unternehmen „Saudi Cultural Trips" vorzustellen. Da sie sehr stolz auf ihr Land ist, zudem geschichtsinteressiert und geschäftstüchtig, war sie wenige Monate zuvor auf die Idee gekommen, ein eigenes Reiseunternehmen zu gründen, um Touren innerhalb Riads und des ganzen Landes zu organisieren. Der Tourismus steckt hier noch in den Kinderschuhen. Sie brennt dafür, an seinem Aufbau entscheidend mitzuwirken. Ihr ganz persönliches Ziel ist es, die erste staatlich anerkannte weibliche Touristenführerin des Landes zu werden. Außerdem möchte sie den „Expatriates" Kultur und Geschichte ihres Landes näherbringen und hofft, ihre „zur Bequemlichkeit neigenden Landsleute" (so sagt sie selbst) ebenfalls dafür zu interessieren. Für mich wird Maha zu einer Freundin, die mir die Türen nach Arabien so weit öffnet, dass ich am Ende außer Deutschland kein anderes Land so gut kennen werde wie Saudi-Arabien und es schaffe, mich beinahe selbstverständlich in dieser für Westler so unzugänglichen Welt zu bewegen.

Im Verlaufe unserer zahlreichen Touren, die manchmal „ladies only", manchmal „open for families" sind, nähern wir uns an. Geduld im Gespräch mit Araberinnen habe ich in der Zwischenzeit schon halbwegs gelernt und so macht es mir nicht mehr viel aus, dass es eine Weile dauert, bis wir vorsichtig auf familiäre Dinge zu sprechen kommen können. Irgendwann ist es dann soweit, dass ich sie ganz konkret nach ihrer Situation als Frau in der konservativen Gesellschaft fragen kann. Wie kommt es, dass sie als nicht geschäftsfähige Frau ein eigenes Unternehmen gründen kann? „Kein Problem", sagt sie und macht dabei fast den Eindruck, als verstünde sie meine Frage gar nicht. Ihr Vater, der immer sehr auf die Eigenständigkeit seiner Töchter geachtet hat, hat mit ihrem Mann wie mit allen seinen Schwiegersöhnen vor der Hochzeit einen Ehevertrag ausgehandelt, in dem viele wesentliche Dinge festgehalten sind, z.B. keine weitere Ehefrau, ein unwiderrufliches Recht auf eigene Berufstätigkeit und alle dafür notwendige Unterstützung gegenüber den Behörden oder auch ein unwiderrufliches Recht auf einen Reisepass. Dass das, wie ich einwende, etwas anderes ist, als wenn frau diese Angelegenheiten aus einem eigenen juristisch, politisch und gesellschaftlich anerkannten Recht selbst regeln kann, sieht sie zwar auch, findet es aber nicht so wichtig. Ihrer Meinung nach sollte jeder für die Gestaltung seines Lebens selbst verantwortlich sein, natürlich innerhalb der Vorschriften des Koran.

Meine Frage, warum denn nicht mehr Frauen in der Öffentlichkeit so selbstbewusst auftreten wie sie, beantwortet sie mit scharfer Kritik an ihren Geschlechtsgenossinnen und einem energischen „Rechte muss man sich nehmen, die bekommt man nicht geschenkt!". Viel zu viele Frauen seien selbstsüchtig, konsumorientiert und schon zufrieden, wenn sie über genügend Geld verfügten, sich alle erdenklichen Wünsche zu erfüllen. Außerdem seien sie oft sehr bequem, weil ihnen vor allem von ihren Müttern von

Kindesbeinen an beigebracht würde, dass sie sich nicht anzustrengen brauchen, denn ihre Väter, Männer, Brüder... hätten ihnen jeden Wunsch von den Augen abzulesen. Schließlich seien sie die größten Schätze der Männer.

Im privaten Kreis wird munter und frei über diese Dinge gesprochen, wie ich bei meinen Treffen mit Maha, ihren Schwestern, Halbschwestern und Cousinen, zu denen ich oft eingeladen werde, feststellen kann. Die dann versammelten Frauen entstammen einem städtischen, gebildeten, wohlhabenden, aber nicht reichen Milieu und haben zum Teil im westlichen Ausland studiert. Fast alle sind berufstätig. Sie arbeiten als Lehrerinnen, Ärztinnen, Universitätsdozentinnen oder in Banken. Regelmäßig geht es für sie selbst oder ihre Töchter um Fragen der Bildung und Ausbildung, um eine Ausweitung der Erwerbstätigkeit und finanzielle Unabhängigkeit. Das sind die wichtigen Themen. Sie klagen über die Faulheit und geistige Unbeweglichkeit der Männer. Die Geschlechtertrennung verurteilen sie als eine beduinische Tradition, die nichts mit dem Islam zu tun habe.

Wenn nun der Eindruck entstanden sein sollte, meine Bekannten strebten die in unserer Gesellschaft übliche Form der Selbstverwirklichung der Frau an, so wäre der falsch. Von dem hohen Ross, auf dem ich als freie, selbständige Frau zu Recht zu sitzen glaube, holen sie mich schnell runter, indem sie mir entgegenhalten, dass in den westlichen Ländern eine Frau beruflichen Erfolg doch nur haben könne, wenn sie werde wie ein Mann, dass überhaupt die gesamte Arbeitswelt von Männern geprägt sei und den Gesetzen der Männerwelt zu gehorchen hätte. Zudem ließen wir uns in der Werbung des Konsums und der Männer wegen nur zu oft auf Busen, Beine, Po und blonde Haare reduzieren. Mit welchem Recht wir denn eigentlich den arabischen Gesellschaften vorhielten, von Männern beherrscht zu sein?

In solchen Momenten bin ich sprachlos! Auch beim Thema Autofahren bleibe ich ratlos, denn in diesen privaten Diskussionszirkeln geht es darum nur, wenn ich ausdrücklich danach frage. Es erstaunt mich, dass Maha und ihre Verwandten Führerscheine z. B. aus Amerika oder den Vereinigten Arabischen Emiraten haben und dort auch fahren. Das Verbot in ihrem Heimatland finden sie lächerlich, dennoch halten sie in der Öffentlichkeit still. Es ist hier genauso wie bei vielen anderen schon beschriebenen Dingen: Sie sind zufrieden, wenn sie die Angelegenheiten für sich und ihre Töchter durch eine Übereinkunft mit dem Familienoberhaupt gelöst haben, sei es nun durch einen Ehevertrag oder die Anstellung eines Fahrers. Ich frage mich aber auch, wie das Leben der Frauen in ländlichen Gebieten oder in weniger gebildeten oder ärmeren Schichten aussehen mag. Welche Möglichkeiten haben sie, ihr Leben zu gestalten?

Es sind lebhafte Nachmittage, die ich mit den selbstbewussten saudischen Damen verbringen kann, und ich bin sehr froh, dass sie mich an ihrer Suche nach einem eigenen Weg hin zu mehr Rechten teilhaben lassen. Anfangs habe ich die Frauen ihrer gleichförmigen traditionellen Verhüllung wegen, ob sie nun einen Gesichtsschleier tragen oder nicht, für unnahbar, ja unzugänglich gehalten. Die Abaya ebenso wie die hohe Mauer um jedes Haus herum erscheinen mir wie ein Schutz davor, in der Öffentlichkeit etwas von sich selbst preiszugeben. In ihrem Leben gibt es eine ganz bewusste Trennung zwischen innen und außen, zwischen Privatheit und Öffentlichkeit. Dass sie mir als Ausländerin einen Blick hinter die Schleier und Tore gewähren, bedeutet mir viel. Und ich bin sehr froh beobachten zu können, welche Bewegung während meiner Zeit in Saudi-Arabien in die starre Gesellschaft gekommen ist. Der inzwischen verstorbene König Abdullah hat die Frauen in ihrem Bemühen um Veränderung sehr unterstützt. Erstmals erhalten Frauen das kommunale Wahlrecht (immerhin ein Anfang!) und ziehen als vom König ernannte, den Männern gleichberechtigte Mitglieder in die Beratende Versammlung ein. Universitäten werden gebaut. Frauen drängen inzwischen mit durchschnittlich besseren Abschlüssen als die Männer auf den Arbeitsmarkt und sind dort auch sichtbar. Einer Rechtsanwältin gelingt es, vor dem Obersten Gericht das Recht zu erstreiten, ihre Mandantschaft in einer öffentlichen Gerichtsverhandlung selbst vertreten zu dürfen, obwohl doch alle anderen Verfahrensbeteiligten Männer sind. Ein Erfolg, der mir als Juristin natürlich besonders viel bedeutet. In Europa wurde Anwältinnen dieses Recht übrigens erst vor etwas mehr als hundert Jahren nach langem Kampf zugestanden! Und viele Rechte, die uns Frauen heute ganz selbstverständlich erscheinen, genießen wir noch gar nicht so lange. Nur zur Erinnerung: Bis in die 1970er Jahre hinein benötigte eine verheiratete Frau in der Bundesrepublik die Zustimmung ihres Ehemannes, wenn sie berufstätig sein wollte. Und erst seit 1969 ist eine verheiratete Frau voll geschäftsfähig!

Reisen

Über das private Erleben der saudischen Frauen hinaus ist es für mich ein ganz besonderer Glücksfall, mit Maha ausgerechnet eine Reiseunternehmerin kennengelernt zu haben, denn das Reisen in andere Länder hat mir schon immer große Freude bereitet, besonders wenn man gemeinsam mit Einheimischen unterwegs sein kann. Kleinen Gruppen von interessierten Frauen zeigt sie das historische Stadtzentrum. Dabei sind alle Damen sittsam in die schwarze Abaya gehüllt. Die westlichen tragen aber Gesicht und vor allem auch die Haare offen. Gelegentlich treffen wir auf die Religionspolizei, die uns dann mehr oder weniger höflich auffordert: „cover your hair, please!". Um Streit aus dem Wege zu gehen, habe ich mir angewöhnt, mich zunächst scheinbar zu fügen, und lege einen Schal lose über meine Haare. Der Schicklichkeit ist damit Genüge getan. Dass ich das Tuch nach der nächsten Ecke wieder abnehme, interessiert dann schon niemanden mehr. Von anderen, vor allem blonden und rothaarigen Frauen höre ich, dass die Tugendwächter manchmal ziemlich penetrant werden können. Ich selbst habe das nicht erlebt.

Gemeinsam erkunden wir auch die größeren Basare, die Souqs. Da die einheimische Bevölkerung vorwiegend aus ursprünglich nicht sesshaften Beduinen besteht, sind es aber keine traditionsreichen alten Handwerkerbasare, wie man sie z.B. aus Marokko kennt. Hier stammen die schmucklosen Gebäude aus den 1950er oder 1960er Jahren. Meistens sind sie nach ihren Angeboten gegliedert. So gibt es einen Goldsouq, je einen für traditionelle Damen- und Herrenbekleidung, einen für Hausrat und einen für Möbel, Teppiche und Dekorationsgegenstände. Dorthin gehe ich am liebsten. Er liegt im historischen Stadtzentrum. Die vollgestopften Gassen haben etwas Geheimnisvolles an sich. Viele Läden werden von Afghanen oder Kashmiri betrieben. Im vorderen Teil werden zumeist minderwertige Waren angeboten. Wagt man sich aber tiefer in das Ladeninnere vor, öffnet sich oft eine wahre Schatztruhe. Mit ein bisschen Glück findet man Kamelsatteltaschen aus Belutschistan oder federleichte Schals, gewebt aus echter Kaschmirwolle und auch in Kaschmir hergestellt. Fahre ich gelegentlich mit Karim in den Basar, wird es für ihn immer sehr anstrengend. Er traut nämlich den Männern nicht und befürchtet, sie wollten mich nur nach hinten locken, um mich dort zu belästigen. Und genau davor muss er mich nach seinem Selbstverständnis unbedingt beschützen. Erschwert wird seine Aufgabe dadurch, dass ich selbst in dieser Hinsicht gar kein Gefahrenbewusstsein habe. Höflich und respektvoll, manchmal auch energisch versucht er, sich zwischen mich und den Ladenbesitzer zu stellen, damit der mir bloß nicht zu nahe kommen kann. Oder er zupft mich diskret am Ärmel, um mir zu signalisieren, dass ich Abstand halten soll. Ich glaube, Karim ist immer sehr froh, wenn wir ohne Zwischenfälle wieder das Auto erreicht haben. Zuhause in Deutschland fragen meine Freundinnen mich, ob ich diese Fürsorge nicht als Einengung empfinde. Hier in Riad kommt es mir nicht so vor, weil sie ja nur auf besondere Situationen während meines Aufenthaltes beschränkt ist. Eher gibt Karim mir damit in der fremden Umgebung Sicherheit, weil ich weiß, dass ich mich im Ernstfall hundertprozentig auf ihn verlassen kann. Auf Dauer wäre sein Verhalten allerdings schon ein Problem für mich, weil sich Fürsorge zu Bevormundung auswachsen kann, wenn dahinter die Überzeugung steht: „Sie kann oder darf das nicht allein".

In den Basaren hat es mir das wohlriechende Angebot von Parfums und Räucherwerk ganz besonders angetan, das an den Türen der Parfümerien in großen Gefäßen verbrannt wird und die Gassen durchweht. Wenn ich an einheimischen Frauen und Männern vorbeigehe, steigt mir oft der intensive Duft von Oud in die Nase, dem Harz des gleichnamigen Baumes, das zusammen mit Weihrauch, Sandelholz und anderem den typischen Duft der arabischen Halbinsel bildet. Ich kann gar nicht genug davon bekommen und entdecke zu meiner Überraschung, dass das puritanische, oft so freudlos wirkende Saudi-Arabien durchaus auch eine sinnliche Seite hat.

An vielen Wochenenden bereise ich gemeinsam mit meinem Mann oder auch allein unter Mahas Führung in von ihr organisierten Kleingruppenreisen das ganze Land. Ein verlängertes Wochenende verbringen wir ganz im Norden in der Nähe der jordanischen Grenze. Dort liegt Mada'in Saleh, das 2008 in die Liste der Weltkulturerbestätten aufgenommen wurde, von dem wir aber, bis wir auf die arabische Halbinsel kamen, noch nie etwas gehört hatten. Es ist die Nekropole einer alten Nabatäerstadt. Das Königreich der Nabatäer mit seiner weltbekannten Hauptstadt Petra in Jordanien dehnte sich im ersten nachchristlichen Jahrhundert bis zu den Hejaz-Bergen im Norden der Arabischen Halbinsel aus. Die südlichste Stadt dieses Reiches, etwa fünfhundert Kilometer von Petra entfernt, ist heute als Mada'in Saleh bekannt.

Als ich einer arabischen Freundin von unserem Reisevorhaben erzähle, ist sie ziemlich besorgt um mich. „O je, Susann, sei bloß vorsichtig! Das ist ein schlechter Ort! Dort gibt es böse Geister." Dieses Wissen, so erklärt sie mir dann, gehe zurück auf eine Geschichte aus dem Koran. Die im siebten Jahrhundert in Mada'in Saleh siedelnde Bevölkerung hätte sich geweigert, den neuen Glauben, den Islam, anzunehmen. Deswegen sei die Gegend von Allah mit einem bis heute gültigen Fluch belegt und mit einer schrecklichen Schallwelle bestraft worden. Sie will genau wissen, wo wir denn untergebracht sind. Als ich ihr sage, dass unser Hotel etwa zwanzig Kilometer von der Ausgrabungsstätte entfernt liegt, ist sie beruhigt. Ich werde in Sicherheit sein, denn tagsüber seien die Geister nicht aktiv und des Nachts könnten sie eine solche Entfernung nicht überwinden. Auch wenn diese Geschichte in unseren Ohren ganz nach mittelalterlichem Aberglauben klingt, berührt mich ihre ehrliche Besorgnis sehr. Zum Abschied drückt sie mich fest an sich und ich verspreche ihr, in den nächsten Tagen gut auf mich aufzupassen.

Von der historischen Stadt bis heute erhalten und weithin sichtbar sind die monumentalen Sandsteingräber. In Erwartung dieses archäologischen Großereignisses und mit der Befürchtung, es könnte sogar schon touristisch verdorben sein, betreten wir die Ausgrabungsstätte. Doch außer uns läuft kaum jemand herum. Mada'in Saleh scheint das am wenigsten besuchte Kulturerbe der Welt zu sein. Erhalten sind etwa hundert Grabstätten, eine neben der anderen in die natürlichen Felsen eingepasst. Die meisten mit klar konturierten, herrlich dekorierten Fassaden. Die haushohen, offenen Portale wurden von oben nach unten in den rötlichen Sandstein gemeißelt. Von Maha hören wir, dass bei schlechtem Wetter der Sturm laut um die Felsen heult – aha, die Schallwelle lässt grüßen! Jetzt aber, im warmen Nachmittagslicht erscheinen mir die Monumente unwirklich schön. Obwohl von Menschen zu ihrem eigenen Ruhm errichtet, stehen die Fassaden in der menschenleeren Wüste, als wären sie schon immer da gewesen und würden bis in alle Ewigkeit bleiben.

Natur

Zum Sonnenuntergang fahren wir tiefer in die Wüste, die in dieser Gegend von bizarr verwitterten Felsen geprägt ist. Oft scheinen sie eine Tiergestalt angenommen zu haben. Wir picknicken am „Elephant Rock", der tatsächlich aussieht wie ein riesiger Elefant. Flackerndes Lagerfeuer, dazu der bittere Geschmack des arabischen Kaffees, die Süße der getrockneten Datteln. Wie Scheherazade erzählt Maha Geschichten von früher. Wir lagern auf Teppichen und Kissen und lassen die atemberaubende, unglaublich schöne Landschaft auf uns wirken. Zum Sonnenuntergang erklimmen wir einen Gipfel, um den Rundblick auf die uralte Oase Al Ula zu genießen. Unter einem funkelnden Sternenhimmel ruft der Muezzin zum Nachtgebet. Willkommen in Tausendundeiner Nacht!

In Riad begegne ich immer wieder Menschen, die mit der Wüste nichts anfangen können. Die sie einfach nur braun und tot finden, eine Mondlandschaft eben. Nicht immer, aber sehr oft sind es diejenigen, die sich von den zahlreichen Reglementierungen im öffentlichen Leben so einschnüren lassen, dass sie die Wochenenden am liebsten im Compound am Pool verbringen und kaum noch vor die Tür gehen. Uns hingegen bezaubert die Wüste von Anfang an. Dass man sich der magischen Wirkung solcher Momente wie in Al Ula kaum entziehen kann, kann sich bestimmt jeder vorstellen, aber die Romantik allein ist es nicht.

In der kühleren Jahreszeit fahren wir gemeinsam mit Freunden oft in die Umgebung der Stadt. Die Wüste beginnt unmittelbar an der Bebauungsgrenze. In Stadtnähe ist sie leider durch weggeworfenen Plastikmüll sehr verschmutzt. Dass man seine Picknickreste wieder einpacken sollte, hat sich bis zu den meisten Saudis noch nicht herumgesprochen. Je weiter man sich jedoch von der Stadt entfernt, desto eindrucksvoller (und sauberer) wird die Landschaft. Mehrfach besuchen wir eine Gegend, in der die Hochebene, auf der Riad liegt, etwa dreihundert Meter tief in die Ebene abbricht. Die Felsen sind wild zerklüftet, die unterschiedlichen Schichten des Gesteins gut zu erkennen, ebenso auch die Folgen der Erosion. Sonne, Regen und der immerwährende Wind nagen seit Jahrtausenden an den Felsen. Obwohl ich mir in Anbetracht der großen Trockenheit überhaupt nicht vorstellen kann, dass es hier jemals regnet, kann man die Wege erkennen, die sich das Wasser nach starken Regenfällen sucht. Es sind Flussbetten, nur eben trocken.

Die Wüstenbegeisterung packt mich gleich bei unserer ersten Tour. An den Ufern der ausgetrockneten Wadis wachsen einzelne ausladende Schirmakazien. Grundwasser scheint also vorhanden zu sein. In ihrem Schatten suchen wir Schutz vor der flirrenden Hitze und lassen uns auf mitgebrachten Teppichen und Sitzkissen zum Picknick nieder. Im Laufe des Tages verändert sich das Licht und lässt den Sand und die Felsen immer wieder anders leuchten. Die grelle, gleißende Mittagssonne schmerzt fast in den Augen. Es gibt keine Schatten, der Sand wirkt fahl, beinahe tot. Nachmittags, wenn die Sonne tiefer steht, werden die Linien weicher. Die Farben changieren zwischen einem hellen Gelb und dunklem Ocker. Dazu der bizarre Wuchs der Akazien, ein paar Sträucher mit silbrigem Laub und einige Gräser. Durch die warmen Farben und die Kontraste von Licht und Schatten scheint die Wüste nun zu leben. Kamele schreiten gemächlich vorbei, ohne Notiz von uns zu nehmen. Obwohl wir nur gut hundert Kilometer von einer Fünf-Millionen-Stadt entfernt sind, gibt es hier kaum noch Anzeichen menschlicher Zivilisation. In dieser archaischen Landschaft scheint die Zeit still zu stehen. Während ich unter der Akazie liege und in das leise raschelnde Laub blinzele, kommt es mir vor, als fiele ich vorübergehend aus der Zeit, in der ich lebe, heraus. Ob wir hinter der nächsten Ecke nun einer Marssonde begegnen oder Moses mit seinen Israeliten an uns vorüberzieht – wer weiß das schon? Beides scheint gleichermaßen möglich.

Später begegnen wir einer Ziegenherde. Der Hirte reitet langsam auf einem Esel hinterher, ein alter Mann, in sich zusammengesunken. Mit seiner von der Sonne gegerbten Haut und in viele Tücher gehüllt sieht er tatsächlich aus wie eine biblische Gestalt. „In der Wüste vergeht die Zeit nicht. Das ist es, was die Wüste ausmacht", lese ich bei anderer Gelegenheit in den Erzählungen eines alten Beduinen. Besser kann man die Ausstrahlung dieser großartigen Landschaft und ihre Wirkung auf mich nicht beschreiben. Und ich bin ja so froh, dass es niemals die Marssonde ist, die unsere Wege kreuzt.

Die Sandwüste mit ihren hohen Dünen erlebe ich zum ersten Mal bei einem Tagesausflug gemeinsam mit mehreren Freunden und Bekannten. Kurz vor dem Beginn der langen Sommerpause machen sich sieben allradgetriebene Jeeps auf den Weg. Wir unternehmen eine reine Sandfahrtour, d.h. der Weg ist das Ziel und am schönsten ist es, wenn man stecken bleibt, sich irgendwie freigräbt, um dann bei nächster Gelegenheit gleich wieder stecken zu bleiben. Auch wenn es sehr heiß ist, haben vor allem die Männer viel Spaß. Einige der Frauen setzen sich auch mal hinters Steuer, aber meist ohne großen Enthusiasmus. Für die Männer hingegen ist die Wüste ein einziger großer Sandkasten. Ist ein Anfahren nicht mehr möglich, müssen die jungen, starken Copiloten ran und schieben – alle mit dicken Handschuhen ausgestattet, denn das Blech ist so heiß, dass man es mit bloßen Händen nicht anfassen kann. Die Autos schlingern, Sandfontänen spritzen und eigentlich geht es nur darum, eine schöne und dann noch eine und dann noch eine ganz besonders schöne Düne zu erklimmen.

Die Temperatur steigt auf über vierzig Grad. Pro Person haben wir zehn Liter Wasser dabei, am Abend habe ich von meiner Ration mehr als die Hälfte ausgetrunken. Bläst mir der heiße Wüstenwind direkt ins Gesicht, kommt es mir vor, als hätte jemand einen Fön auf höchste Stufe geschaltet. Natürlich schwitzt man ziemlich stark, dennoch wird die Kleidung so gut wie gar nicht feucht. Schweißperlen auf der Stirn trocknen, kaum dass sie sich gebildet haben. Kein Wunder, die Luftfeuchtigkeit liegt ja nur bei etwa neun Prozent. Sonne und Wind saugen alle Feuchtigkeit sofort auf. Zurück bleibt ein salziger Film auf der Haut. Nie hätte ich mir vorgestellt, dass man Hitze und Trockenheit so sehr riechen kann, und nie hatte ich mehr Verständnis für die traditionelle Kleidung der Wüstenbewohner, deren lose im Wind flatternder Stoff dem Körper Kühlung verschafft und das Gesicht vor der sengenden Sonne schützt.

Den Spaß vor allem der Männer auf der beschriebenen Tour kann ich allerdings nicht so recht teilen. Die röhrenden Motoren erscheinen mir in dieser Umgebung irgendwie nicht richtig, ohne dass ich dieses „irgendwie" genauer hätte beschreiben können. Das kann ich erst, nachdem ich zum ersten Mal auf einem Kamel durch die Wüste geritten bin. Seither empfinde ich das Herumbrettern in den Dünen als der Erhabenheit der Wüste nicht angemessen, das langsame, würdevolle Schreiten der Kamele dagegen schon – wenn man denn den richtigen Sitz gefunden hat. Das Aufsitzen an sich geht leicht, denn die Tiere liegen ja flach auf dem Boden. Aber wenn sie aufstehen, wird's kriminell. Sie erheben sich erst hinten, so dass man völlig unvermittelt nach vorne rutscht und sich mit aller Kraft am Sattelknauf entgegen stemmen muss, um nicht kopfüber herunterzufallen. Männer haben da noch ganz andere Probleme. Dann beim Aufrichten der Vorderbeine geht's entgegengesetzt und man muss höllisch aufpassen, dass man nicht nach hinten abstürzt. Ich bin erschrocken darüber, wie hoch man sitzt, zudem ist auch der Passgang sehr gewöhnungsbedürftig. Nach einer Weile aber habe ich mich eingeschaukelt. Der Kamelführer, ein einheimischer Beduine, schlägt ein angenehmes Tempo an und so kann unsere kleine Gruppe ihren Ausritt in die großartige Landschaft richtig genießen. Um uns herum weit und breit nur roter Sand. Einige der flacheren Dünen überqueren wir, zwischen den höheren reiten wir hindurch, zumeist schweigend, um die überwältigende Stille nicht zu stören. Unablässig weht ein leichter Wind, der den Dünen ihre Gestalt gibt. Sie schlängeln sich ins Unendliche. Auf ihrem Kamm hat der Wind eine messerscharfe Kante geformt, die zur windabgewandten Seite oft steil abfällt. Bei einer Rast ermuntert uns der Führer, die höchste Düne im näheren Umkreis zu Fuß zu erklimmen. Ein kräftezehrendes Unterfangen, denn immer wieder sackt man tief ein und rutscht zurück. Nirgendwo kann man sich festhalten. Am Ende schaffen wir es doch und werden durch eine grandiose Aussicht belohnt. Wir sind umgeben von einem schier endlosen Ozean aus Sand. Die Dünen gleichen Wellen, die der Unendlichkeit eine Struktur geben, ihr sogar Bewegung einzuflößen scheinen. Auf mich üben sie eine enorme Anziehungskraft aus. Es ist, als ob sie mich immer weiter hineinziehen wollten in dieses Meer.

Da ist nichts, das meinen Blick ablenken könnte, kein Baum, kein Strauch, keine Spur menschlichen Lebens. Nicht ohne Grund trägt diese Gegend den Namen „Das leere Viertel". So etwas habe ich noch nie zuvor gesehen. Und obwohl ich gar kein besonders religiöser Mensch bin, fühle ich plötzlich eine große Nähe zu Gott. Warum eigentlich, so frage ich mich, haben die drei Religionen Judentum, Christentum und Islam ausgerechnet zuerst in Wüstengegenden Verbreitung gefunden? Vielleicht, weil der Mensch in einer derart reduzierten, lebensfeindlichen Umgebung die eigene Kleinheit spürt und Antworten sucht auf die ewigen Fragen seiner Existenz: „Wer bin ich? Wohin gehe ich? Warum bin ich hier?" Auch später, als ich in meditativem Gleichmut auf meinem Kamel zurückschaukele, kann ich mich von diesem Erlebnis nicht lösen. Und noch heute trage ich es in mir, als ob es gestern gewesen wäre.

Es sind diese Begegnungen mit den Menschen und der Natur, die meinen Aufenthalt in Saudi-Arabien geprägt und die mich so positiv überrascht haben. Die düsteren Schattenseiten wie religiöse Intoleranz und Fanatismus, die Missachtung der Menschenrechte oder die grausamen Strafen der Scharia verschweige ich nicht. Sie sind allgegenwärtig. Der Reformbedarf ist riesig und ob er friedlich zu bewältigen sein wird, steht in den Sternen. Da ich selbst aber mehr an Menschen als an Systemen interessiert bin, haben die Beobachtung der Missstände und ihre moralische Bewertung meinen Aufenthalt nicht beherrscht. Aus den geplanten zwei bis drei Jahren wurden am Ende gut vier und ich möchte kaum einen Tag davon missen.

Heimat
Brigitte Herrmann

Vertrauen – Mutter

Im Winter war es morgens kalt in unserer Wohnung. Ich fröstelte, wenn ich aufstand. Unsere Küche war lang und schmal, an der Tür stand der Kohleherd und am anderen Ende war das Fenster. Das Morgenlicht ließ bei Frost an den Fensterscheiben malerische Blumenmuster auftauchen. Es waren bizarre Eisblumen, fast wie Margeriten und fächerartige Gebilde, die weiß und zart aussahen. Kaum hauchte ich sie an, waren sie auch schon vergangen. Wenn sich meine Mutter am Herd zu schaffen machte, stand ich gerne dabei. Zuerst musste der Aschekasten geleert werden. Dann legte sie zerknülltes Zeitungspapier mit Holzspreißelchen hinein. Wenn es brannte, kamen dicke Holzscheite dazu und dann erst Eierkohlen darauf. Mit dieser Füllung wurde der Herd sehr schnell heiß. Damit das Feuer lange anhielt, wurden Briketts nachgelegt. Wenn ich mich nach dem Waschen und Anziehen zum Frühstücken an den Küchentisch setzte und zum Fenster schaute, waren alle Eisblumen verschwunden und die Scheiben klar wie immer. Mutti stellte einen tiefen Teller mit Haferflocken vor mich. Sie hatte einen halben Apfel klein geschnitten und gab die Stückchen dazu. Ich nahm mehrere Esslöffel Schokoladenpulver und schüttete reichlich Milch darüber.
„Bei den Stamms in Lohr gab ich den Kindern auch immer Müsli. Es ist gesund und schmeckt gut."
„Erzähl' mir was von ihnen. Wieso warst du dort?"
Ich schaute erwartungsvoll auf Mutters Gesicht, ihre

breiten Wangenknochen und blauen Augen, die oft in die Ferne blickten, wenn sie an früher dachte.

„Nachdem ich aus der Schule entlassen war, ging ich zur Bäckerei Gutbrot „in Stellung". Ich half, wo ich gebraucht wurde, mal in der Wohnung, mal in der Bäckerei. Wenn in der Schule Pause war, verkaufte ich dort Brötchen, frisch aus der Backstube."

„Waren die Brötchen trocken oder lag da was drauf?"

„Wir hatten sie mit Wurst und Käse belegt. Außerdem gab es auch noch Stückchen."

„Oh, lecker!"

„Bei den Gutbrots war ich sehr gerne. Leider musste ich nach Hause zurück, weil mein Vater 1936 plötzlich an Lungenentzündung starb. Ich musste zusammen mit meinen Geschwistern Mutter helfen, die Kartoffeln und den Mais zu ernten."

„Und dann? Du wolltest doch von den Kindern erzählen, die so gerne Müsli gegessen haben."

„Stimmt. Meine große Schwester Elsa, die beim Zahnarzt Beck in Stellung war, berichtete aus Lohr: ‚Die Brauerfamilie sucht jemanden. Das wär` was für dich.' Ich stellte mich bei Frau Stamm vor und wurde gleich als Kindermädchen eingestellt. Das freute mich sehr, denn ich war schon 18 Jahre alt und wollte unbedingt Geld verdienen. Du kannst dir nicht vorstellen, wie groß und vornehm die Villa war, in der ich wohnte. Drei Wohnzimmer und ein schwarz gekacheltes Badezimmer mit Wasserklosett. So etwas gab es bei uns im Dorf damals noch nicht. Wir hatten das Wasser immer noch in der ‚Bütt' vom Brunnen nach Hause getragen. Familie Stamm besaß zwei große Kinderzimmer. Das eine war durch eine dünne Zwischenwand geteilt. Ich schlief auf einer Seite und die vierjährige Ilse auf der anderen. Nachts wurde sie oft wach und ehe ich mich versah, lag sie bei mir unter der Bettdecke. Ihr achtjähriger Bruder schlief schon alleine im Zimmer. Um 7 Uhr stand ich morgens auf und frühstückte mit den Kindern, und dort stand immer Müsli auf dem Tisch, so wie heute bei dir. Mit Anton machte ich nach der Schule die Hausaufgaben und nachmittags gingen wir meistens an die frische Luft. Abends aßen wir zusammen und ich brachte sie anschließend ins Bett."

„Du warst ja den ganzen Tag mit den Kindern zusammen. Wo waren denn ihre Eltern?"

„Da hast du Recht. Ilse und Anton hingen an mir. ‚Unsere Ria' nannten sie mich. Ihr Vater arbeitete den ganzen Tag in der Brauerei. Und die Mutter kam zwischendurch immer mal in die Kinderzimmer. Sie hatte viele Hobbies und reiste gerne. Trotz der Arbeit von morgens bis abends fühlte ich mich in der Familie sehr wohl. Zum Geburtstag oder zu Weihnachten schenkten mir die Stamms immer etwas für meine Aussteuer, z.B. ein Kaffeeservice, Handtücher, Bettwäsche und anderes mehr. Den Urlaub verbrachte ich bei Mutter auf unserem Bauernhof. Meistens trafen sich in unserer Wohnstube die jungen Leute aus dem Dorf. Karl, der beste Freund meines Bruders, und ich verliebten uns ineinander und heirateten. Von der Familie Stamm musste ich natürlich dann Abschied nehmen, denn ich zog zu meinem Mann, deinem Papa, ins Haus. Und ein Jahr später bist du auf die Welt gekommen."

Weil meinen Eltern in Frankfurt die Wiesen und Äcker der Heimat fehlten, mieteten sie einen Schrebergarten. Im Frühling, Sommer und Herbst fuhren wir nachmittags und an den Wochenenden meistens dorthin. Unser schwarzes Fahrrad ächzte und quälte sich um die Hausecken. Vorne im Kindersitz meine Schwester laut lachend, und auf dem Gepäckträger saß ich und lachte ebenso. Wir wollten uns beidseitig sehen, deshalb neigten wir die Köpfe hin und her.

„Jetzt gebt endlich Ruh, sonst fallen wir noch alle vom Rad." Wir hörten zwar auf, aber immer nur für fünf Minuten, dann ging es wieder von vorne los. Bis Mutti wieder schimpfte. Wir ließen die Wohngegend hinter uns und fuhren an der Degussa-Fabrik vorbei. Wegen des starken Abgasgeruchs hielten wir uns die Nasen zu. Als wir an einem Wasserhäuschen vorbeikamen, kaufte uns Mutti gegen den schlechten Geschmack im Mund ein Lutscheis. „Nun seid ihr endlich beschäftigt", sagte sie und trat entspannt in die Pedale. Eine laute Stimme ließ uns fast erstarren. „Mit zwei so großen Kindern auf dem Fahrrad!" Ein Polizist war hinter uns hergefahren und erteilte uns eine strenge Rüge. Aber meine Mutter sagte ruhig: „Wie soll ich denn sonst mit zwei Kindern in unseren Schrebergarten kommen? Wir fahren nur auf dem Fahrradweg." Der Polizist wurde freundlicher und lachte uns sogar ein wenig an. „Gut, dass er uns nicht auf dem Heimweg angehalten hat, sonst hätten noch die riesigen Gartentaschen an der Lenkstange gehangen", sagte Mutti.

Obwohl meine Mutter fast den ganzen Tag in der Küche zu tun hatte, ergab sich öfter ein zufälliges Schwätzchen mit unseren Nachbarinnen. Sie waren, wie zu der Zeit üblich, auch alle Hausfrauen. Das konnte vor der Eingangstür passieren, wenn Mutti die Post aus dem Briefkasten holte, aber auch in unserem Gemüsegarten, wenn sie Küchenabfälle zum Komposthaufen brachte. Hörte ich, dass sich im Garten ein Gespräch entwickelte, ergriff ich die Gelegenheit, mal Pause von den lästigen Schularbeiten zu machen, und hängte mich an Muttis Schürzenzipfel. Es war für meine Schwester und mich selbstverständlich, dass uns Mutter wenn notwendig auch bei den Hausaufgaben half. Ich kann mich noch gut erinnern, dass sie mit mir an den Textaufgaben in Mathematik knobelte und oft durch ihre Erfahrung im täglichen Leben eine Lösung fand, mit der ich dann weiterrechnen konnte. Lustig wurde es, wenn sie Vokabeln abhörte. Selbst ohne Englischkenntnisse sprach sie die Wörter so aus, wie sie geschrieben wurden. Dadurch, dass ich in richtiger Aussprache wiederholte, lernte ich sie besonders gut. Auch Jahrzehnte später war Mutter, jetzt als Oma, unseren älter werdenden Kindern eine aufmerksame Gesprächspartnerin. Durch ihr Interesse an der Jugend und regelmäßigem Schauen der einschlägigen Fernsehserien wie „Verbotene Liebe" oder „Lindenstraße" hielt sie sich auf dem Laufenden. Es kam vor, dass unsere Töchter uns mahnend sagten: „Nehmt euch ein Beispiel an Oma. Die ist moderner als ihr!"

Vertrauen – Vater

Schaukeln, wiegen wie auf dem Rücken eines trabenden Ponys, dann sogleich schneller, höher und noch höher. Ich lachte und kreischte zugleich, wenn mein Vater meiner Aufforderung nachkam und mich auf seinem Schoß kräftiger hüpfen ließ. „Hoppe, hoppe Reiter, wenn er fällt, dann schreit er." Dass „er fällt" konnte ich kaum erwarten. Jahre später blieb unser Vater für meine Schwester und mich der große Spielkamerad. Oft auch als passiver Mitspieler. „Papa, setz dich hier mal hin", befahl ich im Spiel, wenn ich eine neue Idee hatte. Wir kämmten gerne sein dunkles, volles und weiches Haar zu verschiedenen Frisuren. Meistens banden wir zunächst einen Mini-Pferdeschwanz und flochten Zöpfe. Manchmal mussten auch Muttis Lockenwickler herhalten, denn Locken gefielen uns besonders gut. Haarspangen rundeten das Meisterwerk ab. Wir lachten über sein geschmücktes Aussehen, bis uns die Bäuche wehtaten, und Papa lachte mit.

Mein Vater verfügte über handwerkliches Geschick. Sobald irgendetwas im Haus defekt war, musste meine Mutter ihm das nur sagen, dann reparierte er es auch schon. Seine Lieblingsbereiche waren der Garten, die Garage und der Keller. Alles, was ihm nützlich erschien, bewahrte mein Vater auf und hatte so für jeden möglichen Fall Ersatz und auch das entsprechende Gerät für eine Reparatur. Im Garten sorgte er nicht nur für Ordnung, indem er Unkraut jätete, Rasen mähte oder die Terrasse fegte und putzte. Er hatte zu jedem Pflänzchen, auch wenn es noch so klein war, ein besonderes Verhältnis. Bei der himmelblauen Glockenblume schnitt er jedes verblühte Glöckchen einzeln ab. Die Stiele, die schwach oder fast abgeknickt waren, stützte er mit einem Holzstöckchen. Wenn Vater zu Hause war, traf man ihn fast immer außerhalb der Wohnung an. Und meine Schwester und ich sprangen um ihn herum. Er ließ sich von uns jederzeit bei der Arbeit unterbrechen. Wir fragten. Er antwortete und erklärte alles geduldig.

Im Sommer fuhren wir manchmal in einen Park. Ein Auto besaßen wir nicht. Auf den Fahrrädern meiner Eltern waren Kindersitze angebracht. Wir mussten die Mainzer Landstraße stadtauswärts fahren, und vor den vielen Schrebergärten lag der Sommerhof. Dort konnte man im Main baden. Ganz genau sehe ich noch die großen Schatten spendenden Bäume vor mir und die von Sonnenhungrigen belagerte Wiese. Das Ufer war im Naturzustand, und die Wellen klatschten an den Flussrand. Wenn ein Schiff vorbeifuhr, war das Wasser entsprechend heftiger. Wir Kinder sprangen übermütig über die Wellen. Es gab ein separates Becken, in dem die Badegäste vom Fluss unabhängig und gefahrlos baden konnten. Was mich am meisten beeindruckte war, dass mein Vater so gut schwimmen konnte, während Mutti und ich ängstlich und wasserscheu waren. „Das möchte ich auch können!", rief ich schon von weitem. Dann hielt mich mein Vater und ich bewegte die Arme vor und zurück. Meiner kleinen Schwester und Mutti verkündete ich stolz: „Ich kann es schon so gut wie Papa."

Viel später, als ich älter war, deckte ein zufälliges Gespräch auf, dass mein Vater Nichtschwimmer war. Er machte die Bewegungen nur mit den Armen und einem Bein. Das andere, sein Standbein, hielt immer Kontakt zum Boden. Und ich kenne nun den Grund dafür, warum Mutti ein verschmitztes Lächeln auf den Lippen hatte, wenn ich Papas Schwimmkünste lobte.

Vertrauen – Oma

Wir waren aus dem kleinen Spessartdorf Hausen in die Großstadt Frankfurt am Main gezogen. Viel zu selten kam meine Großmutter zu Besuch. Wenn sie dann da war und es sich auf dem Stuhl bequem gemacht hatte, rannte ich los, stellte einen zweiten Stuhl daneben und holte das große, schon recht mitgenommene Grimms Märchenbuch. Oma lächelte und setzte ihre Lesebrille auf. Sie saß da und las mit ihrer ruhigen Stimme vor. Ich hätte stundenlang so sitzen mögen, dicht bei ihr und entführt in die Welt der Feen, Königskinder und Zauberer. Meine Großmutter war groß und schlank. Beim Kämmen ihres weißen Haares zu einem Knoten klemmte sie die Haarnadeln in ihren Mundwinkel.

„Oma, warum hast du immer schwarze Röcke und eine schwarze Weste an?" „So ziehen sich alle alten

Leute im Dorf an." „Oma, du bist nicht alt", tröstete ich sie.

Viel zu früh kam der traurige Tag, an dem Oma verkündete: „I moass wieder hemm." Meine Mutter erklärte dann: „Oma hat Heimweh." Und das konnte ich nicht verstehen. Fühlte sie sich bei uns nicht daheim?

Aber dieses Mal durfte ich mit Oma fahren und ein paar Wochen bei meinen Cousinen verbringen. Ein kleines Köfferchen stand vor uns und wurde mit allem, was ich im Sommer für die Ferien auf dem Bauernhof brauchte, gepackt. Von Mutti und meinem Schwesterchen verabschiedete ich mich schnell und voller Vorfreude auf meine erste Reise mit der Eisenbahn. Ich fasste Oma bei der Hand und Papa trug das Gepäck. Von der Schönstraße war es nicht weit zum Frankfurter Hauptbahnhof. Wir mussten nur eine Straße überqueren und immer an den Bahngleisen entlanggehen. Oma war nicht reiseerfahren. „Bringst du uns in das Abteil?" fragte sie mehrmals und: „Ist das wirklich die richtige Bahn?" Mein Vater hat jedes Mal geduldig mit „ja" geantwortet. Als sich die schwarze Dampflokomotive laut ratternd in Bewegung setzte, winkten wir Papa, bis er so klein wie eine Ameise war. Bald ließen wir die Stadt hinter uns und es tauchten Wiesen, Felder und Bäume auf. Alles flog förmlich an unserem Fenster vorbei, so als schauten wir einen Film. Ich drückte mein Gesicht dicht an die Fensterscheibe, dass mir auch ja nichts entginge. Zwischendurch stieß unsere Lokomotive ein ohrenbetäubendes Tuten aus. Plötzlich ging das Licht in unserem Abteil an. Im nächsten Moment donnerten wir durch einen Tunnel. Durch das Fenster sah ich nur noch grau. Aber kaum, dass ich auf Omas Schoß saß, war alles schon wieder vorbei. In Lohr am Main holten uns Tante Irma und ihr Ehemann Karl vom Bahnhof ab, und wir verbrachten den Nachmittag zusammen. Dieser Onkel wurde von mir aber nicht Karl genannt, sondern mit seinem Nachnamen Höfling. In unserer Familie scheinen fast alle Karl zu heißen, auch der Bruder meiner Mutter und mein Vater ebenso. Am Abend fuhren wir mit dem Bus nach Hausen weiter. Von der Haltestelle am Dorfplatz, der durch das Blätterdach einer großen Linde beschattet wurde, zum Bauernhof waren es nur wenige Minuten. Ein breites Holztor begrenzte den Hof mit Scheune und Ställen. An der Haustreppe erwartete mich meine Cousine Elfriede. Wir betraten den großen, quadratischen Hausflur, links war die Tür zur Wohnstube und gegenüber führte eine schmale Stiege zum ersten Stock hinauf. Aus der Küche, die direkt vor uns lag, kam Tante Klara. Sie war klein und mollig, trug eine bunte Kittelschürze und war wie immer bei der Arbeit. Ihr rundes Gesicht wurde durch die in einem Knoten zusammengehaltenen Haare noch betont. Sie begrüßte uns freundlich: „Kommt rein!" Natürlich führte sie uns in die geräumige Wohnküche. Die „gute Stube" wurde nur selten benutzt, denn es war aufwändig sie zu beheizen. Hinter dem Fenster zum Flur stand der Kohleherd. Darauf wurde gekocht und in einem darin eingelassenen Metallbehälter mit Deckel Wasser erhitzt. Gegenüber befand sich das alte Küchenbuffet und in der Mitte des Raumes, vor dem zweiten Fenster, stand der große Holztisch. Auch dieses Fenster ließ nicht viel Licht herein, denn es zeigte zum Schuppen des Nachbarhauses. Wir setzten uns und berichteten von unserer Fahrt, d.h. Oma erzählte, und ich schaute sie nur an und fand alles richtig und gut, was sie sagte. Tante Klara stellte Fragen und erzählte auch manches, aber das fand ich nicht so interessant.

Elfriede und ich machten Quatsch und lachten uns an. Zwischendurch war auch Onkel Karl hereingekommen. Ihn mochte ich besonders gerne, denn er sprach immer mit uns Kindern. Außerdem sah er wie ein richtiger Bauer aus, groß und kräftig und mit riesigen Arbeitsschuhen, an denen immer Erdklumpen hingen.

Heimat – auf dem Lande
Wenn ich auf dem Bauernhof in Hausen zu Besuch war, lief ich mit meiner Cousine gleich nach dem Ankommen aus dem Haus, durch die alte, knarrende Holztür in den Hof. Überall gackernde und pickende braune Hühner. Hier war alles wie immer geblieben. Neben dem Misthaufen das Plumpsklo. Na ja. Auf das freute ich mich nicht besonders. Bei warmem Wetter störten die vielen Fliegen! Hinter dem ans Wohnhaus angebauten Geräteschuppen war der Schweinestall. Die Tiere grunzten leise und beachteten uns nicht. Mir fiel auf, dass sie fingerdicke Dreckbatzen an ihren Körpern kleben hatten. Mir als „Stadtkind" fiel das sofort auf. Und Elfriede? Ich schaute zu ihr. Sie bemerkte es natürlich nicht. In den Sandsteintrögen lagen frisch gekochte Pellkartoffeln, in die die Schweine ihre Schnupperrüssel steckten und futterten. Als nächstes liefen wir zum Kuhstall neben der Scheune. Die wohlige Wärme in Verbindung mit dem typischen Stallgeruch hatte ich lange nicht mehr in der Nase gehabt. Ich beobachtete genau die großen Köpfe der Milchkühe mit ihrem flauschigen Fell. Bedächtig kauten sie ihr Futter und schauten uns mit großen Kuhaugen an. Ich traute mich nicht sie zu streicheln. Eine Kuh, die stand, hob plötzlich ihren Schwanz und ein neuer Kuhfladen fiel zu Boden. Elfriede hatte beobachtet, dass ich davon über-

rascht worden war, und sagte grinsend: „Gall, bist's nimmer gweent?" Ich lachte mit. In den Ecken unter der Decke nisteten Schwalben. Sie flogen uns dicht über die Köpfe, aber sie berührten uns nicht. Wir spürten nur den Luftzug ihrer Flügelschläge. In der Scheune kletterten wir die hohe, schmale Holzleiter hoch auf den Dachboden und ließen uns ins duftende Heu plumpsen.

Am nächsten Morgen wachte ich in Großmutters Kammer auf. Das war ein kleiner, immer schummriger Raum, der eine Tür zur Küche und eine zur Wohnstube hatte. Das kleine Fenster zeigte zum Hof und ließ wenig Licht herein, weil der Schuppen davor stand. Ich roch nicht nur die Tiere, ich hörte sie auch krähen, gackern und zwischendurch zwitschern und piepsen. Ich schlief in Opas altem Bett am Fenster. Leider habe ich ihn nicht mehr kennengelernt. Gegenüber stand das gleiche Bett noch einmal, hier schlief Oma. Die Uhr auf dem Kleiderschrank fing plötzlich an zu schlagen. Das brachte mich dazu aufzustehen. Ich war spät dran und hörte Elfriede aus der Küche. Schnell zog ich mich an.

Am folgenden Samstag knetete Tante Klara einen großen Klumpen frisch riechenden Hefeteig auf dem Küchentisch und rollte ihn auf einem schwarzen Kuchenblech aus. Sie belegte ihn mit Apfelschnitzen und streute zum Schluss süße Butterstreusel darauf. Mit Geschirrtüchern bedeckte sie den Teig. Oma trug das Blech und wir Kinder gingen mit ihr, denn wir wichen den ganzen Tag nicht von ihrem Rockzipfel. Wir mussten durch das halbe Dorf, dann ein Stück Landstraße Richtung Lohr laufen. Der Duft von Frischgebackenem wehte uns entgegen, denn an der Straßenbiegung befand sich das Backhaus des Dorfes. Wir gaben unser Blech ab. Schon am Nachmittag sollte der Kuchen fertig sein. Auf dem Rückweg gingen wir in den Garten. Die alte Holzlattentür ließ sich fast nicht öffnen, denn sie war in hohes Gras eingewachsen. Oma musste mit aller Kraft zerren. Der kleine, schmale Garten lag am Hang und zog sich bis zu einem kleinen Bach hinunter. „Hier hole mir's Wasser zum Gieße", erklärte Elfriede. Wir ernteten einen Kopfsalat und pflückten ein Petersiliensträußchen.

„Heut gehn mer miit aufn Ocker", kündigte uns eines Morgens Oma an, während Tante Klara den großen runden Laib Brot an ihren prallen Busen drückte, mit einem riesigen Messer eine Scheibe nach der anderen abschnitt und in einem Weidenkorb verstaute. Die Erwachsenen fuhren auf dem Traktor, wir Kinder durften uns auf den großen Leiterwagen setzen. Schnell verließen wir die geteerte Straße und die Fahrt ging über Feldwege weiter. Unser Anhänger holperte über die Unebenheiten des Bodens. Wir hopsten hoch und schrien, wenn wir um die Kurven fuhren. Dann hielt Onkel Karl an. „Hier is unser Krumbierocker", erklärte Elfriede stolz. Tante Klara breitete neben dem Wagen eine Decke aus und stellte den Proviantkorb in den Schatten. Mein Onkel befestigte den Pflug am Traktor und fuhr den Acker entlang. Die Erde sprang wie abertausend Maulwurfshaufen hoch und die Kartoffeln fielen in alle Richtungen. Wir sammelten sie auf und füllten sie in die mitgebrachten braunen Jutesäcke. Manchmal wurde auch ein Mäusenest aufgedeckt. Elfriede scheuchte die Mäuschen. Ich war bestürzt, sagte aber nichts. Endlich war Brotzeit. Die Butter- und Marmeladeschnitten schmeckten lecker. Jeder bekam eine Flasche Mineralwasser. Wir sagten Sprudel dazu. Onkel Karl trug die Kartoffelsäcke auf dem Rücken zum Leiterwagen und lud auf. In die Mitte des Ackers hatte Oma das welke Kraut zusammengerecht: „Dos is für unser Krumbierfeuer." Am Abend stand die Sonne schon tief. Wir saßen im Halbkreis um das Feuer und die Wärme erhitzte unsere Gesichter. Die Rauchschwaden zogen über das Feld, so weit, dass ich ihr Ende nicht mehr sehen konnte. Endlich holten die Erwachsenen mit Stöcken die Kartoffeln aus der Glut und wir konnten essen.

Viel zu schnell gingen die Ferien vorbei und ich musste wieder nach Frankfurt zurück. Meine Mutter war fast den ganzen Tag mit meiner kleinen Schwester beschäftigt, die im Januar geboren worden war, und ich freute mich, wenn ich endlich nach draußen konnte. Nach dem Einkaufen kamen wir durch den engen, schummrigen Flur unseres Treppenhauses. Meine Blicke wanderten jedes Mal nach oben, zu der langen Reihe von Briefkästen. Einige waren hell, einige dunkel, der schwache Lichtschein des Haustürfensters bildete auf ihnen ein Muster. „Mutti, wir haben Post!", rief ich aus, wenn ich es durch die Gucklöcher unseres kleinen Blechbriefkastens schimmern sah. Manchmal war es wirklich eine Nachricht von Oma, die ausführlich aus Hausen berichtete, wie Klee und Getreide standen, ob eine Kuh gekalbt, wer im Dorf geheiratet hatte und wo Kinder geboren worden waren. Meine Augen hingen förmlich an Muttis Lippen, wenn sie vorlas. „Steht auch was von mir drin?", fragte ich. „Natürlich, Oma schreibt: ‚Wie geht es der kleinen Brigitte?' " Da war ich beruhigt. Während meines Besuchs auf dem Bauernhof hatte ich zur Freude meiner Mutter ein paar Pfund zugenommen. Jetzt, wieder in Frankfurt, musste ich dann oft hören: „In Hausen hast du immer so gut gegessen!" Ich schob das Brot beiseite. „Bei Oma schmeckt die Butter auch besser!"

Heimat – 1954 im Gutleutstadtviertel

„Die Bauerntrampel krische di schee Wohnung un mir aale Frankforter gehe leer aus. Morsche far isch zum Stamm un beschwer misch." Wir waren es, die in diese Wohnung im zweiten Geschoss einziehen durften. Mutter hatte noch immer guten Kontakt zur Familie Stamm, bei der sie gearbeitet hatte und denen das Haus gehörte. Nach dem Umzug in die Stadt hatten wir uns zuerst die Dachgeschosswohnung mit einem anderen Mieter teilen müssen. Im ersten Stock wohnte Frau Herche, die immer freundlich zu mir war und sich gerne mit Mutti unterhielt. Sie hatte uns flüsternd in ihre Diele gewunken und erzählt, was sich zwei Frauen aus dem Haus im Treppenhaus erzählt hatten. Wenig später zogen wir um, vom vierten in den zweiten Stock, in eine riesige Wohnung mit schönen, großen Fenstern. Wenn ich nicht auf meine kleine Schwester aufpassen musste, trug ich leichte Dinge und natürlich meine Puppensachen nach unten. Ich sah, dass sich die Gardine an einer Korridortür bewegte. Wohnten da drinnen die Frauen, die nicht wollten, dass wir umziehen? Frau Herche dagegen mochte ich. Als ich einmal mit einer Erkältung im Bett lag, schenkte sie mir eine Dose Ananas und das war die erste in meinem Leben. Mit ihr feierten wir auch Silvester. Sie kam um Mitternacht zu uns nach oben. Wir öffneten das Fenster, um das Feuerwerk besser sehen zu können. Die Bewohner der gegenüberliegenden Häuser riefen „Prosit Neujahr" über die Straße. Es knallte und donnerte und Qualm vernebelte unser Zimmer. Ein Stockwerk höher wurde laut gefeiert und gesungen. Es gab ein zischendes Geräusch, einen Feuerschein, und plötzlich wehte von oben etwas Buntes, Langes herunter. Ich erschrak. Frau Herche stand neben mir und rief aus: „Das ist der Schwanz der Hexe! Schnell, den müssen wir abreißen!" Wir holten unseren Besen aus der Kammer und sie fuchtelte damit vor dem Fenster herum. Dann ein Ruck und der bunte Hexenschwanz lag abgerissen vor uns auf dem Boden. Ich schaute ihn mir vorsichtig an. Er war aus bunten Papierluftschlangen.

An den Wochenenden gingen wir oft mit Mutter und Vater spazieren. Von unserem Haus aus hatten wir es nicht weit zum Main. An der Friedensbrücke verließen wir die Straße und liefen am Uferweg entlang. Unser Ziel war meistens die Rollschuhbahn im „Nizza". Ich stellte mich dicht an den Maschendrahtzaun. Manche der Läuferinnen und Läufer liefen Runden, andere drehten Pirouetten. Das möchte ich auch können! Ganz versunken schaute ich zu. Die Gesichter verschwammen mehr und mehr und ich trug auf einmal selber Rollschuhe und fühlte, wie ich dahinschwebte. Renate lief auf der Wiese herum und drehte und drehte sich. Da machte ich auch mit. Waren wir schnell genug, bildeten unsere roten Glockenröcke in der Luft eine Wellenlinie. Schwindelig ließen wir uns ins Gras fallen. Zum nächsten Geburtstag bekam ich ein Paar Rollschuhe geschenkt. An dem langen Zaun zwischen unserem und dem Nachbarhof hielt ich mich fest und übte stundenlang. Nach kurzer Zeit konnte ich schon gut geradeaus fahren und bremsen. Je schneller ich fuhr, desto lauter ratterten meine Rollschuhe mit Eisenrollen über den Betonboden. Ich ließ die Fensterfront der Häuser nicht aus den Augen, denn ich befürchtete, dass sich wieder jemand beschwerte. Weil in unserem Mietshaus außer uns nur alte Leute wohnten, spielten wir oft bei meiner Freundin Gisela drüben. An der Straße befand sich ein „Latscha-Markt", und auf seiner Rückseite türmten sich leere Pappkartons und Holzkisten. Mit Gemüseresten füllten wir Kartons und spielten Kaufladen. Oder wir Mädchen schauten den großen Jungen zu, wie sie ihre Cowboy- und Indianerfiguren durch die Prärie reiten und gegeneinander kämpfen ließen. Einmal spielte ich mit Gisela im Hof. Da tauchte Mutti hinter unserem Wäschegestell am Küchenfenster auf. „Ich glaub', das Essen ist fertig. Dann muss ich rauf", vermutete ich. Aber dann sahen wir, dass sie nur etwas zum Trocknen aufhängte. Gisela schlug vor: „Komm, wir spielen auf dem Trümmergrundstück." Es lag auf der anderen Straßenseite. Dort wuchsen Gräser und Moose auf den Mauerresten. Große Unkrautpflanzen blühten leuchtend gelb. Der halb verschüttete Abgang zum ehemaligen Keller lockte besonders. Wir kletterten die beschädigte Steintreppe hinunter. Ein gut erhaltener Raum war beim Spielen unsere Wohnung. Durch die Fensteröffnung fiel wenig Licht. Aus den herumliegenden Steinen bauten wir Stühle, Stöcke in verschiedenen Größen waren Essbestecke und alte Dosen wurden zu Töpfen, in denen wir Brei aus Erde und Blättern rührten.

Meine Eltern hatten ein großes Ziel vor Augen. „Wir wollen ein eigenes Haus bauen. Papa fühlt sich in der Mietwohnung ohne Garten wie eingesperrt", sagte meine Mutter oft. „Und dann noch jeden Monat die Kosten. Das ist verlorenes Geld!" Meine Eltern sparten eisern und schlossen mehrere Bausparverträge gleichzeitig ab. Frau Herche sagte eines Tages: „Warum vermietet ihr nicht ein Zimmer? Es gibt noch nicht viele Hotels. Wir im Haus verdienen uns alle etwas dazu." Meine Mutter meldete uns beim Zimmernachweis an. Es bestand große Nachfrage in der Bahnhofsnähe. Deshalb konnten wir unser kleines Gästezimmer und zeitweise sogar den großen Raum, der eigentlich unser Wohnzimmer war, möbliert untervermieten. Ich erinnere mich noch gut an einzelne Nachtgäste.

Angestellte der Deutschen Bahnpost übernachteten regelmäßig bei uns. Gretel, eine Frau aus dem Rheinland, schlief einige Male in unserer Wohnung. Mutti sagte über sie zu Papa: „Sie ist auf der falschen Bahn." Ich überlegte. „Arbeitet sie auch bei der Bahnpost?" Schon wenig später erfuhr ich, dass sie nicht bei der Post arbeitete. Aber was sie genau machte, wusste ich nicht. „Sie geht Geld anschaffen." Mit der Erklärung gab ich mich zufrieden. Ich erinnere mich noch genau an die mollige junge Frau mit Lockenfrisur, die meiner Schwester und mir einmal eine Tafel Schokolade mitbrachte. Sie redete und redete. Mit ihrem auffallend rot geschminkten Mund lachte sie bei jeder Gelegenheit. Später drehte sie sich und zeigte auf ihr knielanges, groß geblümtes Sommerkleid mit weitem, in Falten gelesenem Rock. „Dat is mei neuet Kleedsche. Nur 10 Mark aus dä Kaufhall."

Sie übernachtete schon lange nicht mehr bei uns. Trotzdem besuchte sie uns überraschenderweise. Sie erzählte von ihrem Zuhause: „Bei uns war et wie bei ösch. Me jinget jut. Aber als jung Mäds wollt isch was erläwe un jing nach Frankfurt. De Stadt jefiel mir, aber dat Jeld reichte nit."

Als ich ein anderes Mal aus der Schule kam, saß Gretel wieder an unserem Küchentisch. Sie hatte strähnige, ungekämmte Haare und roch nach Alkohol und Zigaretten. Als sie mit mir reden wollte, wich ich zurück. Ich sah, dass auch Mutter nicht erfreut über ihren Besuch war. „Ich koch' einen starken Kaffee. Den trinkst du und gehst dann wieder. Ich hab' noch viel zu tun." „Frau Herrmann, isch versprechet. Isch rühr keene Tropfe mi an." Mutti sagte nichts dazu. Nach einiger Zeit hörten wir nichts mehr von Gretel.

Eine freundliche Frau mit erwachsener Tochter aus Ostdeutschland wohnte mehrere Wochen in unserem großen Zimmer. Eines Tages fragte sie mich: „Kennst du ‚Kalten Hund'?" „Wieso fragt sie mich das", dachte ich verwundert und stellte mir einen Hund vor, dem es kalt war. Sie überraschte mich am nächsten Nachmittag mit Leibniz-Keksen und warmer Schokoladensoße. Zusammen machten wir einen leckeren Kuchen. Der durfte aber erst gegessen werden, wenn er eiskalt war. „Kennst du ‚Kalten Hund'?", fragte ich am nächsten Tag meine Freundin. Es wohnten auch zwei junge „Fräuleins" bei uns. Eine war hellblond und die andere hatte rotbraune Haare. „Das sind Tänzerinnen", flüsterte mein Vater. Ich schaute jedes Mal zu, wie sie ihre schulterlangen Haare in einer großen Schüssel täglich wuschen und über unserem Kohleherd trockneten. Ich durfte einmal mit ihnen ins Zimmer gehen und zusehen, wie sie sich zurechtmachten. Die Augen umrandeten sie schwarz und ihre Lippen malten sie knallrot an. Das alles war fremd für mich, denn Mutti schminkte sich nie. „Das ist französisches Parfum", erklärte die Blonde und ließ mich an einem der wertvoll aussehenden Fläschchen riechen. Mit ein paar Tropfen hinter den Ohrläppchen kam ich mir genauso schön wie die beiden vor. „Das riecht besser als unser 4711", dachte ich. Sonntags morgens ging mein Vater mit mir häufig spazieren oder wir gingen in das „Aki", das Kino, das sich im Hauptbahnhof befand und am laufenden Band Filme zeigte. An einem Tag, an dem Mutti nicht dabei war, zeigte mir Vater Fotos der Mädchen in dem Schaukasten einer Bar in der Kaiserstraße. Sie trugen knappe, glitzernde Bikinis und als Zierde weiße Federbüschel. Ich fand es irgendwie toll, dass wir so berühmte Damen kennen!

Heimat – Schrebergarten

Der große Sauerkirschbaum am Eingang unseres Gartens hatte rundum Äste, die fast bis zum Boden hingen. Dort war mein liebster Platz, denn ich fühlte mich darunter wie in einem geheimen Versteck und lauschte den oft im Wind raschelnden Blättern. Wir hatten auch einen Apfelbaum, aber den habe ich fast vergessen. Warum? Meine Mutter meinte später, die Äpfel hätten mir nicht geschmeckt. Daneben der Pfirsichbaum. Schon die Erinnerung an ihn schmeckt süß! Davor lag ich oft in einem weiß-blau gestreiften Holzliegestuhl, immer leicht schaukelnd, und wartete. Endlich fiel wieder ein Pfirsich herunter. Ich stürmte hin und prüfte ihn. War er schon weich und saftig? Meine Mutter grub meistens um oder hackte Beete. Wir fanden in der frisch riechenden Erde Wurm- und Ameisennester. Manchmal entdeckten wir auch eine sogenannte „Puppe". „Daraus schlüpft im Sommer ein wunderschöner Schmetterling", erklärte Mutti. Ich sah sie fast wirklich davonflattern, die gelben und knallbunten Falter. Unsere Gartenhütte war aus Stein, mit Klappläden vor einem großen Fenster. Bei plötzlich losprasselndem Regen oder Gewitter flüchteten wir hinein. An kühlen Herbsttagen wärmten wir Kinder uns drinnen und warteten, bis wir nach Hause gehen konnten. Einmal im Jahr war Sommerfest. Wir hängten viele bunte Lampions auf. Unser großer, breit lachender Papiermond überstrahlte alles. Die Lichter wiesen uns den Weg durch die Dunkelheit. Hätte uns der Kerzenschein nicht geführt, so wären es unsere Nasen gewesen. Erst rochen wir ihn schwach, dann immer stärker, den Duft der Rostbratwürste.

Und endlich hatte ich eine in der Hand und biss abwechselnd in sie und in das frische Brötchen. Nicht weit von uns befand sich ein verwilderter Garten mit großer Holzhütte. In der Dämmerung brannte immer Licht, aber ich sah niemanden. Vom Gartenzaun aus nicht und von meinem Kletterbaum aus auch nicht. Durch Frau Herche, die den Garten neben uns hatte, erfuhr ich, dass ein alter Mann in dem geheimnisvollen Häuschen wohnte. Ab und zu sah ich ihn dann auch herumlaufen, gebückt und ganz mit sich beschäftigt. Frau Herche ging regelmäßig zu ihm und brachte Essen hinüber. Warum wohnte er so allein? Hatte er keine Frau oder Kinder? Aber ich habe mich nicht getraut, mit hinüberzugehen. Eines Tages sagte meine Mutter: „Wir müssen unseren Garten abgeben. Es soll nächstes Jahr dort eine Neubausiedlung gebaut werden." Sofort dachte ich an meinen Kirschbaum. „Wohin sollen wir an den Wochenenden gehen? Was passiert mit den Bäumen? Und – was wird aus dem alten Mann?" Die nächsten Wochen gingen wir oft zu unserem Grundstück und mussten alles abräumen. Die Bäume wurden gefällt, die Hütten abgerissen. Der alte Herr Kast kam in ein Heim. In der Nachkriegszeit waren die Baustoffe sehr teuer. Deshalb klopfte mein Vater die Mauersteine ab und reinigte sie so vom alten Mörtel. Dann ließ er sie mit einem Lastwagen zu unserem Baugrundstück in Eschborn fahren. Sie wurden später als Zwischenwände in der Dachbodenwohnung vermauert. Das Fenster unseres Gartenhauses kam an die Garagenhinterwand. Von Herrn Kasts alten Möbeln haben wir einen kleinen Tisch aufbewahrt, der kunstvoll gedrechselte Holzfüße hat. Das fein eingeschnitzte Blumenmotiv erinnert mich noch heute an unseren geliebten Garten.

Heimat – ein Haus wird gebaut

1956 – Ich war ungefähr acht Jahre alt, als meine Eltern ein Baugrundstück im Vordertaunus kauften. Ein Quadratmeter kostete sieben Deutsche Mark. Das war für die damalige Zeit teuer. Weil wir noch kein Auto hatten, fuhren wir jedes Wochenende mit der Eisenbahn nach Eschborn, das an der Bahnlinie Frankfurt-Kronberg liegt. Mit unseren voll gepackten Taschen gingen wir zu Fuß vom Bahnhof zur Feldbergstraße, Ecke Wiesenstraße. In dem Viertel waren nur zwei Straßen durchgehend bebaut: die ehemalige Mühlstraße, die am Bach liegt, und die Pfingstbrunnenstraße. Dazwischen standen an den Feldwegen nur vereinzelt Häuser. Wie viele andere Deutsche in den 50er Jahren bauten meine Eltern ihr Haus in Selbsthilfe. Es gab keine Firma, die Regie führte, das machten alles die Bauherren selber. Hilfe bei der Planung bekamen sie von einem Architekten, der in der Nähe wohnte. Die Baugrube für unser Haus hob mein Vater alleine mit einem einfachen Gartenspaten aus. Spatenlänge um Spatenlänge gelangte er weiter in die Tiefe. Es war ein warmer Sommertag, an den ich mich genau erinnere. Wir freuten uns über den festen gelben Lehmboden, der unter der Mutterbodenschicht auftauchte. Er war feucht und kühl und der ideale Ort für unsere Getränkeflaschen. Im Schatten eines großen Birnbaums mit dichten Blättern machten wir die Vesperpausen und aßen die von Mutti vorbereiteten Klappbrote. Renate und ich formten aus gelben Lehmbrocken und Wasser kleine Schüsseln, Teller und Vasen und legten sie zum Trocknen in die pralle Sonne. Schon am nächsten Tag konnten wir damit spielen. Aus roten Mohnblumen und Wasser rührten wir Tinte. Trotz der anstrengenden Arbeit brachte mein Vater oft Ideen ein, die nur uns Kindern nützten. Beim Ausschachten ließ er manchmal zwei kleine Säulen stehen, legte ein Brett darüber und wir hatten eine Sitzbank. Blieb nur eine Säule stehen, entstand eine Wippe. Auf der Baustelle gab es nur langsame Fortschritte. War am Monatsende Geld übrig, wurden Steine gekauft und der Maurer konnte kommen. Die Hilfsarbeiten leisteten meine Eltern. Papa erklärte: „Zuerst zweimal trocken mischen, dann zweimal nass." Er und meine Mutter schaufelten das Sand-Zement-Gemisch hin und her und ich goss es mit der Gießkanne nass, bis der Mörtel die gewünschte Konsistenz hatte. Manchmal stellte mein Vater am Abend fest: „Der Maurer hat heute zu viel Bier getrunken, die Wand ist nicht gerade geworden." An den Arbeiten hatte meine Mutter einen großen Anteil, half Pläne lesen, organisieren, verhandelte mit den Handwerkern, geschickt und diplomatisch. Sie scheute sich nicht, ihre Meinung zu äußern und durchzusetzen, während mein Vater sich gerne zurückhielt. Im Winter war die erste Geschossdecke fertig. Um uns vor der Kälte zu schützen, hatten meine Eltern den kleinsten Raum, die spätere Kellertoilette, mit einem alten Fenster verschlossen. Wir besaßen einen kleinen schwarzen Kanonenofen. Um den stellten sie provisorische Sitzbänke aus Holzbohlen und Mauersteinen auf. Als Polster benutzten wir alte, dicke Wolldecken. Die nahmen wir auch manchmal als wärmende Umhänge. Wenn Brotzeit war, brutzelten auf dem Ofen Eier oder es gab Suppe aus der Tüte, denn wir hatten auch schon einiges Kochgeschirr im neuen Haus. Einmal musste länger gearbeitet werden. „Die Betontreppe muss an einem Tag gegossen werden, sonst hält sie nicht", erklärte Vater. Zum Glück war Oma an dem Tag zu Besuch, sie las uns im Keller bei Kerzenschein Märchen vor.

Wann ich auf unsere Nachbarn aufmerksam wurde, weiß ich nicht mehr. Auf dem Grundstück neben uns stand ihr halbfertiges Haus, das noch kein erstes Stockwerk besaß. Das Erdgeschoss bewohnte eine der beiden Familien. Damit es nicht hineinregnete, hatten sie Dachpappe aufgenagelt. Weitergebaut wurde nicht. Vater meinte: „Denen ist das Geld ausgegangen." Auf dem unteren Teil des riesigen Grundstücks standen zwei winzige eingeschossige Häuser, eines aus Stein und das andere aus Holz. Aus beiden Schornsteinen stieg Rauch auf. Mutti knüpfte Kontakt zu der Nachbarin. Sie berichtete uns, was sie erfahren hatte: „In dem weißen Steinhäuschen sind Küche und Elternschlafzimmer. In der Hütte schlafen die drei Kinder." Gleich am nächsten Tag spielten Renate und ich mit ihnen. Nachdem wir sie als Freunde gewonnen hatten, fuhren wir gerne mit auf die Baustelle. Wir tobten fast den ganzen Tag in dem abenteuerlichen, naturbelassenen Garten herum. Wurde es uns draußen zu kalt, gingen wir in das Kinderhüttchen und spielten Mikado, Mensch ärgere dich nicht, Mühle oder Stadt, Land, Fluss. Ich kann mich nicht daran erinnern, dass wir einmal Streit hatten. Helga, die älteste, reagierte bei Meinungsverschiedenheiten ruhig und fand immer einen Ausweg. Glühend beneidete ich unsere drei Freunde, dass sie in ihrem eigenen Reich wohnen durften. Im Winter war es draußen schon dunkel, wenn Mutter kam, um uns abzuholen. „Dürfen wir noch ein bisschen bleiben?", bettelte ich. Als es etwas später erneut klopfte, war es natürlich wieder Mutti. „Wir haben unsere Taschen dabei und sind schon auf dem Nachhauseweg zum Bahnhof. Der Zug fährt in 15 Minuten." Dieser Satz wirkte Wunder, denn wir wussten, dass der nächste Zug erst eine Stunde später fahren würde.

Nach vier langen Jahren waren wir endlich in das neue Haus eingezogen. Von unserer Küche aus konnten wir auf das Gelände einer ehemaligen Mühle sehen, das Fachwerkhaus mit Nebengebäuden und zahlreichen Obstbäumen. Dahinter säumten riesige Nussbäume und Eschen den Westerbach. Daneben befand sich eine Flüchtlingssiedlung. Ein Haus sah aus wie das andere. Alle hatten riesige Gärten, die bis an unsere Straße reichten. Wieso die Bewohner Flüchtlinge genannt wurden und wovor sie geflüchtet waren, wusste ich damals nicht. Ich erkannte aber an dem fremden Dialekt, dass sie wohl von weither gekommen sein mussten. An ihren Häusern gefielen mir besonders die kleinen Schuppen, in denen sie Stalltiere hielten. Das Gackern der Hühner erinnerte mich ein wenig an unseren alten Bauernhof.

Familie

Nach meiner Hochzeit 1979 zog ich zu meinem Mann Horst nach Offenbach-Bieber. Dort war er Lehrer an einer Haupt- und Realschule. Unser Haus bauten wir in einer Neubausiedlung in einem ehemaligen Waldgebiet. Als Sonja, unsere älteste Tochter, geboren wurde, galt ich mit 32 Jahren als Spätgebärende. Frank kam 1982 und Marion 1985 auf die Welt. Ich war glücklich über meine neuen Aufgaben, las Bücher über die Entwicklung von Kindern und saß stundenlang einfach auf dem Boden, um dem Kinderspiel zuzusehen oder selbst mitzumachen. Ich fühlte mich frei und freute mich, meine Tage in der neuen Lebensphase selbst zu gestalten. Den Banktresen, an dem ich seit meiner Lehre tagein, tagaus gestanden hatte, vermisste ich nicht. Mit der Weiterbildung zur Betriebswirtin hatte ich die Hochschulreife erlangt. Zu jener Zeit war ein pädagogisches Studium mein Ziel. Jetzt verbrachte ich viele Stunden mit unseren Kindern auf dem nahe gelegenen Spielplatz oder sie waren mit Freundinnen vor dem Haus, der Holzwiesenweg war eine Spielstraße.

An einem Nachmittag streichelten sie eine grau getigerte Katze so ausgiebig, dass sie am Abend keine Anstalten machte, zu ihrem Heim zurückzugehen. Sie blieb einfach in unserer Straße. Morgens stand die von den Kindern auf den Namen Minka getaufte Katze schon vor der Haustür der Nachbarn oder vor unserer und wartete auf Milch. Eine Woche verging und Sonjas Freundin Andrea teilte mir mit wichtiger Miene mit: „Bei uns kann die Minka nicht bleiben. Ich hab' schon zwei Meerschweinchen. Könnt ihr sie nicht nehmen?" Ich antwortete nicht. „Marion hat sie auch als erste gestreichelt, als sie mit Caroline draußen war." Ich schaute von Sonja zu Marion. Beide blickten mich sehr gespannt an. Meine Gedanken purzelten wild durcheinander. Wir Minka nehmen? Eigentlich hatten wir uns kein Tier anschaffen wollen. Nachdem der Hausbau endlich finanziell zu verkraften war, wollten wir gerne einige Reisen unternehmen. Ich spürte, dass ich Hilfe brauchte. „Horst", rief ich in den Hausflur, „kannst du mal kommen?" Die Kinder sahen ein, dass wir Zeit zum Überlegen benötigten. Die nächsten Tage besprachen wir, ob wir Minka ein Zuhause geben wollten. Am Ende der Beratung bauten wir ein Katzentürchen in unser Kellerfenster ein und richteten einen Schlafplatz her.

Gerne kochte und backte ich. Beim Anbraten des Fleisches erinnerte ich mich an den Sonntagsbraten aus meiner Kindheit. Damals lockte mich der leckere Duft in die Küche und ich sehe noch heute den Bratentopf vor mir, aus dem das Fett heraussprizte. Dazu gab es oft Kartoffelknödel, die Mutti aus heiß durchgepressten Pellkartoffeln und Mehl selbst zubereitete. Wie damals aßen auch wir gemeinsam in unserer Wohnküche. Gerne stellte ich die noch brutzelnde Pfanne neben den dampfenden Topf mit Kartoffeln oder Nudeln auf den Esstisch.

Die Mutter von Sonjas Kindergartenfreundin bot uns eines Nachmittags zum Kaffee einen Kuchen namens „Hermann" an. „Hat er geschmeckt?", fragte Frau Hof erwartungsvoll. „Sehr gut, der Teig ist so luftig." Ehe ich mich versah, hatte ich die Blaublattkopie eines handgetippten Rezepts und eine kleine Schüssel säuerlich riechenden Anfangsteig in der Hand. Das Geheimnis des Hermann-Kuchens ist zweimaliges „Füttern" mit Milch, Mehl und Zucker und tägliches Umrühren, dann wächst er gut. Nach zehn Tagen ist Zeit zum Backen. Wurde der Termin verpasst, macht sich der Teig selbständig und begrüßt seine Besitzer schon beim Öffnen der Kühlschranktür. Bei uns wuchs der „Hermann" immer sehr gut, vielleicht weil mein Mädchenname „Herrmann" ist. Mehrere unserer Bekannten meinten, wir hätten den Kuchen deshalb so genannt.

Viele Jahre besuchten uns meine Eltern, aber die Fahrt im Bus wurde für meinen Vater beschwerlicher. In dieser Zeit reifte der Entschluss, in den Vordertaunus zu ziehen, und 1999 war es so weit. Das neue Haus in Niederhöchstadt war fertig und der Umzugswagen vorgefahren. Zukünftig hatten wir nur noch drei Kilometer zu meinem Elternhaus.

2002 – Die Abendsonne schien schräg durchs Wohnzimmer und beleuchtete die Sitzecke. Sofa und Sessel waren schwere altdeutsche Möbel. Mein Vater saß wie fast den ganzen Tag am Kamin. Er aß mit großem Appetit Gulasch mit Nudeln. Enkeltochter Marion, die zu Besuch war, bekam auch Hunger.
„Ist noch genug da?", fragte sie mich.

„Natürlich. Oma hat so viel vorgekocht, dass es für beide Tage reicht, an denen sie im Krankenhaus bleiben muss."
„Opa, ich esse mit dir."
Sie stellte ihren Teller scheppernd auf die Marmortischplatte. Opa lächelte. Früher hätte er bei solch einem Anlass „bravo!" gerufen und dazu in die Hände geklatscht. Damals war er noch gesund. Opa kratzte über die Porzellanmalerei und führte den Löffel zum Mund, aber der Teller war leer. „Opa, du hast nichts mehr. Das sind aufgemalte Blümchen, die du siehst. Möchtest du noch weiteressen?", fragte sie liebevoll. Er antwortete nicht, aber sie merkte ihm an, dass er noch etwas mochte.

In der nächsten Zeit erschütterten unsere Familie der zunehmende geistige Verfall meines Vaters und die Krebserkrankung meiner Mutter. Froh war sie darüber, dass nach Sonjas Umzug und Heirat nun Marion in die Dachgeschosswohnung kam. So war sie sicher, dass ihr selbst gebautes Haus in guten Händen blieb.

2009 – Unser erstes Enkelkind war geboren. Im Krankenhaus nahm ich immer zwei Stufen auf einmal. Im zweiten Stock war ich schon leicht außer Atem. Ich klopfte zart an und freute mich darauf, dass die junge Familie heute nach Hause gehen konnte. Ob sie schon gepackt hatten? Ja, da stand schon die Tasche. Aber der Blick meiner Tochter Sonja war ernst. Ich fragte nichts, begrüßte sie, wartete ab.
„Joachim ist mit Lena bei einer Blutuntersuchung. Die Bilirubinwerte waren gestern extrem erhöht."
„Was hat das zu bedeuten?"
„Wir können noch nicht nach Hause. Lena muss unter der UV-Lampe liegen."

„Aber das ist doch nicht so schlimm. Als ich damals zur Entbindung im Krankenhaus war, gab es einige Kinder, die eine Gelbsucht hatten."
Sonja war mit meiner Antwort nicht zufrieden. „Sie haben gesagt, Lena hätte mehr trinken müssen, damit das Bilirubin abgebaut wird. Sie muss für einige Tage in die Kinderklinik."

Ein Jahr später war Lenas etwas holpriger Start ins Leben längst vergessen. Das Interesse am Babyspielzeug hatte sie inzwischen verloren. Der beleuchtbare Globus war spannender, besonders das wiederholte An- und Ausschalten. Eines Tages war Lena zu Besuch und Marion arbeitete am Computer. Lena begrüßte sie mit einem kurzen Lächeln und ging dann mit zielbewussten Schrittchen auf den roten Knopf des Zwischenschalters zu. Sie drückte ihn siegessicher. Marion rief: „Der Computer ist abgestürzt!" Ihr Aufschrei erschreckte die sensible Lena. Wenn ihre sonst so geduldige und ruhige Tante Marion sich so aufregte, konnte sie sich nicht über ihren Knopfdruck freuen. „Weg", sagte sie nur und drehte sich schnell zur Tür.

Im März 2012 wurde Leonard geboren. „Schön, dass der Leo schon auf der Welt ist", sagte die inzwischen Dreijährige, als sie von der Geburt ihres Bruders hörte.

2014 begeisterte die deutsche Fußballmannschaft bei der WM das ganze Land. Sonja und ihr Mann Joachim schauten mit ihren Kindern natürlich auch. Für Leo, zweieinhalb Jahre alt, begann sein „Sommermärchen". Während Eltern und Lena konzentriert vor dem Bildschirm saßen, begann Leo selbständig mit seinem Trainingsprogramm. Er schaute sich kurz eine Szene von den Profis ab und spielte sie im Wohnzimmer oder auf der kleinen Rasenfläche nach. So schaffte er es fast unbemerkt, sich eine außergewöhnliche Geschicklichkeit mit dem Ball anzueignen und ihn den älteren Jungs auf dem Spielplatz vor der Nase wegzuschnappen. Es sah aus, als klebe der Ball an Leos Fußspitze und weil er von Regeln noch nichts wusste, war es selbstverständlich immer „seiner". Erst ein Hochschuss, der meistens im Garten eines Nachbarn landete, beendete das tägliche Fußballspiel, denn die Gartentüren waren meist verschlossen. Seit kurzem spielt Leo im Verein.

2015 – Marie-Luise, wann dürfen wir dich endlich kennenlernen? Es verstrich eine Woche, zwölf Tage über den errechneten Geburtstermin. Die Frauenärztin beruhigte Marion und Carsten. „Sie ist noch klein und braucht noch etwas Zeit." Der Frauenarzt des Höchster Krankenhauses aber riet mehr zu einem Kaiserschnitt. Am festgelegten Termin saßen Horst und ich wie gebannt zu Hause vor dem Telefon. Endlich der Anruf von Carsten. „Sie ist glücklich geboren. Aber kein Kaiserschnitt. Die Geburt wurde eingeleitet. Die Wehen waren so stark, dass Marion fast ohnmächtig wurde. Schließlich holten sie Marie-Luise mit der Saugglocke." Pause für bange Gedanken. „Wie geht es der Kleinen? Wie geht es Marion?" Carsten sprach weiter: „Die Ärzte sagen, sie ist gesund und Marion geht's auch schon besser." Ein Stein fiel uns vom Herzen.

Donnerstags kamen Sonja und Marion mit ihren Kindern immer zu uns. An unserem großen Esstisch ging es meist lustig zu. Am gemeinsamen Gelächter über eine ulkige Bemerkung beteiligte sich auch schon die inzwischen eineinvierteljährige Marie-Luise, die auf ihrem neuen Hochstuhl thronte und aufmerksam von einem zum anderen sah. Ihr Lachen klang noch etwas künstlich, denn sie war ja gerade dabei, unsere verschiedenen Lacher zu imitieren. Deshalb begann sie mit ihrem Kichern auch einige Sekunden später, was uns wiederum zum Lachen brachte.

Die Bäume waren bunt eingefärbt und ich ging die ersten Meter unseres Rundwegs. Beim Betrachten des plätschernden Westerbachs atmete ich die frische Herbstluft tief ein. Einige Bauern waren noch dabei, ihre Stoppelfelder umzupflügen und Wintergerste zu säen. Kartoffeln waren schon geerntet und die meisten Äpfel gepflückt. Auf den Wiesen die letzten Schafgarben und Blüten, die ich immer „Blutstropfen" nannte. Sie ragten aus den Gräsern heraus. Heute, Ende 60, habe ich Zeit für Spaziergänge, allein oder mit Horst. Meine Augen sehen nicht nur das frische Grün und in der Ferne die Taunusberge, meine Gedanken fliegen oft zum „Gestern" zurück oder beschäftigen sich mit Erlebnissen von heute. Für alles bin ich froh und dankbar.

Wechselnde Perspektiven
Sibyl Jackel

Zwei Kulturen

Zur Mittagszeit des 22. Januars 1963 hallten Freudenschreie durch die Flure des Diakonissenkrankenhauses in Frankfurt. Zur gleichen Zeit wurde in Paris der Élysée-Vertrag durch Adenauer und de Gaulle unterzeichnet. Die ehemaligen „Erbfeinde" Deutschland und Frankreich wollten mit diesem Vertrag die Aussöhnung zwischen den beiden Völkern besiegeln. Es sollte der Anfang einer neuen Ära werden, einer neuen, langen Freundschaft zwischen beiden Ländern. Mein Vater und mein neun Jahre älterer Bruder Stephan hielten sich an den Händen und tanzten durch den Krankenhausflur. Ich war geboren.

Sowohl meine französische Großmutter als auch meine deutschen Großeltern waren nicht erfreut, als meine Eltern 1954 heirateten. Meine Mutter erlebte während des 2. Weltkrieges in Paris die Besetzung durch die Deutschen und ihre Eltern beide Weltkriege. Ihr Vater war von den Deutschen in Paris gefangen genommen worden, weil er sich als Künstler und Lebenskünstler nicht an die Sperrstunde gehalten hatte. Im Lager verstarb er an Tuberkulose. Mein Vater wurde als junger Flakhelfer verletzt und wurde mit seinen Eltern nach Kriegsende aus Schlesien vertrieben. Zur Hochzeit meiner Eltern kamen meine deutschen Großeltern nicht, da es in ihren Augen eine Schande war, dass mein Vater eine Französin heiraten wollte. Die Geburt Stephans im selben Jahr versöhnte sie ein wenig. Der Stammhalter war geboren. Meine Großmutter hatte ihre Tochter verloren, bevor diese ihren ersten Geburtstag erlebte. Das Grab in Schlesien hatte sie nur einmal nach der Flucht wieder besuchen können. Dieser Verlust war schmerzlich, weshalb sie sich besonders über mich, die lang ersehnte Enkeltochter, freute.

Als "Ergebnis" einer deutsch-französischen Liebe und als Symbol der Freundschaft beider Völker wurde ich an meinem Geburtstag oft zu Staatsempfängen eingeladen. Lieber feierte ich mit meinen Freunden, aber an einem deutsch-französischen Gipfeltreffen im Sommer 1974 nahm ich teil. Beim offiziellen Fototermin stand ich im rosa Leinenkleid neben dem Bundespräsidenten Walter Scheel und meinen Eltern. Dieses Foto stand bis zum Tod meiner Eltern immer auf ihrem Schreibtisch.

Anderssein

Mein Bruder Christoph kam 1965 zur Welt und wir vier lebten, bis ich viereinhalb Jahre alt war, in einem schönen großen Haus im großstädtischen, quirligen Holzhausenviertel Frankfurts. Dann sollte unser gemietetes Haus verkauft werden. Mein Vater hielt den Verkaufspreis für überzogen und fühlte sich sicher, es zu einem niedrigeren Preis erwerben zu können. Er unterschätzte die Nachfrage, unser Haus wurde bald verkauft und wir hatten nur sechs Monate Zeit, um ein neues Zuhause zu finden. Meine Mutter war fassungslos und wütend, mein Vater nur überrascht. Ein Freund, der ein Neubauprojekt in Steinbach plante, erwies sich als Retter. Hier konnte mein Vater eines der letzten Reihenhäuser erwerben. Ich weiß nicht, ob mein Vater meiner Mutter vor der Kaufentscheidung das „Dorf" Steinbach gezeigt hatte. Wahrscheinlich nicht, denn sie wäre niemals freiwillig von Frankfurt weggezogen. Sie war immer ein Großstadtmensch und wollte ihren internationalen Freundeskreis nicht aufgeben, den sie auch im Union International Club traf. Wir verbrachten in der Villa Merton und dem kleinen Park mit Pool und Tennisplätzen unsere Wochenenden. Englisch war zu ihrer gemeinsamen Sprache geworden und meine Eltern fühlten sich dort mit ihren amerikanischen Freunden wohl.

Dieses internationale Flair war in Steinbach nicht zu erwarten. Die ruhige dörfliche Kleinstadt „auf dem Land" hatte nur ca. 5.000 Einwohner und war 15 km von Frankfurt entfernt. Meine Mutter kaufte neue Hosen, die auf der Baustelle „schmutzig" werden konnten und „dorftauglich" sein sollten. Auch wir erhielten Kleidung, die wir für die fast täglichen Besuche auf der Baustelle anziehen sollten. Mit ihrem hellblauen VW-Käfer fuhr sie quer durch die zwei Nachbargärten, die aus braunem, schlammigem Lehmboden bestanden, bis direkt vor unsere Terrassentür und parkte dort. Das war der Anfang unseres „Andersseins". 1967 hatten nur wenige Frauen in Steinbach ein eigenes Auto. Wenn mein Vater von der Arbeit kam, parkte er seinen bordeauxroten Citroen DS ebenfalls im Garten. „Zwei Autos haben die, was kommt da noch alles nach?", war eine der ersten Bemerkungen unserer neuen Nachbarn, wie mir meine Mutter später erzählte. In Frankfurt hatte es niemanden interessiert, wer welches und wer wieviele Autos fuhr.

Als der Möbelwagen sechs Monate später ebenfalls in den Garten fuhr, kamen die Nachbarn und schauten sich unsere Möbel genau an. Meine Mutter mochte diese Neugier nicht und fühlte sich nicht willkommen. Sie passte auch äußerlich nicht dorthin. Sie legte großen Wert auf ein gepflegtes Äußeres, gutes Make-up mit exakt gezogenem Lid- und Augenbrauenstrich, kräftigem rotem Chanel-Lippenstift und stets perfekt lackierten Fingernägeln. Ungeschminkt ging sie nicht aus dem Haus, höchstens bis zur Mülltonne am Ende unseres Weges. Sie war klein, zierlich und schlank, hatte ein ebenmäßiges schmales Gesicht mit einer ausgeprägten „französischen" Nase, grün schimmernden Augen und immer einen leicht gebräunten Teint. Frisur und Kleidung entsprachen dem neuesten französischen Modetrend. Unsere neuen Nachbarinnen sahen anders aus. Sie schminkten sich nicht oder selten, ihre Frisuren bestanden entweder aus Kurzhaarschnitten oder sie banden ihre langen Haare zu praktischen Pferdezöpfen hoch. Ihre Kleidung kam mir sehr farblos vor. Braun- und Grautöne überwogen, auffällige bunte Farben sah ich kaum. Wir dagegen fielen besonders auf, als unsere Baustelle fertig war. Christoph und ich konnten wieder unsere „normale" Kleidung aus Frankfurt anziehen. Meine Mutter kleidete auch uns nach dem Pariser Chic ein, den sie entweder bei Pfüller auf der Goethestraße oder direkt in Paris aussuchte. Sie kaufte für Christoph und mich den gleichen roten Mantel oder blaue Strickjacken im Partnerlook. Ich trug dazu einen kurzen weißen Faltenrock und er weiße Shorts. Meine schwarzen Lackschuhe waren nicht nur für sonntags, ich durfte sie jeden Tag anziehen.

Die Kinder unserer Siedlung fanden aber nicht nur unsere Kleidung, sondern auch uns und unsere Lebensart merkwürdig. Sonntags standen meine Eltern erst gegen 11 Uhr auf, und dann brunchten wir gemütlich und ausgiebig mit „bacon & eggs". Das Mittagessen fiel aus und wir gingen zum Spielen hinaus. Aber kein anderes Kind war zur Mittagszeit draußen. Mein Vater erklärte mir das so: „Sonntagmittag essen die meisten deutschen Familien einen Sonntagsbraten mit Kartoffeln oder Klößen und Sauce. Nach der Mittagspause unternimmt man dann zusammen einen langen Sonntagsspaziergang." Das war es also. „Wollen wir auch einen Sonntagsbraten braten?", fragte ich ihn. „Gute Idee, das machen wir." Am folgenden Samstag kaufte mein Vater einen großen Schweinebraten. Dann holte er den kleinen amerikanischen Grill aus dem Keller, stellte ihn in die Küche auf die Arbeitsplatte und spießte den Braten auf. Ich sah fasziniert zu, wie sich der Braten langsam drehte und wie lecker es roch. Ab diesem Sonntag briet mein Vater auch bei uns oft einen Sonntagsbraten oder Hähnchen, nur nicht mittags, sondern erst am frühen Abend.

Unsere Familie fiel nicht nur dadurch auf, dass sich meine Eltern auf Englisch unterhielten, sondern dass ich mit meinen Brüdern und meiner Mutter französisch sprach. Meine Mutter rief mittags laut in den Garten, wenn wir zum Essen reinkommen sollten: "Venez manger, mais tout de suite", was wir gerne beim Spielen überhörten, sodass sie uns sehr oft rufen musste. Für unsere Nachbarn waren wir bald als „die Franzosen" bekannt. Da mein Vater bis spätabends arbeitete, sahen ihn die Nachbarn nur am Wochenende und bald fragte einer ihn, wo er denn seine Frau und deren Kinder kennengelernt habe. Es war für viele unvorstellbar, dass dieser gut aussehende deutsche Mann sich so eine ausländische Frau ausgesucht hatte. Obwohl er mit seinen braunen Augen und dunkelbraunen Haaren auch nicht typisch deutsch aussah, so sprach er doch wenigstens deutsch!

Mit fast fünf Jahren kam ich endlich in den Kindergarten. Mein Deutsch war zu dieser Zeit schlecht. Ich litt darunter, kein Kind wollte mit mir spielen. Das lag aber auch daran, dass mein Vater mich morgens immer zu spät in den Kindergarten brachte. Die schönsten Spielsachen waren dann schon verteilt, ich musste mich mit den Resten begnügen. Schon bald wollte ich nicht mehr hin, sondern lieber bei Christoph zuhause bleiben. Das verstand meine Mutter überhaupt nicht und brachte mich eines Tages selbst dorthin. Sie nahm einen großen Karton mit. Schwester Dorothea, die evangelische Kindergartenleiterin, freute sich, endlich auch meine Mutter kennenzulernen, sprach jedoch weder Englisch noch Französisch und verstand das schlechte Deutsch meiner Mutter nicht. Ich übersetzte, so gut ich konnte. „Ich habe von Ihrem Problem gehört, dass Sie nicht genug schöne Spielsachen für die vielen Kinder haben. Da habe ich Ihnen eine Kiste Matchbox-Autos mitgebracht. Ich würde mich freuen, wenn meine Tochter jetzt morgens auch mitspielen dürfte." Schwester Dorothea war klug genug, diese Anspielung meiner Mutter nicht ernst zu nehmen, sondern sich herzlich bei ihr für dieses Geschenk zu bedanken. An diesem Tag war ich bei den Kindergartenkindern hochwillkommen. Viele wollten gleich mit zu mir nach Hause zum Spielen kommen.

Meine beiden besten Kindergartenfreundinnen Claudia und Sylvia gingen mit mir 1973 auf das Gymnasium der Altkönigschule in Kronberg. Alle anderen Mitschüler in meiner Klasse kannte ich nicht. Hier fiel ich nicht mehr auf, denn mein Deutsch war jetzt fließend. Eingeschult wurde ich in die Französischklasse, d.h. wir fingen mit Französisch als erster Fremdsprache an. Meine Französisch-Lehrerin Frau Schmidt merkte schnell, dass ich mehr konnte, als ich zu sagen wagte. Obwohl ich mich im Unterricht zurückhielt, gab sie mir die Hauptrolle in dem Theaterstück, das wir für unsere Eltern am Ende der fünften Klasse aufführten. Jetzt war allen klar, ich konnte Französisch. Meine Mitschüler staunten über die Schnelligkeit, mit der ich meinen Text vortrug: „Wo hast du Französisch gelernt? Wo kommst du her?" Sie fanden das spannend und hielten mich nicht für seltsam, anders oder doof wie in der Grundschule. Unfassbar, welche anderen Reaktionen.

In der 6. Klasse kam eine Referendarin in unsere Französischklasse. Leider merkten wir bald, dass ihr Französisch viel schlechter war als das von Frau Schmidt. Ihr fehlte es auch an Durchsetzungsvermögen und wir boykottierten ihren Unterricht. Bald stand ihre Lehrprobe an. Sie verteilte Kopien, die wir für die Probe durcharbeiten sollten. Ich bereitete mich gut auf das Thema vor. Neben Frau Schmidt erschienen zwei weitere Lehrer in unserem Klassenraum. Nachdem sie den Text verteilt hatte, sollte jeder von uns der Reihe nach vorlesen. Es ging sehr mühsam voran, keiner wollte vorlesen. Sie begann Fragen zum Text zu stellen. Stille, keiner meldete sich. Sie wurde unruhig und rief einzelne Schüler auf. Keine Antwort, alle schwiegen. Ich hielt es nicht länger aus und meldete mich. Erleichtert rief sie mich auf. Ich beantwortete ihre Fragen mit einem langen Redeschwall. Danach wurde es still und lange Zeit passierte nichts. Die Lehrer schauten abwechselnd die Referendarin und mich an. Ich war irritiert: „Hatte ich etwas Falsches gesagt?" Dann ergriff Frau Schmidt das Wort und bedankte sich bei mir für die gute Antwort. Sie korrigierte meine Grammatik und fügte noch etwas hinzu. Unsere Referendarin setzte sich auf den Stuhl am Pult und weinte. Die Stunde wurde vorzeitig beendet und wir in die Pause geschickt. Ich sah sie nie wieder.

Neugier und Mut
England
Als mich meine Eltern in der 7. Klasse für zwei Wochen zu einer Austauschschülerin nach England schickten, überschätzten sie meine Englischkenntnisse. Ich hatte erst seit einem halben Jahr Englischunterricht, aber sie gingen davon aus, dass ich zuhause genügend gehört hätte, um zurechtzukommen. Der Aufenthalt wurde ein Desaster.

Es fing bereits damit an, dass Sarah kein Interesse an mir zeigte und mich das von Anfang an deutlich spüren ließ. Ihre zwei Brüder John und Andrew waren zwar nett, aber jünger als ich und interessierten mich wenig. Den ersten Rundgang durch das Haus, das aussah wie ein kleines Schloss, umgeben von einem großen Park mit Pool und kleinem Gästehaus, beendete Sarah im Wohnzimmer. Als meine Gastmutter uns sah, verkündete sie: „Go now and get changed for dinner." Alle drei rannten die große Eingangstreppe nach oben und ich hinterher. Da meine Gastmutter sehr elegant gekleidet war und mich die Haushälterin an Mary Poppins erinnerte, war ich unsicher, was ich zum „Dinner" anziehen sollte. Mein schönes weißes Sonntagskleid, meinen Blazer mit weißer Bluse und Rock oder ein buntes Sommerkleid? Für zwei Wochen hatte ich nur einen Koffer dabei und wollte nicht schon am ersten Abend das Schönste anziehen. Ich entschied mich für das Sommerkleid. Ich wartete im Flur. Aber Sarah war im Badezimmer verschwunden und auch die Jungs konnte ich nirgends entdecken. Also ging ich alleine zum Esstisch, setzte mich und wartete. In der Küche hörte ich Geklapper von Töpfen und Pfannen, traute mich aber nicht hinein. Plötzlich erschien Andrew und ich erschrak. Es folgten John und Sarah, die sich neben mich setzten. Alle drei starrten mich an und lachten mich aus. Am liebsten wäre ich heulend weggelaufen und wollte mich sofort von meinen Eltern abholen lassen. Sie sprachen aufgeregt durcheinander und zeigten dabei immer wieder auf mein Kleid. Ich fühlte mich lächerlich, sie waren in Pyjamas zum Dinner erschienen. Es gab kein Zurück, ich ging in die Offensive und sagte: „How do you like my summer nightdress? It is new." Sie hörten auf zu lachen, stutzten und fragten: „ Do you wear this in Germany?" „Natürlich, wir möchten auch nachts gut angezogen sein", antwortete ich. Dann kam die Haushälterin mit Pommes und gebratenem Fisch aus der Küche, betrachtete mich, sagte aber nichts über mein Kleid. Später sah ich, dass die Eltern erst nach den Kindern das Abendessen alleine serviert bekamen. Nun schlief ich die drei Wochen in meinem „neuen Nachthemd".

Am Montag ging ich mit Sarah zur Schule. Sie lieh mir ihre zweite Schuluniform. Zum Glück passte sie, obwohl mir der Rock fast bis zu den Knöcheln und nicht wie bei Sarah nur eine Handbreit über das Knie reichte. Der morgendliche Appell, das Singen der britischen Nationalhymne und das Hissen des Union Jacks waren zum Glück nur montags üblich. Ich fühlte mich sehr unwohl, mit 800 Schülerinnen im Forum strammzustehen und diese Prozedur zu absolvieren. Leider ging es im Unterricht genauso streng und diszipliniert zu. Der Lehrer stand vorne am Pult. Er rief einzelne Schülerinnen auf, die zur Antwort aufstehen mussten. Ansonsten war es so ruhig in der Klasse, dass mich jedes Umblättern der Buchseiten zusammenzucken ließ. Die Unterrichtsstunden wollten nicht vergehen, kein Lachen, kein Schwätzen, keine lustigen Antworten auf die Fragen der Lehrer. Grässlich! Die Pause verbrachte Sarah mit ihren Freundinnen. Mich ließ sie alleine. Ich verstand das „British English" kaum und konnte mich nicht an den albernen Fangspielen im Pausenhof erfreuen. Jede lästerte über jede und viele Mädchen weinten während der Pause. Hier würde ich es keine drei Wochen aushalten. Glücklicherweise rief mich Papa abends an: „Na, hast du Spaß? Geht es dir gut und sind alle lieb zu dir?" Ich riss mich zusammen, um nicht zu weinen: „Nein Papa, hier ist alles schrecklich. Die Mädchen streiten sich ständig in der Schule, reden gemein übereinander und ich muss diese hässliche Uniform anziehen. Ich vermisse dich." Mein Vater sagte: „Sicher wird es bald besser, wenn du die Mädchen besser kennengelernt hast. Das ist nur am Anfang schwierig. Ich hab dich auch lieb und vermisse dich auch. Ich rufe bald wieder an. O.K.?" So überstand ich die erste Schulwoche.

Das nächste Wochenende durfte ich in London bei der Sekretärin meines Gastvaters verbringen. Die Eltern wollten mit den Kindern zu einer Hochzeit nach Wales fahren. Ich freute mich. „Besser als mit Sarah und ihren Brüdern zu verreisen. London ist sicher spannender als hier auf dem Land", dachte ich. Ich wurde noch am Freitagabend nach London gefahren und vor einem schönen Appartementhaus abgesetzt. Eine junge Frau wartete am Eingang auf mich. Ich mochte Julia von Anfang an. Sie war Mitte Dreißig, groß, schlank und hatte wunderschöne lange, glatte schwarze Haare mit Pony. Sie sah aus wie eine Pop-Sängerin. Da sie in den USA studiert hatte, verstand ich ihr Englisch gut. Ihr Drei-Zimmer-Appartement war im sechsten Stock und hatte ein kleines Arbeits- und Gästezimmer, indem ich schlafen sollte. Sie und mein Vater hatten vereinbart, dass ich bis zum Ende meiner zweiten Woche bei ihr bleiben durfte. Er bezahlte für unser Essen und für Extras, damit wir Ausflüge unternehmen konnten. Es wurde die schönste Zeit meines Englandaufenthaltes. Damals realisierte ich nicht, dass sie die ganze Woche nicht arbeiten musste, das war ein Geschenk meines Gastvaters.

Sarah sah ich vor meiner Heimreise nicht wieder. Sie kam einmal zum Gegenbesuch zu uns nach Deutschland. Ihren Aufenthalt brach sie vorzeitig ab. Wir haben uns nie wieder getroffen.

Frankreich

Ganz anders verlief zwei Jahre später mein Aufenthalt bei meiner französischen Austauschschülerin Marielle. Ich wünschte mir schon lange eine französische Freundin, wollte das „richtige" französische Leben kennenlernen, über das meine Mutter mir so viel erzählte: „In französischen Familien ist der Umgang miteinander viel warmherziger. Die Kinder sind viel respektvoller gegenüber ihren Eltern, aber es wird auch mehr miteinander gelacht. Die Franzosen sind lockerer und genießen mehr das Leben. Freundschaften halten ein Leben lang." Das machte mich neugierig.

In den Sommerferien war es endlich so weit. Mein Vater hatte über den Lions Club in Nizza eine Familie mit einer Tochter in meinem Alter, Marielle, gefunden. Sie lernte Deutsch in der Schule und ihre Eltern wünschten sich, dass sie Deutschland kennenlernte. Perfekt! Südfrankreich am Meer, am Strand und das lockere Leben. Das hatte ich mir gewünscht. Die Ferien hatten schon begonnen und in der nächsten Woche durfte ich losfahren. Um einen Brief mit Foto zu schicken, war die Zeit zu knapp. Meine Mutter rief meine Gasteltern an und beschrieb mich:„Sibyl sieht wie ein normales vierzehnjähriges Mädchen aus, aber nicht wie eine Deutsche. Sie hat lange braune Haare, braune Augen, ist 1,60 m groß und normal gebaut." Ich stand daneben und war erschrocken. So unscheinbar war ich nun auch nicht. Ich hatte eine tolle Figur, rehbraune Augen, ein schönes Lachen und nette Grübchen. Mit dieser Beschreibung würden sie mich sicher sofort erkennen. Aber meine Mutter sagte: „Wir geben Sibyl den großen gelben Koffer mit. Dann gibt es keine Verwechslung." „Ich werde auf keinen Fall mit diesem peinlichen quietschgelben Koffer aus Lederimitat reisen", dachte ich. „Ich nehme meinen schönen, neuen grauen Samsonite-Koffer mit", damals einen der modernsten mit zwei kleinen Rollen und ausklappbarem Metallgriff. Doch ich hörte meine Mutter weitersprechen: „Gut, dann machen wir das so. Sie erwarten Sibyl am Bahnhof und schauen nach dem großen gelben Koffer. Danke und sagen Sie uns, wann Marielle zu uns kommen möchte." Fertig war das Telefonat. „Mama, das ist nicht dein Ernst. Ich reise nicht mit diesem Koffer und schon gar nicht zu Leuten, die mich nicht kennen. Der sieht aus wie vom Sperrmüll und ist total hässlich und alt." Meine Mutter ließ keine Diskussion aufkommen: „Entweder du packst jetzt den gelben Koffer oder du bleibst in den Sommerferien zuhause." Wütend ging ich in den Keller, holte das gelbe Ungetüm in mein Zimmer und packte.

Am frühen Sonntagabend fuhr mein Nachtzug ab. Die Fahrt sollte 14 Stunden dauern. Die Reise zu Marielle würde mit einem Abenteuer beginnen, ich konnte es kaum erwarten, dass meine Eltern mich zum Bahnhof brachten. Sie hatten einen Schlafwagenplatz reserviert. „Ich kann die ganze Nacht gemütlich im Bett liegen und aus dem Fenster schauen. Wie spannend", dachte ich. Ich war noch nie so eine lange Zugstrecke gefahren. Das Abteil hatte ich schnell gefunden. Die anderen drei Plätze waren von einer deutschen Familie mit einer kleinen Tochter belegt. Nach der Abfahrt sagte die Mutter freundlich zu mir: „Hast du keine Angst? Das ist mutig von dir, so eine weite Strecke alleine mit Fremden im Abteil zu verreisen." So hatte ich das noch nicht gesehen: „Ich bin schon oft alleine zu meiner Tante nach Berlin und Föhr geflogen. Zugfahren ist bestimmt nicht so wackelig oder?", antwortete ich. Der Vater sagte: „Weiß nicht. Sind noch nicht geflogen." „Oh!" Die Mutter packte belegte Brote, Frikadellen, gekochte Eier, Gurken und Radieschen aus ihrer Reisetasche. Nachdem ich die Capri-Sonne, meine Kekse und den Apfel aus meinem Rucksack geholt hatte, sagte sie: „Du Arme, da hat die Mami sich aber keine Mühe gemacht. Wie sollst du denn die lange Fahrt überstehen mit dem wenigen Reiseproviant?" Ich fühlte mich unwohl und auch etwas traurig. „Kein Problem, meine Mama weiß, dass ich viel zu aufgeregt bin, um zu essen. Deshalb wollte ich nur wenig mitnehmen", antwortete ich. Trotzdem aß ich auch von den Broten, die mir die Mutter anbot.

An der Grenze wurden die Pässe kontrolliert. Der Schaffner kam, um uns beim Aufbau der Schlafkojen zu helfen. Die Mutter fragte mich, wo ich schlafen wolle. Sie würde gerne gegenüber ihrer Tochter liegen. „Kann ich oben schlafen und zum Fenster rausschauen?", fragte ich. „Klar", sagte sie. Ich kletterte mit meinem Rucksack nach oben und deckte mich mit dem Laken zu. Doch was geschah jetzt? Ich traute meinen Augen nicht. Die Mutter verteilte die Schlafanzüge und alle drei zogen sich im engen Mittelgang zwischen den Kojen um. Die Mutter zuerst, dann half sie der Tochter und beide legten sich in die unteren Betten. Der Vater zog sich bis auf das Unterhemd und die Unterhose aus und stieg ohne Schlafanzug in das mir gegenüberliegende obere Bett. Dann peilte er zu mir herüber und sagte: „ Na, ziehste dich nicht aus, wird sicher eine heiße Nacht werden." Damit hatte ich nicht gerechnet und ich antwortete: „ Danke, nachts friere ich immer." Er drehte sich auf die Seite und hörte nicht auf zu mir rüberzuschauen. Ich legte mich auf den Bauch und stützte mein Gesicht auf meine Hände, um besser aus dem Fenster schauen zu können. Leider konnte ich draußen nichts erkennen. „Können wir bitte das Licht ausmachen?", fragte ich die Mutter. „Gute Idee, die Kleine muss jetzt auch schlafen." Endlich war das Licht aus. Ich hatte immer noch das Gefühl, angestarrt zu werden. Draußen sah ich nur ab und zu ein Licht vorbeiziehen, ein Haus oder eine Straße, sonst nur Dunkelheit. Müde war ich noch nicht. Meine Armbanduhr zeigte schon kurz nach Mitternacht. Irgendwann schlief ich vor Erschöpfung ein, meinen Rucksack eng an mich gedrückt und das Laken fest um mich gewickelt.

Am Morgen kam der Schaffner, um die Betten zurückzubauen. Die Mutter half der Tochter, sich umzuziehen, und der Vater ging in den Waschraum. Jetzt traute ich mich zur Toilette. Ich hatte die ganze Nacht eingehalten. Nur noch eine Station bis Nizza. Der Vater half mir den gelben Koffer herunterzuheben und betrachtete mich wieder seltsam. Meine Reise hatte zwar abenteuerlich angefangen, aber anders, als ich mir das gedacht hatte. Als ich ausstieg, war der Bahnsteig voller Menschen. „Was, wenn die Familie nicht kommt oder mich nicht sieht?", dachte ich. „Zum Glück habe ich den großen gelben Koffer dabei. Der ist nicht zu übersehen." Ich umklammerte fest den Griff. „Den darf mir jetzt keiner klauen." Ich bewegte mich nicht von der Stelle und schaute weiter angestrengt durch die Menschenmasse, die in die Sommerferien fuhr. Endlich, ein Mädchen mit strahlend hellblauen Augen und dunklen langen Haaren rannte auf mich zu, entriss mir den Koffer und schrie: „La voilà, la voilà, la valise jaune. Je l´ai." – Da ist er, da ist er, der gelbe Koffer. Ich hab ihn. – Ihre Familie kam hinterher, umarmte mich und fragte, ob die Reise gut gewesen sei und ob ich nette Mitreisende hatte.

Mein Aufenthalt bei Marielle wurde wunderschön. Wir verstanden uns auf Anhieb. Schon am ersten Abend schliefen wir zusammen in ihrem Bett und sie erzählte mir alles Wichtige über ihre Freunde und Mitschüler. Ich freute mich auf die Schule, denn Marielle hatte erst in zwei Wochen Ferien. Marielles Vater setzte uns vor der Schule ab, wo ihre Freunde auf uns warteten. Ich wurde mit „bises" – Küsschen rechts und links auf die Wangen – begrüßt und wir gingen in ein Bistro um die Ecke, um unseren „café" zu trinken. Der Morgen fing entspannter und lockerer an als mein stressiger Schulweg mit dem Bus zuhause. Ihre Freunde unterhielten sich mit mir, als würden sie mich schon seit Jahren kennen. Genau wie ihre Eltern es getan hatten. Sie waren meinen in ihrer Art sehr ähnlich, es gab kaum Unterschiede.

Danach fuhr ich viele Male nach Nizza und Marielle zu uns nach Deutschland. Sie lernte Helmut, meinen Mann, kennen und ich war ihre Trauzeugin. Ich konnte sehen, wie ihre beiden Söhne aufwuchsen. Auch wenn wir uns manchmal erst nach einigen Jahren wiedersahen, entstand eine tiefe, enge Verbindung zwischen uns. In diesem Sommer war ich nach fünf Jahren wieder in Nizza und habe ihren neuen Freund kennengelernt. Abends diskutierten wir lange, waren uns nicht in allem einig, aber das hält unsere Freundschaft aus. Marielle ist ein wichtiger Teil meines Lebens geworden, sie ist meine französische Familie! Unsere Freundschaft hält nun schon fast 40

Jahre. Sie wird sicher unser ganzes Leben halten – wie meine Mama sagte.

Südafrika

Kurz vor meinem achtzehnten Geburtstag organisierte mein Vater für meine Weihnachtsferien einen Aufenthalt in Südafrika. Ich konnte jeweils eine Woche bei vier Lions-Familien an verschiedenen Orten verbringen. Für die vierte Woche wurde ich von der Schule befreit, musste aber eine Reportage über die Apartheid für unsere Schülerzeitung schreiben. Meine Englischkenntnisse waren mittlerweile gut und die Verständigung sollte kein Problem für mich werden. Aber wie würde ich mit der Rassentrennung umgehen? 1980 hatte die autoritäre, selbsterklärte Vorherrschaft der „weißen" europäisch-stämmigen Bevölkerungsgruppe über alle anderen ihre Hochphase. Ich hatte vor, für die Menschenrechte zu kämpfen und meine Gastfamilien aufzuklären. Wenn sie Farbige wie Sklaven hielten und nicht gleichberechtigt behandelten, würde ich mich auf ihre Seite stellen und sie befreien. So stellte ich mir meine Mission vor, die ich zu erfüllen hatte.

Am ersten Ferientag flog ich nach Johannesburg zu Dennis und Madge, den sehr guten Freunden meiner Eltern. Sie würden sich um alles Weitere vor Ort kümmern und meine Reisen zu den anderen drei Familien koordinieren. Ich hatte sie auf einem Foto gesehen und brauchte dieses Mal keinen gelben Koffer als Erkennungszeichen. Der Flug verlief ruhig. Neben mir saß ein südafrikanischer Geschäftsreisender, der zu Weihnachten nach Hause flog. Er wohnte auch in Johannesburg und es entwickelte sich ein nettes Gespräch, bis ich ihn fragte: „Was halten Sie von der Apartheid in Ihrem Land? Haben Sie auch

Sklaven in Ihrem Haus? Wieso ändern Sie das nicht? Das ist unfair, alle Menschen sind gleichgestellt. Keiner sollte als Sklave gehalten werden!" Sein Gesicht wurde rot und er antwortete: „That's none of your business, young girl." – Das geht dich nichts an, junges Mädchen. – „I am not going to discuss this with you before you haven't visited my country and learned your lesson." – Ich werde das nicht mit dir diskutieren, bevor du nicht mein Land besucht und dir deine Meinung gebildet hast. – Dann setzte er sich die Schlafbrille auf und drehte sich weg. „Mist, also nicht einfach dieses Thema so direkt ansprechen", dachte ich mir. Nächstes Mal werde ich diplomatischer sein.

Ich schlief ein, bis ich von der lauten Borddurchsage gestört wurde: „Wir verlieren Öl und werden in Nairobi notlanden. Vorher müssen wir allerdings noch eine Schleife drehen, um Kerosin abzulassen. Bitte anschnallen, den Kopf auf die Knie drücken und mit den Armen fest umschließen." Panik kam in mir hoch. Der Mann neben mir nahm seine Schlafbrille ab, sah mich an und sagte: „Kein Grund zur Panik. Alles wird gut." Er konnte deutsch? Das Flugzeug flog eine Steilkurve und ging direkt in einen Sturzflug über. Heftige Turbulenzen schüttelten uns. Einige Passagiere schrien, andere wurden ganz leise, ich hatte schreckliche Angst. „Können Sie mir irgendetwas erzählen, das mich ablenkt? Ich habe solche Angst zu sterben. Bitte!", fragte ich meinen Nachbarn. „Klar, ich erzähle dir etwas über meine Nanny Alice. Ich kenne sie seit meiner Geburt. Als sie jung war, hatte sie kein richtiges Zuhause. Sie lebte in einem „Township" – einer ärmlichen Wohnsiedlung für die farbige Bevölkerung –, an dem meine Mutter auf dem Weg zur Arbeit vorbeifuhr und wohin sie einmal in der Woche Essen brachte. Dort traf sie Alice, sechzehn Jahre alt und ganz allein ohne Familie. Es ist gefährlich für ein junges Mädchen, allein in diesem „Township" zu wohnen. Meine Eltern nahmen sie bei sich auf und Alice kümmerte sich um den Haushalt. Zwei Jahre später wurde ich geboren und wir zogen in ein größeres Haus um. Alice bewohnte im Anbau zwei Zimmer mit eigenem Bad.

Das ist 37 Jahre her. Seitdem ist sie für mich wie eine zweite Mutter. Sie bekam zwei Kinder, die bei uns aufwuchsen. Einen Mann hatte sie nicht. Meine Eltern zahlten das Schulgeld für ihre Kinder. Ein besseres Leben als das bei uns hätten sie nicht haben können. Meine Eltern hatten ihnen die Chance auf ein gutes Leben ermöglicht. Jetzt haben beide einen Job und eine eigene Wohnung." Es ruckelte wieder stark und ich verspürte keine Lust zu fragen, warum Alice keine Schule besucht hatte und wieso es keine Unterstützung oder staatliches Schulgeld für arme farbige Menschen gab. Ich nickte nur und sagte: „Das hört sich nach einer Erfolgsstory an." Er antwortete nicht. Mit lautem Knall setzte das Flugzeug auf der Landebahn auf. Wir schlitterten über die Bahn, die Bremsen rauchten. Dann stand das Flugzeug. Alle applaudierten und jubelten. Der Pilot meldete sich aus dem Cockpit: „Yeah! We made it."

Nach vierstündigem Aufenthalt flogen wir mit einer Ersatzmaschine weiter. Am Kofferband kam mein Sitznachbar auf mich zu, um sich zu verabschieden: „Ich hoffe, du wirst interessante Menschen in meinem Land kennenlernen, die deine Sicht auf manche Dinge verändern werden. Bleib bitte offen für alles, was du erleben wirst. Hab eine wundervolle Zeit. Vielleicht wirst du dich eines Tages an unser Gespräch erinnern. Das würde mich freuen. Mach´s gut. Bye."

Dennis und Madge, ein älteres Ehepaar, standen am Ausgang und umarmten mich. Ich spürte Sympathie vom ersten Augenblick an. „Solche Großeltern hätte ich gern", dachte ich. Wir fuhren zu ihrem Haus, das wie ein altes irisches Steinhaus aussah. So klein und europäisch hatte ich mir die Häuser nicht vorgestellt. Im Kaminzimmer tranken wir Tee, den das farbige Hausmädchen Laurie servierte. Danach zeigten sie mir mein Zimmer und wir verabredeten, dass wir am nächsten Morgen zu ihrer älteren Tochter Meryl und deren zwei kleinen Söhnen fahren würden. Ich sollte meine Badesachen mitnehmen.

Das Haus von Meryl sah eher so aus, wie ich es mir vorgestellt hatte. Eine langgestreckte zweistöckige Villa in strahlendem Weiß mit Säulen am Eingang und einem parkähnlichen Garten mit großem Pool, wo die Jungs plantschten. Es war Hochsommer, Urlaubs- und Partystimmung. Ihr Mann fragte mich, wo ich denn Weihnachten feiern würde und wann meine Familie für die Feiertage nachkäme. Für mich war Weihnachten noch weit entfernt, ich war gerade erst angekommen. Darüber hatte ich bisher noch nicht nachgedacht. „Weihnachten bin ich in Durban bei einem Ehepaar, das keine Kinder hat. Meine Eltern feiern zuhause mit meinen Brüdern", antwortete ich. „Du Arme, ganz alleine ohne deine Familie. Das wird bestimmt traurig, das könnte ich nicht", entgegnete er. „Ich bin schon fast achtzehn Jahre alt, kein Problem", sagte ich. Als wir abends nach Hause kamen, sprach mich Madge an: „Die Jungs fänden es schön, wenn du Weihnachten mit uns feiern würdest. Wir würden uns auch freuen. Deinen Flug nach Durban könnten wir um zwei Tage verschieben und du kannst dann dort Silvester feiern. Was meinst du?" Ich war erleichtert, denn seit dem Poolnachmittag dachte ich darüber nach, wie Heiligabend ohne meine

Familie sein würde. Madge und ihre Familie waren mir in der kurzen Zeit schon so vertraut geworden. „Sehr gerne. Ich freue mich, wenn ich mit euch feiern kann. Danke", sagte ich.

Es wurde das exotischste und zugleich eines meiner schönsten Weihnachtsfeste. Wir verbrachten den 25. Dezember am und im Pool mit einem bunt geschmückten künstlichen Tannenbaum. Außer der Familie waren noch zwei weitere Nachbarsfamilien eingeladen. Jeder bereitete etwas für das Buffet vor, das mitten im Garten stand. Ich backte deutsche Butterplätzchen und den französischen Kirsch-Clafoutis wie zu Hause. Eine schöne Erinnerung an meine Familie. Als es dunkel wurde und es immer noch über 25 Grad waren, bekam ich doch Heimweh nach meiner Familie, dem Tannenbaum, den schlesischen Bratwürsten mit Sauerkraut und Püree, dem Glöckchen, mit dem Papa zur Bescherung klingelte, und vor allem nach meinen Brüdern. Tränen stiegen mir in die Augen. Plötzlich stand Madge neben mir, umarmte mich und übergab mir ein Geschenk: „Merry Christmas. I am so glad to have you with us tonight." Hinter ihr war die ganze Familie versammelt, jeder mit einem Geschenk für mich in der Hand. Sogar die Jungs hatten sich etwas überlegt und eines ihrer Spielzeuge eingepackt. Ich musste weinen, vor allem vor Freude, aber auch etwas vor Heimweh.

Am 29. Dezember fuhren wir wieder zu Dennis und Madge nach Hause. Laurie hatte das Mittagessen vorbereitet und im Salon serviert. Nach dem Essen sammelte ich die Teller ein und brachte sie in die Küche. Ich holte die Nachtischteller und deckte im Kaminzimmer für vier Personen ein. „Wollen wir nicht alle zusammen hier den Nachtisch essen?", fragte ich Madge. Sie antwortete: „Laurie möchte lieber alleine sein. Sie isst gerne am Küchentisch." Das Thema war geklärt. Danach brachte ich wieder die Teller in die Küche zurück und nahm die Kaffeetassen mit. Wir unterhielten uns noch lange über Südafrika und meine weiteren Reiseplanungen.

Am nächsten Morgen klopfte Madge an meine Zimmertür und fragte, ob sie reinkommen dürfe. „Ich habe etwas Ernstes mit dir zu besprechen", sagte sie. „Was hatte ich falsch gemacht? Der gestrige Abend war doch sehr schön und harmonisch verlaufen. Hatte ich zu viel gefragt oder erzählt?" „Laurie hat Angst, dass du ihr ihren Job wegnehmen willst und sie ihn verliert. Lass bitte heute früh die Teller auf dem Tisch stehen und nimm ihr nicht ihre Arbeit ab." Ich war geschockt, das hatte ich nicht gewollt. Im Gegenteil, ich wollte ihr helfen und sie zu uns an den Tisch bringen. Warum arbeitete sie für Weiße und führte kein eigenes Leben? Auch sie wohnte bei meinen Gasteltern im Gartenhaus, so wie es Alice tat. Seit meiner Ankunft hatte ich keine Freunde bei ihr gesehen. Nie besuchte sie jemand. Sie arbeitete von früh bis spät für Madge's Familie. Ich traute mich nicht, mit ihr darüber zu sprechen, und versprach, mich von Laurie bedienen zu lassen. Vielleicht würde es in Durban anders laufen.

In Durban holte mich eine Frau um die 40 Jahre alt am Flughafen ab. Sie hieß Pat, war groß, braungebrannt, mit kurzen hellblonden Haaren, großen hellblauen Augen und tiefen Lachfalten im Gesicht. Wir besprachen, wer zur morgigen Silvesterfeier kommen würde und was einzukaufen wäre. „Insgesamt werden wir 25 Personen sein", sagte Pat. „Habt ihr eine Haushälterin, die uns helfen wird?", fragte ich dieses Mal etwas vorsichtiger. Pat lachte: „ Das schaffen wir schon allein, das bist du wohl von zuhause anders gewöhnt." Ich wusste nicht, wie ich reagieren sollte, und sagte: „Die anderen bringen sicher auch etwas für das Buffet mit oder?" „Davon kannst du ausgehen. Ich koche doch nicht für 20 Gäste", sagte sie und fuhr weiter zum Supermarkt. Zuhause schmückten wir die Wohnung mit bunten Glitzergirlanden und Konfetti. Für jeden Gast hatten wir verschiedene witzige, kleine Hüte aus Pappe und passende Armbänder gekauft. Ab 19 Uhr kamen die Gäste und wir bauten zusammen das Buffet in der Küche auf. Ich verteilte die Hüte und Armbänder. Der Freundeskreis bestand aus verschiedenen Nationen. Ich erkannte indische, asiatische, südamerikanische, europäische und sogar zwei farbige südafrikanische Ehepaare, die alle im Garten zu lauter Musik tanzten. Alle waren fröhlich und gut gelaunt. Die Silvesterfeier wurde ein voller Erfolg

Am 2. Januar fuhren wir eine Stunde lang ins Landesinnere und hielten an einem kleinen Dorfplatz, um den sich mehrere Blechhütten herumgruppierten. Als wir ausstiegen, rannten farbige Kinder auf uns zu und zerrten an meinem Arm. Sie sprachen ein Gemisch aus Englisch und etwas Fremdem. Ich konnte sie kaum verstehen. Pat sprach zu ihnen: „Langsam, nicht zu laut, einer nach dem anderen und redet deutlicher, sonst versteht euch unser Gast nicht. Die Stunde fängt gleich an, geht schon mal vor." Pat war Lehrerin und unterrichtete zweimal die Woche die Dorfkinder unentgeltlich in den wichtigsten Fächern. Sie brachte Schulhefte und Bücher aus ihrer Schule in Durban mit und verteilte sie. Hausaufgaben der letzten Woche wurden eingesammelt und die korrigierten ausgeteilt. Pat teilte eine kleine Gruppe von fünf Kindern zum Matheunterricht ein und bat mich, diesen im Nachbarraum zu übernehmen. Die Kinder waren ganz leise und hörten mir aufmerksam zu. „Du machst das anders als Pat", sagte ein Mädchen mit abstehenden Zöpfen. „Kommst du am Mittwoch wieder?", fragte sie. „Da bin ich schon weitergereist nach Capetown", antwortete ich. „Warum, bleib doch hier. Du bist lustig, ich mag dich", sagte sie. „Schade", dachte ich, „der Unterricht hatte mir Spaß gemacht." Auf dem Rückweg fragte mich Pat, ob ich nicht länger bleiben und ihr helfen möchte. „Dann könnten wir die Schüler in kleinere Gruppen aufteilen, das ist viel besser. Du hast ihnen gefallen, sie mögen dich gerne", versuchte Pat mich zu überreden. Hier könnte ich etwas Sinnvolles tun, genau wie ich es mir vorgestellt hatte. „Ich hätte noch Zeit und könnte länger hierbleiben", überlegte ich. Aber ich traute mich nicht Madge anzurufen, um die Reisepläne zu ändern.

Also reiste ich weiter nach Capetown. Die Landschaft war beeindruckend mit dem Meer und dem Tafelberg. Die Familie war nett und freundlich und sie erlaubten, dass die Haushälterin ihre behinderte Tochter täglich mit zur Arbeit bringen durfte. Im Vergleich zu meinen Erfahrungen bei Pat in Durban war es hier trotz der Ausflüge in die Weinberge und an den Strand langweilig. Mein letztes Reiseziel Kimberly war unerfreulich. Die Familie war unfreundlich und spießig und behandelte die Haushälterin schlecht. Ich freute mich, als ich nach Johannesburg abreisen konnte. Madge erwartete mich am Flughafen. Sie fragte: „Wo hat es dir am besten gefallen? Ich bin gespannt, was du alles zu erzählen hast." Ich brauchte nicht lange zu überlegen: „In Durban bei Pat und in der Dorfschule." „Das dachte ich mir", sagte Madge. „Ich habe die beiden erst kurz vor deiner Abreise nach Durban angerufen. Eigentlich solltest du bei einer anderen Familie wohnen. Aber nachdem ich dich kennengelernt und deine Vorstellungen vom Aufenthalt in Südafrika erfahren hatte, dachte ich, lass uns die Reisepläne ändern. Die Dorfschule von Pat wird ihr sicher gefallen. Jede Planung kann geändert werden, man muss es nur zulassen."

Nach Südafrika bin ich noch nicht wieder zurückgekehrt. Ich würde gerne wissen, wie sich die politischen Veränderungen auf die Menschen und ihr Miteinander ausgewirkt haben. Ich würde meine Freunde von damals wiedersehen und erfahren, wie sich die Dorfschule entwickelt hat.

Shanghai

Ende Mai 2012 rief mich Helmut aus dem Büro an und fragte: „Was hältst du von drei Jahren in Shanghai? Heute kam der Personalchef und fragte mich, ob ich mir zutraue, das Büro in Shanghai zu leiten." „Können wir Luna mitnehmen? Dürfen Hunde nach China einreisen und gibt es dort Häuser mit Gärten? In welche Schule werden die Kinder gehen?", das waren meine ersten Fragen. „Lass uns das heute Abend alles in Ruhe besprechen", antwortete Helmut. Sofort recherchierte ich im Internet und las Berichte von Expatriates-Mitarbeitern, die von ihren Firmen ins Ausland entsandt werden. Ich erfuhr, dass Hunde vier Wochen in Quarantäne bleiben müssten und in der Stadt kaum Wohnungen mit Gärten zu finden seien. Das klang nicht gut. Andererseits wurde die Stadt durch ihre Mischung aus dem alten Puxi mit der French Concession, dem ehemaligen französischen Viertel, und der chinesischen Altstadt und dem neuen Pudong mit den modernen Hochhäusern als faszinierend und exotisch geschildert. Wir hatten schon vor einiger Zeit überlegt, ob wir nicht, solange uns unsere beiden Töchter noch problemlos begleiten würden, ins Ausland gehen sollten. Anouk war fast vierzehn Jahre alt und Thatie war elf Jahre alt. Am Abend erzählte ich Helmut von meinen Recherchen. Er sagte: „In Shanghai ist die größte deutsche Auslandsschule, da bekommen wir sicher Plätze für die beiden. Den Transport von Luna regeln wir auch noch. Keine Sorge. Was denkst Du darüber?" Ich antwortete sofort: „Ich habe Lust auf ein Abenteuer und würde den Schritt ins Ungewisse wagen."

Am nächsten Tag gab Helmut in der Firma sein grundsätzliches Interesse bekannt. Er wollte allerdings mit der endgültigen Zusage warten, bis er sich auf seiner ersten Vorreise die Bedingungen vor Ort genauer angeschaut hätte. Ich kannte bisher in Asien nur Singapur und Bangkok, die im Vergleich zu China relativ westlich sind. Vor Shanghai und den Chinesen hatte ich Respekt. Das war kein leicht zu bereisendes Land. Dort zu leben war sicher noch schwieriger.

Helmut flog für eine Woche nach Shanghai. Er besuchte die Firma, sprach mit Kollegen und besichtigte viele Häuser in Compounds – den Wohngebieten der Expats. Er schickte uns jeden Abend Fotos von riesigen Villen in unterschiedlichsten Baustilen mit großen Gärten. Diese Compounds lagen außerhalb, in der Nähe der Deutschen Schule. Sein Vertrag war zwar noch nicht unterschrieben, aber er meldete die beiden Mädchen vorsichtshalber schon an der Schule an, da es in den 6. Klassen für Thatie nur noch einen letzten freien Platz gab. Wir freuten uns über dieses Glück, doch Thatie empfand das nicht so. Als wir nach Helmuts Rückkehr beiden von unseren Auslandsplänen erzählten, weinte sie. Sie wollte nicht ihr Zuhause und ihre Freundinnen verlassen. Helmut versprach ihr, unser Haus bis Januar nicht zu vermieten, sodass wir eine Rückkehrmöglichkeit hätten, falls es ihr bis Weihnachten in Shanghai noch immer nicht gefallen würde. Anouk hingegen freute sich auf die neuen Mitschüler, die aus der ganzen Welt kamen, und sah die Chance, ihren Freundeskreis zu vergrößern.

Ende Juni reisten Helmut und ich zum offiziellen „look & see" und zum „medical check" nach Shanghai. In diesen fünf Tagen besichtigten wir fast 20 Häuser, wovon nur die letzten zwei in Frage kamen. Da wir spät mit unserer Suche begonnen hatten – die Häuser werden bereits im Frühjahr weiter vermietet – wurden uns nur die schwer vermittelbaren Häuser gezeigt. Im ersten Haus war eine große Wasserblase an der Decke in der Diele, das zweite hatte schwarze Schimmelflecken, einige waren mit dunklen, schweren, großen chinesischen Möbeln eingerichtet, andere lagen zu weit von der Schule entfernt. Mit jedem Tag der Suche verschwand meine Hoffnung, ein schönes Zuhause zu finden. Am vorletzten Tag bestanden wir den „medical check" und nachmittags wurde uns endlich ein Haus gezeigt, wo ich mir vorstellen konnte zu leben. Es lag in einem Compound nahe der Schule, von dem aus die Mädchen zur Schule radeln konnten, ohne eine Straße überqueren zu müssen. Der Garten war groß genug für Luna und bis auf die vorhandenen Betten und Schränke konnten wir unsere eigenen Möbel mitbringen. In sechs Wochen wollten wir einziehen. Jetzt musste nur noch der Container gepackt und Lunas Transport organisiert werden.

Am 16. August reisten wir vier mit sechs Koffern in China ein. Der Hundetransport hatte auch geklappt, denn natürlich gab es in Shanghai „Experten", die Luna ohne Quarantäne nach China einreisen ließen.

Als Erstes stellten wir die wackeligen Gartenmöbel aus Holz im Esszimmer auf und legten Handtücher auf die Bänke, damit die Holzspäne nicht in unsere Oberschenkel stachen. Fertig war unser Esszimmer, in dem wir die nächsten fünf Wochen essen würden. Hauptsache war, dass wir alle zusammen waren und gemeinsam die erste Nacht in unserem neuen Zuhause verbringen konnten, denn auch Luna wurde noch am Abend zu uns gebracht. Sie wirkte etwas verstört, was auch nach der langen, aufregenden Reise verständlich war. Nachdem sie das Haus und den Garten erkundet hatte, legte sie sich entspannt auf ihre Decke unter den Esstisch, wie sie es vorher in Deutschland getan hatte.

Eine Woche später begann die Schule. Da die Fahrräder noch nicht angekommen waren, liefen die Mädels die kurze Strecke. Bei 40 Grad Hitze und Schwüle war auch der kurze Weg anstrengend. Nach drei Tagen sprach mich eine Nachbarin auf Deutsch an: „ Hallo, ich bin Bettina. Eure beiden Mädels laufen jeden Morgen an meinem Fenster vorbei. Bei der Hitze, die Armen. Hier ist schon mal ein Fahrrad, das andere bringe ich euch später vorbei. Ihr könnt sie haben, bis euer Container angekommen ist." Ich war sprachlos: „Wie nett von Ihnen, es wird mindestens noch fünf Wochen dauern. Können Sie die Räder denn so lange entbehren?" „Kein Problem, wir haben noch die Scooter in der Garage. Bring sie zurück, wann es dir passt. Und wenn ihr noch etwas braucht, Teller oder Besteck, dann kommt einfach vorbei. Wir wohnen in der Nr. 52", antwortete sie. Das war mein erster Kontakt zu meinen neuen Nachbarn. Diese

Offenheit, Hilfsbereitschaft und Freundlichkeit sollte uns während der nächsten drei Jahre begleiten.

An Thaties erstem Elternabend lernte ich Ulli kennen, die ebenfalls in unserem Compound wohnte und eine Tochter hatte, mit der sich Thatie schon angefreundet hatte. Sie lud mich für den nächsten Morgen zum Kaffeetrinken zu sich ein und gab mir die ersten wichtigen Informationen über die Schule, die Supermärkte und die Restaurants in der Umgebung. Sie lebte schon seit einem Jahr in Shanghai. Einige Tage später klingelte es morgens bei mir und ich sah in unserer Auffahrt fünf Frauen auf drei Elektro-Scootern sitzen. Ulli fragte mich: „Wir fahren jetzt zum Gemüsemarkt. Kommst du mit?" Ich setzte mich auf den Scooter hinter Ulli und fuhr zu meinem ersten Abenteuer. Der Gemüsemarkt war riesig, denn hier kauften auch die Restaurants ein. In mehreren Hallen türmten sich Berge von Gemüse und Obst, das ich nicht kannte. Die Verkäufer redeten laut und ich verstand kein Wort. Ulli und ihre Freundinnen konnten schon etwas Chinesisch und übersetzten für mich, denn auch hier verstand keiner Englisch. Für mich waren die Chinesen etwas Besonderes, doch für sie waren wir sechs deutschen Frauen die Attraktion: sechs „Laowài" – Ausländerinnen / Langnasen – die große, laut lachende brünette Ulli, die große blonde Bettina und wir vier anderen deutschen Frauen.

Zwei Wochen später fragte mich Ulli: „Möchtest du mit mir nach Beijing reisen? In drei Wochen sind Klassenfahrten und wir könnten die freie Woche nutzen. Ich kümmere mich um die Zugtickets, das Hotel und den Ausflug zur Großen Mauer. Du musst nur mitkommen." „Aber Ulli, wir kennen uns kaum, meinst du wirklich, dass wir schon zusammen verreisen sollten?", antwortete ich. „Wieso nicht?

Schnarchst du oder wo ist das Problem?", meinte sie. „Du möchtest dir sogar ein Zimmer mit mir teilen?" Ich kam mir spießig und dumm vor mit meinen Bedenken. Ich hatte noch nie mit jemandem eine Reise unternommen, den ich erst seit sechs Wochen kannte. Ich sagte ihr zu und wir starteten unsere Reise mit dem „Highspeed Train", der über 300 km/Stunde fuhr. In Beijing wohnten wir in den Hutongs, der Altstadt mit kleinen, engen Gassen und niedrigen Häusern, ich tauchte in eine fremde Welt ein. In den ersten Wochen hatte ich nur unseren Compound und das moderne Shanghai kennengelernt, das hier war ein starker Kontrast. Abends aßen wir in einem chinesischen Restaurant, wo Ulli bestellte, ihr Chinesisch aber nicht verstanden wurde. Wir hatten das Gefühl, dass die Kellner nicht erwarteten, dass eine Ausländerin Chinesisch sprach. Uns blieb nur das Bestellen nach Bildern.

Den Ausflug zur Mauer unternahmen wir an einem kühlen, sonnigen Tag mit einem gemieteten Auto mit Fahrer. Auf dem Rückweg wollte er uns außerhalb der Stadt rauslassen, weil die Fahrt in die Innenstadt ein Umweg auf seinem Nachhauseweg sei. Ich wollte aussteigen, aber Ulli hielt mich am Arm fest und sagte: „Bleib im Auto! Jetzt ist Schichtwechsel, da bekommen wir kein Taxi." Der Fahrer drehte sich zu Ulli um und schrie sie laut und hysterisch in Chinesisch an. Ulli blieb ruhig und sagte nur: „Wenn Sie nicht sofort weiterfahren, rufe ich die Polizei." Fluchend fuhr der Fahrer los und brachte uns bis zum Eingang der Hutongs. An diesem Abend hatten wir keine Lust mehr auf neue Abenteuer. Wir kauften uns einige Tsing-Tao-Bier und blieben auf unserem Zimmer.

Im November wurde ich im Supermarkt Carrefour – von den Chinesen „Jallefou" ausgesprochen – von einer blonden Frau in meinem Alter angesprochen: „Schauen Sie mal, hier wird Wormser Bier verkauft, unglaublich." Ich antwortete: „Ich kenne mich mit Bier nicht so gut aus. Das Angebot an internationalen Sorten soll hier vielfältig sein." „Aber Bier aus Worms! Da habe ich studiert", wiederholte sie. „Sie auch? Ich habe dort 1989 mein Examen in Betriebswirtschaft/Touristik gemacht", staunte ich. Wir verabredeten uns zum Kaffeetrinken am nächsten Morgen und fanden heraus, dass wir den gleichen Studiengang belegt hatten und nur ein Semester auseinander gewesen waren. In Worms hatten wir uns nie kennengelernt, obwohl die Fachhochschule nicht sehr groß ist. In Shanghai wohnte Claudia nur einige Häuser von mir entfernt im gleichen Compound. Wir gründeten mit einer weiteren Frau unsere Chinesisch-Lerngruppe und trafen uns zweimal pro Woche abwechselnd bei jeder von uns zuhause für den Unterricht mit unserem jungen Lehrer, der sehr gut deutsch sprach. Bald waren wir gut genug in Chinesisch, um im Restaurant zu bestellen, auf den Märkten die Preise zu verhandeln oder um im Park nach dem Weg zu fragen. Claudia wurde zu einer sehr guten Freundin, mit der ich nicht nur die Sprache, sondern die vielen Parks und versteckten Viertel der Stadt erkundete.

Durch meine zwei Freundinnen Susanne und Geli kam der „Dienstagsspaß" in meinem Wochenplan hinzu. Fast jeden Dienstag planten wir einen Ausflug zu den Stoffmärkten, Blumenmärkten oder zu Galerien. Danach aßen wir bei unserem „Lieblingsfranzosen" in der French Concession im Innenhof unter den Platanen zu Mittag. Ich genoss diese Ausflüge ins französische Ambiente und bald begrüßte uns der Chef mit „bises". Frankreich mitten in Shanghai!

Für die Freitage entwickelte sich eine weitere Gruppe von drei Freundinnen, mit denen wir nach Pudong fuhren oder das Umland erkundeten. Wir aßen zu Mittag in schicken Restaurants am Bund, der prächtigen Uferpromenade am Huangpu-Fluss, und genossen den Blick auf die Skyline mit mehr als tausend Wolkenkratzern.

Meinen 50. Geburtstag feierte ich im Januar 2013 nach fünf Monaten in Shanghai schon mit zehn Freundinnen, die ich in den ersten fünf Monaten kennengelernt hatte. Ich hatte fast ein schlechtes Gewissen, als die Glückwunschkarten meiner alten Freundinnen aus Deutschland ankamen und sie mir schrieben: „Schade, dass du deinen 50. Geburtstag ohne Freundinnen in der Ferne verbringen musst. Wir holen das nach, wenn du im Sommer nach Hause kommst." Mein Zuhause war Shanghai geworden, auch wenn ich meine Freundinnen aus Deutschland vermisste.

Nach diesen spannenden und positiven Erfahrungen endeten meine Sorglosigkeit und Freude an meinem neuen Leben in Shanghai auf einen Schlag, als Anouk in den Maiferien für vier Tage verschwunden war. Sie hatte nach einem Streit unbemerkt das Haus verlassen und reagierte nicht auf Helmuts Nachrichten. Ich hatte meine Mutter in Deutschland besucht und erfuhr erst bei meiner Rückkehr davon. Auch auf meine SMS reagierte sie 24 Stunden lang nicht. Diese Ungewissheit, wo sie war und ob es ihr gut ging, war schrecklich. Dann kam die erlösende Nachricht: „Es geht mir gut. Ich komme morgen nach Hause." Sie hatte die Zeit bei einem Schulfreund im Nachbar-Compound verbracht. Seine Eltern hatten den Sechzehnjährigen für zehn Tage alleine in Shanghai gelassen und waren nach Deutschland geflogen.

Danach entfernte sich Anouk immer mehr von uns und lebte ihr eigenes Leben mit fünfzehn Jahren. Sie genoss das Nachtleben ohne Limits, exzessiv und ohne unsere Regeln, Grenzen oder Einwände zu beachten. In Shanghai greift kein Jugendschutzgesetz, sofern die Jugendlichen keine Straftaten begehen. Sie feierte in Nachtclubs bis in den frühen Morgen, Alkohol war günstig und das Taxifahren auch. Sie schloss sich Freunden an, die ebenso unkontrolliert ausgingen. Aber es blieb nicht nur bei den Wochenenden. Auch nach der Schule stritt sie mit uns oder verschwand und kam erst spätabends zurück. Die Schule und wir, ihre Familie, waren ihr unwichtig geworden.

Ich machte mir Tag und Nacht Sorgen um sie und wusste nicht mehr weiter. Helmut und ich nahmen das Angebot der deutschen Schulpsychologin an, mit der wir alles besprechen konnten. Sie stärkte uns und bekräftigte uns in unserem Entschluss, Anouk im Februar 2014 für eine Probewoche in ein Internat nach Deutschland zu schicken. Es gab nur zwei Wege: Entweder müssten wir alle unseren Aufenthalt und Helmut seine Arbeit abbrechen oder Anouk müsste allein die Familie verlassen. Diese Entscheidung fiel mir sehr schwer, aber ich wollte nicht meine Ehe und Familie aufgeben und wollte Anouk einen neuen Weg aufzeigen. Nach ihrer Rückkehr fand sie langsam wieder Zugang zu uns und zu sich selber. Sie entschied sich für ein Zusammenleben mit uns und änderte ihr Verhalten. Das Kämpfen hatte sich gelohnt, wir hatten Glück! Unser letztes Jahr in Shanghai konnten wir alle vier gemeinsam als Familie genießen.

Als wir im Juni 2015 unsere Abschiedsparty planten, war es wieder Thatie, die am heftigsten weinte und eine eigene Party mit ihren engsten Freunden organisierte. Sie wollte nicht mehr nach Deutschland zurück. Anouk hingegen empfand es nach ihrer „schwierigen" Zeit in Shanghai als Chance, wieder neu in Deutschland beginnen zu können. Sie hatte sich für eine neue Schule entschieden und freute sich darauf.

Für mich war unsere Expat-Erfahrung mit allen Höhen und Tiefen eine Bereicherung meines Lebens. Ich bin Helmut dankbar für seinen Mut, die berufliche Herausforderung angenommen zu haben. Jetzt wohnen wir wieder im Rhein-Main-Gebiet, sind aber bewusst nicht an den gleichen Ort zurückgezogen. Die alten Freunde habe ich wiedergefunden und neue Nachbarn und Freunde dazugewonnen. Aus meiner Zeit in Shanghai sind mir meine fünf besten Freundinnen geblieben. Zwei sind auch wieder in Deutschland, zwei sind noch in Shanghai und eine zog weiter nach Bangkok. Meine Neugier auf das Neue, Fremde ist geblieben und wer weiß, wohin sie mich als nächstes bringen wird.

Aotearoa
Ingrid Johanna Kiltz

Der Beginn meiner Reisesehnsucht
Herbst 1966 – Die Köpfe in den Nacken gelegt starrten wir nach oben. Kraniche bildeten ständig neue Formationen und ihr Trompeten war weithin zu hören. Erst als wir sie als winzige Punkte aus den Augen verloren, nahm Papa meine Hand: „Nun sind sie fort und der Sommer ist zu Ende", murmelte er traurig. Auf dem Heimweg spürte ich ein unerklärliches Ziehen in meiner Brust. Jahr für Jahr verabschiedeten wir die Kraniche mit Tränen in den Augen und empfingen sie im Frühling mit einem Glücksgefühl. An diesem sonnigen Tag, ich war zehn Jahre alt, begann wohl meine bis heute währende Reisesehnsucht. Diese hatte ich offensichtlich von meinem Vater geerbt. Er wollte Pilot werden und träumte von Reisen in ferne Länder. Dann kam der Zweite Weltkrieg, Papa meldete sich mit siebzehn Jahren freiwillig zu den Fallschirmjägern. Hierzu benötigte er einen Ariernachweis und begann zu recherchieren. Unser Familienstammbaum reicht zurück bis Mitte des 17. Jahrhunderts, aber alle Aufzeichnungen sind bei der Bombardierung seines Elternhauses in Frankfurt verbrannt. Ich kann mich nur noch daran erinnern, dass unser männlicher Urahn aus Schottland nach Frankfurt kam und seine Frau eine französische Hugenottin war.

Als Kind lag ich gerne mit Papa auf dem Teppich, den großen Weltatlas vor uns reisten wir mit dem „Finger auf der Landkarte" durch die Welt. Er war im Krieg in Russland und Nordafrika, geriet dort 1942 in amerikanische Kriegsgefangenschaft und wurde nach

Texas verschifft. „Papa, erzähl mir von deiner Zeit in Texas", bat ich ihn oft. „Ich arbeitete für einen Silberminenbesitzer. Dessen Tochter hatte es sich in den Kopf gesetzt, mich zu heiraten. Sie war zwar hübsch, hatte aber entsetzliche O-Beine", lachte Papa. Nach Kriegsende kehrte er nach Deutschland zurück. Zeitlebens wünschte er sich, noch einmal nach Texas zu reisen. Dies scheiterte jedoch an meiner Mutter. Sie hatte Flugangst und auch eine Schiffsreise lehnte sie ab, mit der Begründung: „Ich kann nicht schwimmen."

Mit meinen Eltern unternahm ich jedes Jahr Reisen nach Österreich und Italien. Mit vierzehn Jahren schrieb ich meine Reise-to-do-Liste: London, Irland und Schottland, Paris, USA, Australien und Neuseeland waren meine Traumziele. Ich wollte immer weg aus Deutschland, am liebsten auswandern. Vielleicht wartete in Schottland „Kiltz Castle" auf die bislang nicht gefundene Erbin? Ich träumte davon, in dieser Burg zu wohnen und Zimmer an Touristen zu vermieten. Auch ein nachtspukendes Gespenst hatte ich lebhaft vor Augen. Mit Beginn der Pubertät wurde mir mein Zuhause zu eng. Das vor Liebe Erdrücktwerden, die vielen moralischen Regeln, Papas politische Gesinnung. Er war überzeugter Franz-Josef-Strauß-Anhänger und ich trat vehement für Helmut Schmidt ein. Wir stritten oft. Wenn ich ihn mal wieder bis zum Äußersten gereizt hatte, schimpfte er: „Ich kauf dir ein Ticket nach Moskau ‚one-way', dann kannst du bei deinen Genossen bleiben." Mit Mama vertrug ich mich auch nicht mehr. Wir stritten über Kleidung, meine Röcke waren ihr viel zu kurz, mir viel zu lang. Am Morgen meiner Konfirmation musste ich den zart rosé gefärbten Nagellack wieder entfernen, das gehörte sich nicht. Make-up durfte ich nicht benutzen und ständig hatte sie Angst um mich.

Ich fühlte mich so absolut unverstanden, wie man sich mit vierzehn nur fühlen kann.

1972 – Nach Beendigung der Schulzeit wollte ich für sechs Wochen in die USA, um Freunde meiner Eltern zu besuchen. Mike war Texaner und Offizier der amerikanischen Militärpolizei, seine Frau Marion war die Schulfreundin meiner Mutter. Wenn die beiden zu Besuch waren, saß ich gerne unter dem Tisch und hörte ihren Gesprächen zu. Seit Jahren fütterten sie meine Reisesehnsucht mit bunten Ansichtskarten aus Florida, Texas und Kalifornien. Ich sammelte alle Karten zusammen mit meiner Reise-to-do-Liste in einer Zigarrenkiste. Leider wurde nichts aus meinem Besuch. Mike wurde nach Deutschland versetzt und einen Teil meiner Sommerferien verbrachte ich bei ihnen in Zweibrücken. Mit Marion kaufte ich gerne im „PX", dem Supermarkt der amerikanischen Streitkräfte, ein. Hier gab es die ersten Barbie-Puppen zu bestaunen, ich entdeckte Lebensmittel, die es in unserem Supermarkt nicht gab, und von dort erhielten wir jahrelang zu Weihnachten unseren mit flüssiger Butter gespritzten Truthahn. Allerdings galt für mich ein absolutes Sprechverbot. Mein Akzent hätte mich als Deutsche entlarvt und der Zutritt war nur Amerikanern und deren Angehörigen gestattet. Marion öffnete mir eine völlig neue Welt. Sie war weltoffen, immer perfekt geschminkt und frisiert und kleidete sich stets nach der neuesten Mode. Ich durfte ihre Kosmetika ausprobieren und sie zeigte mir u.a. den perfekten Lidstrich. In Marions Küche lernte ich, wie man perfekte Sandwiches herstellt, dass Eiersalat mit Zimt in Selleriestangen serviert, nicht nur gut aussieht, sondern auch lecker schmeckt. Ich liebte ihre „TV-Dinner"-Schalen mit Fleisch, Gemüse, Kartoffelbrei und Kompott, alles durch winzige Fächer unterteilt. Kurz in der Mikrowelle erhitzt und schon servierte sie ein komplettes Essen. Mit unseren Knietabletts saßen wir dann vor dem Fernseher und schauten „Bezaubernde Jeannie", eine Vorabendserie mit einem Astronauten und seiner Ehefrau, einer Dschinn. Meine ersten „hot pants" bekam ich selbstverständlich von Marion und Mama war entsetzt, weil „dieses Teil unanständig kurz war".

Mit sechzehn Jahren begann ich meine Ausbildung zum Reisebürokaufmann. Die Bezeichnung Reiseverkehrskauffrau kannte man 1972 noch nicht. Meine erste Flugreise trat ich mit siebzehn Jahren alleine an. Mein Chef schickte mich auf eine „Expedientour" nach Bulgarien in den „Club Méditerranée". Von meinem Fensterplatz schaute ich gespannt nach unten. Ich konnte winzige Fahrzeuge erkennen, die Alpen und dann das Meer. Plötzlich wurde es unruhig in der Maschine, Rauch zog durch den Gang, die Stewardessen suchten immer hektischer nach der Ursache. Die ältere Dame neben mir betete einen Rosenkranz. Ich hatte komischerweise keine Angst zu sterben. Ich wollte nur nicht lebend ins Meer stürzen, um dann einem Hai zum Opfer zu fallen. Der Kabelbrand wurde schnell gelöscht und kurz darauf setzten wir zur Landung in Varna an. Auf dem Bustransfer traute ich meinen Augen kaum. Es war, als wären wir in einem alten Sepiafoto gelandet. Abgesplitterte Farbe an den Hauswänden, die Schaufenster waren mit Packpapier ausgelegt und die wenigen Kleidungsstücke entsprachen nicht unserem westlichen Stil. So graubraun hatte ich mir Bulgarien nicht vorgestellt. Im Clubdorf angekommen, wurde jedem Teilnehmer unserer Reisegruppe eine Kette mit weißen und einer goldenen Plastikperle um den Hals gelegt. Unsere Wertsachen wurden im Safe eingeschlossen und wir würden eine Woche nur mit den Perlen bezahlen. „Achte darauf, dass du die goldene nicht ausgibst", raunte mir ein junger Mann zu. „Warum?", fragte ich. „Die ist am meisten wert und am Ende musst du mit Bargeld bezahlen." Wir wurden durch das Clubdorf geführt. Wie anders war die Welt hier. Alle Arten von Sportmöglichkeiten sowie künstlerischen Betätigungen wurden angeboten. Alles war bunt, die Gartenanlage saftig grün und mit großen Blumenbeeten angelegt. Damals gab es noch keine vergleichbaren Feriendörfer und der „Club Méditerranée" war eine exklusive Art des Urlaubs. Die Bungalows waren einfach, konnten nicht abgeschlossen werden und das Clubleben spielte sich fast ausschließlich im Freien ab. Nur zum Schlafen ging man in seinen Bungalow. Nachmittags saßen wir an der Bar und lernten auch einige der Animateure kennen. Ein säbelbeiniger, braungebrannter kleiner Mann Mitte dreißig mit Dschingis-Khan-Bart stellte sich als Reitlehrer vor. Nach einer Weile fragte er mich, ob ich mir auch die oberen Räume ansehen möchte. „Ja gerne", lächelte ich ihn an und war geschmeichelt. Wie naiv ich war. Im oberen Teil der Bar angekommen, setzten wir uns auf ein Sofa, er drückte mir einen Cocktail in die Hand und ehe ich wusste, wie mir geschah, lag er über mir. Jetzt dämmerte mir, was er vorhatte. Schnell sprang ich auf und flüchtete zurück an die Bar. Wie sehr wünschte ich mir ein abschließbares Zimmer. Den Rest der Woche blieb ich immer bei meiner Reisegruppe und hatte absolut keine Lust mehr auf Alleingänge.

1974 – Mit achtzehn Jahren lernte ich Peter, meinen späteren Mann, kennen. Auch er reiste gerne. An Europas Stränden genossen wir die Wärme, das Meer und lernten die mediterrane Küche zu schätzen. In Paris standen wir Schlange vor dem Louvre, um „Mona Lisa" im Original zu sehen. In London hielt Peter an „Speakers' Corner" eine Rede und in San

Francisco wollte ich unbedingt von der Golden Gate Bridge ins Meer spucken, gar nicht so einfach bei den dicken Betonpfeilern. Mein Opa fragte mich einmal: „Kind, musst du denn immer ins Ausland reisen, hier in Deutschland ist es so schön, lerne doch erstmal dein Heimatland kennen." „Ach Opa, das mache ich, wenn ich mal alt bin, dann ist noch genug Zeit, mir Deutschland anzugucken", lachte ich und drückte ihm ein Küsschen auf die Wange. Immer wieder überlegte ich, doch noch für einige Zeit im Ausland zu leben. Peter war hier tief verwurzelt und wollte nicht aus Frankfurt weg. Ich musste mich entscheiden. Schnell war mir klar, ohne ihn zu gehen kam nicht in Frage. Durch meinen Beruf hatte ich die Möglichkeit, Stand-by zu fliegen und so für wenig Geld zu reisen. Peters Terminplan richtete sich nach seinen beruflichen Urlaubssperren und zu meinem Verdruss auch nach dem Fußball-Spielplan. Er spielte im VfR Bockenheim, war dort der Stürmerstar und bekannt in Fußballerkreisen. Ein Samstag ohne die Sportschau war ein verlorener Tag und am liebsten hätte er auch an unserer Hochzeit das Spiel der „Eintracht Adler" verfolgt.

Ohne ihn, dafür mit einer Freundin zu reisen, kam mir gar nicht in den Sinn. Das war damals einfach nicht üblich.

Umgeben von zwei Meeren übte Portugal auf mich eine große Faszination aus. Der Küstenstreifen der Algarve mit seinen zerklüfteten Felsformationen sowie die wunderschönen Fliesenfassaden der Häuser begeisterten mich. Peter und ich reisten Ende der siebziger Jahre zum ersten Mal nach Lagos. Wir wohnten in einer kleinen Pension. Das Frühstück wurde uns auf unserem winzigen Balkon serviert. Mein Weißmehlbrötchen bestrich ich mit der vor

Hitze schon fast geschmolzenen Butter und Erdbeermarmelade. Biss herzhaft hinein und verzog das Gesicht. Die Butter war gesalzen! Ob das ein Versehen war? Ich hatte Hunger und biss nochmal zu. Jetzt schmeckte es schon interessanter. Tagsüber unternahmen wir Ausflüge in die Umgebung, zu alten Festungen und nach Cabo de Sao Vicente, dem westlichsten Ende Europas. Hier zu stehen schenkte mir ungeheure Energie. Nachmittags waren wir gerne am Strand und die knapp eintausend Stufen zu unserer Lieblingsbucht nahmen wir gerne in Kauf. Abends schlenderten wir auf der Suche nach einem Restaurant durch die engen Gassen. Oft stand eine große Metallwanne vor dem Eingang. Wenn man an die Wanne stieß, spritzte eine winzige Wasserfontäne nach oben. Was war darin? Kleine Muscheln, die herzhaft mit Knoblauchwurst und vielen Zwiebeln in scharfer brauner Soße zubereitet wurden.

1983 – Unsere Zwillingstöchter wurden geboren. Eine lange Debatte über die passenden Namen begann. Dann hatten wir eine Idee: In unserer Familie gibt es seit Generationen den Namen Johanna. Durch meine Ahnen lag es nahe, den Kindern die französische und die schottische Form des Namens zu geben. Nun hatte sich der Namenskreis geschlossen: die deutsche Johanna, die englisch-schottische Jennifer für unsere Erstgeborene und die französische Jeannine für ihre acht Minuten später folgende Schwester. Wir reisten auch als Familie gerne. Unser erstes Ziel war die italienische Adria. Von Freunden wurde uns ein Ferienort mit einem netten kleinen Hotel empfohlen. Der Hotelbesitzer freute sich jeden Morgen über „due gemellini". Mit ihren blonden Locken, den kleinen Kartoffelnasen und ihrer Fröhlichkeit hatten sie schnell sein Herz erobert. Jeden Morgen spendierte er ihnen im Strandcafé eine heiße Schokolade.

Glücklich saßen die beiden auf den hohen Barhockern am Tresen und schickten uns am zweiten Tag schon mal vor an den Strand.

Kurze Zeit später entdeckten wir auch Amrum für uns. Die Kinder hatten oft Bronchitis, ein Familien-Kururlaub mit Inhalationen und Salzwasserbädern versprach Besserung. Amrums Strand ist breit und feinsandig und gilt als einer der schönsten Europas. Diese kleine Insel im Wattenmeer ist ein Ort, an den mein Mann und ich immer mal wieder reisen, um Ruhe zu tanken und das Leben zu entschleunigen. Ich war doch noch früher auf den Geschmack gekommen, in Deutschland zu reisen, als ich dachte. Schade, dass Opa das nicht mehr erleben durfte.

Meine Eltern wanderten gerne im Schwarzwald und fuhren zweimal jährlich nach Breitnau bei Hinterzarten. Als unsere Mädchen zwei Jahre alt waren, starteten wir den ersten Versuch. Eine Woche Urlaub mit Opa und Oma ohne Eltern. Wir brachten unsere Kleinen am Samstagmorgen hin, übernachteten und nach dem Frühstück verabschiedeten wir uns bis zum nächsten Wochenende. Der Abschied war anfangs tränenreich, aber mit den Jahren wurde die Woche mit Opa und Oma zum festen Bestandteil unserer Urlaubsplanung. Die Vermieter hatten drei Kinder, die im Alter gut zu unseren Zwillingen passten, und der krönende Abschluss war immer die Theateraufführung der Kinder bei einem gemeinsamen Abschiedsabend.

1989 kauften wir uns in ein „Time-Sharing"-Projekt ein und reisten vor der Einschulung unserer Mädchen für vier Wochen nach Florida. Zwei Elternpaare mit vier Kindern im Alter von 6 Monaten bis 6 Jahren sowie die beiden Mütter unserer Freunde. Wir wohnten in großzügigen Appartements auf einem Golfplatz in der Nähe von „Disney World". Auf dem Gelände lief eine Gruppe gefräßiger Truthähne frei herum. Auf der Suche nach Futter hackten sie immer wieder auf unsere Fliegentür ein und versuchten, ins Appartement zu gelangen. Jeannine und Jennifer hatten Respekt vor den großen Vögeln und trauten sich alleine kaum raus. Vielleicht gab es deshalb später bei uns nie Proteste, wenn ich einen Truthahn in den Ofen schob?

Meine Mutter erhielt eines Tages einen Brief aus British Columbia/Kanada von Ottmar Kiltz, einem Namensvetter. Seine Familie war aus Rumänien über Deutschland nach Kanada ausgewandert und er suchte nach Verwandten. „Kind, was soll ich denn damit?", fragte Mama. „Das ist mir nicht ganz geheuer, vielleicht will dieser Mann Geld von mir?" Ich beruhigte sie, nahm den Brief und schickte eine E-Mail an Herrn Kiltz. Berichtete von meiner Familie, unseren Wurzeln und teilte beiläufig mit, dass wir im gleichen Jahr nach British Columbia reisen würden. Umgehend luden Ottmar und seine Frau Ena uns ein, sie zu besuchen. Wir schickten Ottmar unseren Reiseplan, er prüfte die Route und überzeugte uns davon, einen kurzen Besuch bei ihnen einzuplanen. Beide waren Ende sechzig und arbeiteten regelmäßig als „volunteers". Er war Bauingenieur in der Armee und brachte nun seine Kenntnisse ehrenamtlich in seiner Gemeinde ein, Ena war Krankenschwester und half noch stundenweise im örtlichen Krankenhaus. Mit meinen Namensvettern Kiltz verbrachten wir einen sehr entspannten Nachmittag in ihrem Garten. Bei Kaffee und selbstgebackenem Aprikosenkuchen unterhielten wir uns angeregt und sie luden uns ein, ein paar Tage bei ihnen zu verbringen. Wir hatten unsere Unterkünfte bereits fest reserviert und mussten ihr Angebot leider ablehnen. Im Verlauf des Gesprächs stellte sich heraus, dass wir doch nicht miteinander verwandt waren. Schade, ein kanadischer Familienzweig hätte mir gefallen. Noch jahrelang schrieben wir uns in unregelmäßigen Abständen und dann kam eines Tages keine Antwort mehr.

Der Kauf einer Immobilie sowie die Studien unserer Töchter verschlangen einige Jahre einen guten Teil unserer früheren Reisekasse. Zwar bereisten wir nach wie vor Südeuropa, aber Fernreisen wurden erst einmal zurückgestellt. Erst viele Jahre später sollte Neuseeland eine Rolle in unserem Leben spielen.

Wir bekommen Familienzuwachs

Nach dem Abitur überraschte uns Jeannine mit einer Work & Travel-Reise nach Australien. Sie wollte mit einem Schulfreund ein Jahr das Land bereisen und arbeiten. Nach sechs Wochen verabschiedete er sich und flog heimwehkrank zurück nach Deutschland. Jeannine blieb in Brisbane, arbeitete und wohnte in einem „hostel". Dort verliebte sie sich in einen jungen Neuseeländer. Nach ihrer Rückkehr im Frühjahr 2004 fragte sie uns, ob ihr Freund uns besuchen könne, und drei Wochen nach ihrer Ankunft war es so weit. „Heute kommt James", Jeannine war schon ganz aufgeregt. Tagelang lag sie mir in den Ohren: „Mama, lach nicht so laut! Ist das Bad ordentlich? Haben wir zwei Kopfkissen für ihn, er kann nicht so flach schlafen? Hast du an Orangensaft zum Frühstück gedacht?" War es nicht üblich, dass Gäste sich der Gastfamilie anpassten? Nicht so bei James. Mir reichte es! Jeannine und ich hatten dann auch eine heftige Auseinandersetzung. Peter und Jeannine fuhren frühmorgens zum Flughafen. Ich bereitete das Frühstück vor und war gespannt, was da auf uns zukam. Die Tür wurde aufgeschlossen. Sie waren da. Ich hieß unseren Gast willkommen. Er nahm mich in den Arm: „Thank you, it's so good to be in your home", sagte er mit einer warmen, angenehmen Stimme. Er wirkte so ruhig und ausgeglichen. Sein freundliches Lächeln, seine blauen Augen. Ich hatte das Gefühl, ich kenne ihn schon ewig.

Mein Mann und die Zwillinge waren tagsüber im Büro oder an der Uni und so waren James und ich den Nachmittag über alleine. Jeden Mittag, wenn ich vom Büro nach Hause kam, saß James erwartungsvoll auf der Couch und fragte: „What's for lunch today?" – Was gibt's denn heute zu essen? Und freute sich auf unsere „Interviewstunde". Beim Mittagessen fragte er mir Löcher in den Bauch: „Erzähl mir vom Ersten Weltkrieg – weißt du, dass auch Neuseeländer in der Türkei gekämpft haben? Wie war das im Zweiten Weltkrieg und wie konnten die Nazis überhaupt an die Macht kommen?" Ich versuchte, ihm die Zusammenhänge zu erklären, und stieß dabei oft an meine sprachlichen Grenzen.

„Erzähl mir von deiner Familie, wo kommt sie her?", wollte ich von ihm wissen.

„Mein Großvater wurde in Polen geboren und ist nach dem Zweiten Weltkrieg nach Neuseeland ausgewandert. Er änderte seinen Namen und heiratete meine Großmutter Myrene. Sie stammt aus Tasmanien, der Insel südlich von Australien. Er wurde ein erfolgreicher Unternehmer. In seiner Fabrik stellte er hochwertige Knöpfe her und belieferte die großen Modehäuser in Italien und Frankreich, u.a. gehörte

Dior zu seinen Kunden. Aber weder mein Vater noch meine Tante waren an der Fabrik interessiert".

James wollte alles über Jeannine und Jennifer wissen. „Wie ist das denn mit Zwillingen, hast du sie immer zusammen auf den Arm genommen? Wie ähnlich sahen sie sich als Kinder? Hat deine Familie schon immer in Deutschland gelebt?" Fragen über Fragen. Unser bester Freund wurde mein dicker „Cassels Deutsch-Englisch". Wir unterhielten uns stundenlang bei unzähligen Tassen Espresso. Es war eine anstrengende Zeit und mir schwirrte abends der Kopf. Aber es machte großen Spaß und wir lachten oft, wenn wir wieder einmal „lost in translation" waren. Damals arbeitete ich als Anzeigenkoordinatorin eines bilingualen agrarwissenschaftlichen Fachmagazins. Durch meine vielen Gespräche mit James wuchsen meine Englischkenntnisse. Wir versäumten es aber, von Anfang an deutsch mit ihm zu sprechen. Jeannine machte sich auch nicht die Mühe. Sie fand es viel einfacher, auf Englisch zu parlieren. Leider lernte James dadurch nicht ausreichend Deutsch.

Für ein Taschengeld arbeitete er bei uns im Garten, half einer Bekannten beim Umzug und erheiterte die Nachbarn, wenn er im Winter barfuß zur Mülltonne lief. Einmal bat ich ihn ein Mittagessen vorzubereiten, weil wir nachmittags einen Termin hatten. Als ich vom Büro kam, stand James in der Küche und strahlte mich an: „Ich mache Pasta mit gebratenem Gemüse in Zitronensoße."

Normalerweise hätte ich mich sehr darüber gefreut. Wir hatten aber nur eine Stunde, bis wir wieder losmussten, und unsere Küche sah wie ein Schlachtfeld aus. Hastig schlangen wir das zugegebenermaßen sehr leckere Essen herunter.

„Du freust dich ja gar nicht", meinte James frustriert.

„Ich hatte gehofft, du würdest ein schnelles einfaches Essen zaubern", brummte ich genervt. „Sieh dir die Küche an, kein Topf mehr im Schrank und wenn wir nach Hause kommen, müssen wir erstmal aufräumen und putzen."
Traurig sah er mich an: „Ich wollte dich beeindrucken."
Das tat er, allerdings nicht in der Küche.

James kannte sich mit Heilsteinen aus, spürte Energiefelder in unserer nächsten Umgebung auf, verblüffte mich mit seinem Wissen über Buddhismus und praktizierte mit seinen zweiundzwanzig Jahren Yoga und Meditation. Erstaunlich schnell gewöhnte sich Jennifer an die neue Situation. Von Anfang an mochte sie James, schnell wirkten sie wie Geschwister. Jeannine war bei Patrick, Jennifers Freund, anfangs nicht so aufgeschlossen und es dauerte einige Zeit, bis sich die beiden gut verstanden. Wenn es James zu hektisch wurde, zog er sich zurück und spielte gedankenversunken auf seiner Gitarre. Ihn konnte kaum etwas aus der Ruhe bringen. „Du bist so deutsch", war seine Lieblingsantwort, wenn es mich manchmal nervte, dass nichts und niemand ihn zur Eile treiben konnte. James' kulinarische Vorlieben machten mich oft fassungslos. So staunte ich nicht schlecht, als er mein mit viel Liebe gekochtes Szegediner Gulasch auf zwei Toastscheiben verteilte, mit Ketchup und Scheiblettenkäse „veredelte" und dann in die Mikrowelle schob. Auf meine Frage, warum er das Gulasch denn nicht mit den restlichen Klößen erhitze, meinte er: „Wir Kiwis essen immer alles auf Toast." Nun denn.

Es gab kaum eine ruhige Minute mehr. Ständig riefen Freunde meiner Töchter an oder kamen zu Besuch, wir stritten uns, weil die meiste Hausarbeit an mir hängen blieb. James besetzte stundenlang das Badezimmer und unser Wasserverbrauch stieg immens. „James, bitte denk daran, dass Wasser kostbar ist", mahnte ich mehr als einmal. Erst nach einiger Zeit fanden wir heraus, dass in Neuseeland das Wasser sehr preiswert ist, Strom hingegen teuer.

Im Herbst wurde es dann richtig eng. Unsere Familie wurde noch um Jennifers Freund Patrick bereichert. Er hatte Stress mit seinen Eltern und tauchte zeitweise in unseren Chaoshaushalt ein. Sechs Erwachsene auf 106 m². Alle Zimmer belegt, überall lag etwas herum. Dazu sehr unterschiedliche Arbeitszeiten. Das wurde mir langsam zu viel. Die Mädels und Patrick kellnerten während des Studiums. Sie kamen oft sehr spät nach Hause, duschten und telefonierten. Oft kochten sie Nudeln mit „bergeweise" Käse. Ich konnte diesen Geruch irgendwann nicht mehr ertragen. Unser Wecker klingelte um 5.30 Uhr. Wenn ich morgens in die Küche kam, standen Teller und Töpfe oft noch auf der Anrichte statt in der Spülmaschine. Meine Appelle auf mehr Rücksicht verhallten. „Mama, du bist viel zu pingelig, es ist doch sauber und das bisschen Unordnung ist gemütlich", war die einhellige Meinung. Meine gesundheitlichen Probleme nahmen zu und mir wuchs die Arbeit langsam über den Kopf. Teilzeitjob im Verlag sowie putzen, waschen, einkaufen und kochen für sechs Personen. Peter fand das Tohuwabohu großartig. Im Gegensatz zu mir blühte er auf.

James fand eine Anstellung als Beleuchter beim „English Theatre" in Frankfurt und von da an wurden wir mit diversen Anekdoten aus der Theaterwelt unterhalten. Jeden Abend wurde die ganze Familie unruhig. James hatte zwar den ganzen Tag Zeit zu duschen und seine Kleidung zusammenzusuchen, verschob das aber immer auf die letzte Minute. Damit er die S-Bahn noch rechtzeitig erreichte, fuhr einer von uns ihn regelmäßig zum Bahnhof. Wir wiesen ihn darauf hin, dass ohne Beleuchter die Show nicht beginnen konnte. Er lachte: „Wir Kiwis sind da viel gelassener." Ja, das merkte ich und beschloss, ihn nun wirklich nicht mehr zu unterstützen. Sollte er doch zu spät kommen und sein Lehrgeld bezahlen. Aber unser urdeutsches Verantwortungsgefühl siegte und einer erbarmte sich dann doch und fuhr ihn zur S-Bahnstation. Seine neuseeländische Gelassenheit brachte mich zwar manchmal auf die Palme, aber bei allem Durcheinander war er ein Gewinn für unsere Familie. Er kümmerte sich liebevoll um unsere beiden Großmütter. Massierte er der einen Oma den Rücken, war die andere ein bisschen beleidigt, weil sie nicht zuerst dran kam. Mit Händen und Füßen unterhielt er sich mit beiden, befragte auch sie nach allen möglichen Dingen und sie schlossen ihn schnell in ihr Herz. James machte sich nützlich und half mir im Haushalt, wobei er sorgfältig um alle Gegenstände herum Staub wischte und das Bad in Rekordzeit säuberte.

Unser erstes gemeinsames Weihnachtsfest wurde genauso turbulent wie die Wochen zuvor. Nachdem unsere Gäste sich verabschiedet hatten, spielten wir „Uno" und tranken die Rotwein- und Grappabestände leer. James erzählte von der schwierigen Zeit nach der Scheidung seiner Eltern. Wild gestikulierend schilderte er eine Begebenheit, warf sein Glas um, der Rotwein spritzte an die Tapete und über meinen roten Hosenanzug. Spätabends begannen wir zu musizieren. James spielte Gitarre, Peter versuchte sich an seinem Didgeridoo, Jeannine zupfte auf ihrer Ukulele und Jennifer und ich trommelten auf Kochtöpfen, was das Zeug hielt. Noch heute können wir es nicht glauben, dass sich niemand von den Nachbarn beschwerte. Auf meine Entschuldigungen in den nächsten Tagen hörte ich nur immer wieder: „Wir haben nichts gehört."

Aus den wenigen Wochen waren acht Monate geworden, James' Visum lief ab und er musste Deutschland verlassen. Stundenlang wurde unser Telefon in Beschlag genommen, ganze Nächte durchtelefoniert. Wir diskutierten alle Möglichkeiten eines gemeinsamen Studienortes, aber es scheiterte immer an den zu hohen Studiengebühren. Dann berief Jeannine eine Familienkonferenz ein: „Wir heiraten!"

„Was? Du bist erst zweiundzwanzig Jahre alt. Wieso willst du dich denn jetzt schon binden?" Peter und ich fanden die Idee absurd. Wir diskutierten, brachten unsere Bedenken vor und versuchten sie davon zu überzeugen, nichts zu überstürzen. Aber die beiden blieben standhaft. „Wir haben alle Möglichkeiten geprüft", argumentierte Jeannine. „Unsere einzige Möglichkeit ist in Wellington, der Hauptstadt Neuseelands, zu studieren. Durch die Heirat habe ich ein Anrecht auf Bafög und erhalte eine unbefristete Aufenthalts- und Arbeitsgenehmigung." Nächtelang lagen wir wach und grübelten. Wie würde sie sich in Neuseeland zurechtfinden? Ohne Familie, ohne ihre Freunde? Die Zwillinge so lange getrennt? Wellington liegt knapp 20.000 km entfernt, wir würden nicht sofort zu ihr reisen können, wenn sie krank war oder sonstige Hilfe benötigte. Sie hatte schon ein Jahr in Australien verbracht und nun wollte sie ihr Studium am anderen Ende der Welt beginnen. Welche Auswirkungen das auf unser Familienleben hätte, konnten wir nur erahnen. „Es ist doch nur für die Zeit des Studiums und in den Semesterferien komme ich nach

Hause", versuchte Jeannine uns zu beruhigen. Ob das wohl immer so klappen würde?

Eine aufregende Zeit begann, wir hatten nur drei Wochen für die Hochzeitsvorbereitungen. Die erforderlichen Papiere wurden angefordert und übersetzt. Jeannine wollte kein Brautkleid: „Ich möchte lieber ein Kleid, das ich auch in Neuseeland noch tragen kann." Es gestaltete sich schwierig, sie war so zierlich, dass Kleidergröße 34 für sie noch enger genäht werden musste. Nach stundenlangem Suchen kauften wir ein eng tailliertes brombeerfarbenes Kostüm und elegante braune Pumps. Auf eine klassische Hochzeitsfeier verzichteten die beiden. Sie wollten alle Freunde zu einer Party einladen und James wünschte sich Kartoffelsalat mit Würstchen, Frikadellen, Nudelsalat und jede Menge Kuchen. Das Tennisclubhaus in Oberhöchstadt wurde gemietet, das für mich sehr gewöhnungsbedürftige Hochzeitsmahl in Auftrag gegeben und wir stürzten uns in die Vorbereitungen.

Am 25. November 2005 stand ich um 7.00 Uhr auf, schaute aus dem Fenster und wollte es nicht glauben. Über Nacht hatte es geschneit und die Straßen waren vereist. James war der Einzige, der sich riesig über den Schnee freute. Im November ist in Neuseeland Sommerzeit und auch im neuseeländischen Winter schneit es meist nur in den Bergregionen. Nach dem Frühstück machte ich mich mit ihm zu Fuß auf den Weg, um den Brautstrauß abzuholen. James bewarf mich mit Schneebällen und ich fürchtete um Frisur und Make-up.

Die standesamtliche Trauung fand im Backhaus in Steinbach statt. Der damalige Bürgermeister Peter Frosch wollte es sich nicht nehmen lassen, diese für ihn ungewöhnliche Trauung selbst zu übernehmen. Das Sprachproblem wurde von Patrick gelöst. Er erbot sich, die Heiratsurkunde sowie die Hochzeitsansprache für James zu übersetzen. Zum Ende fragte Herr Frosch in die Runde: „…und keiner von euch jungen Männern aus Steinbach oder Kronberg hat es geschafft, ihr Herz zu erobern? Nun müssen wir diese bezaubernde junge Frau ins ferne Neuseeland ziehen lassen!" Bei allem nötigen Ernst war es eine sehr fröhliche Zeremonie und die abendliche Hochzeitsparty ein voller Erfolg. Es schneite leicht, in die hohen Fenster des Clubhauses hatten wir Kerzen gestellt und sie verbreiteten ein warmes heimeliges Licht. Kurz darauf flog James zurück nach Neuseeland, suchte eine kostengünstige Wohnung nahe der „Victoria"-Universität und mit tatkräftiger Hilfe seiner Mutter richtete er sie ein. In einem halben Jahr würde Jeannine nachkommen und die beiden waren voller Vorfreude.

Je näher der Abreisetermin rückte, umso schwerer wurde es uns allen ums Herz. Die Mädels konnten sich gar nicht vorstellen, wie sehr sich ihr Leben verändern würde. Unsere Katze Mogli wich nicht mehr von Jeannines Seite. Manchmal setzte sie sich demonstrativ auf eine Umzugskiste oder kletterte hinein. Peter und ich lagen nachts oft wach. Wir freuten uns zwar mit Jeannine, waren aber unendlich traurig, sie ziehen zu lassen. Im Juni 2006 war es so weit, wir packten Jeannines letzte Umzugskiste und vergewisserten uns, dass sich Mogli nicht als blinder Passagier eingeschmuggelt hatte.

Unsere deutsch-neuseeländische Familie

Juni 2006 – Ross und Trish, James' Großeltern, gönnten sich mit Rentenbeginn eine Europareise. Sie besuchten alte Freunde in London und wollten uns bei dieser Gelegenheit kennenlernen. James wohnte bereits in der neuen Wohnung und Jeannine stand kurz vor ihrer Abreise. Peter und ich hätten gerne noch ein wenig Zeit mit unserer Tochter alleine verbracht, aber wir freuten uns darauf, die beiden kennenzulernen, ihnen Frankfurt und Umgebung zu zeigen, und planten die typische Touristentour: Stadtrundgang in Frankfurt, Fahrt nach Rüdesheim inklusive Germania sowie die Burgruinen Königstein, Kronberg und Falkenstein. In Steinbach reservierten wir für sie ein geräumiges Zimmer im Gasthaus „Zum Schwanen" und warteten gespannt auf ihre Ankunft. Morgens hatte ich noch einen Termin und beeilte mich, um rechtzeitig wieder zurück zu sein. Als ich die Wohnungstür aufschloss, hörte ich das mir mittlerweile vertraute neuseeländische Englisch mit den lang gezogenen Vokalen und dem weichen Klang der Stimmen. In der Mitte des Zimmers stand Ross, groß und breit. Er schloss mich in seine bärige Umarmung und drückte mir zwei herzhafte Schmatzer auf die Wangen. Als ich aufsah, blickte ich in zwei blitzende blaue Augen, denen der Schalk anzusehen war. Dann wandte ich mich Trish zu, seiner kleinen zierlichen Frau mit kurzen roten Haaren, feingeschnittenem Gesicht und einem liebenswürdigen Lächeln. Unsere Begrüßung fiel nicht so stürmisch aus. Sie reichte mir ihre Hand, nahm mich dann zart in die Arme und hauchte mir ein Küsschen an der Wange vorbei. Ich bot ihnen Espresso an und ein erstauntes „What?" tönte aus Ross' Richtung. Sie kannten nur Filterkaffee, aber das sollte sich schnell ändern. Auf unserer Stadtführung durch Frankfurt lernten sie schnell die hier üblichen Latte Macchiato, Cappuccino und eben auch Espresso kennen und schätzen. Abends kochte ich frankfurterisch für sie, bei Grie Soß' mit Bratkartoffeln, Eiern und Salat saßen wir lange zusammen und erzählten uns Familiengeschichten:

„Trish, wie habt ihr euch kennengelernt?", wollte ich wissen.
„Ich war geschieden und lebte mit meinen zwei Mädchen schon eine Weile alleine. Bei einer Firmenfeier tanzte ich mit Ross. Er war im Außendienst und wir waren uns schon einige Male begegnet. Auch er war geschieden und hatte vier Söhne, die zeitweise bei ihm lebten."
„Ja, und ich hatte mich sofort in ihre schönen Beine verguckt", lachte Ross.
Trish wirkte leicht verlegen und meinte: „Aber ich ließ ihn erst ein bisschen zappeln, bevor ich mich mit ihm verabredete."

Mittlerweile waren die beiden über dreißig Jahre verheiratet, hatten ihre Patchwork-Familie zusammengeführt und die Familienfeste wurden im großen Kreis gefeiert. Nun wollten sie wissen, wie das bei uns und unseren Eltern war:
„Meine Eltern haben sich beim Sport kennengelernt, Papa war Handballtrainer und sieben Jahre älter als meine Mama. Sie war erst fünfzehn Jahre alt und wollte immer einen großen blonden Mann mit blauen Augen." Ich schmunzelte: „Mein Papa war klein, schwarzhaarig und grünäugig."
„Und du und Peter?", fragte Trish.
„Oh, witzigerweise haben auch wir uns bei einem Sportfest kennengelernt, uns aber erst in einem gemeinsamen Urlaub mit Freunden ineinander verliebt", berichtete ich. „Und wie lange habt ihr in der gleichen Firma gearbeitet?" fragte ich nach.
„Nicht sehr lange, wir wollten frei sein und keine Chefs mehr vor der Nase haben. Ein paar Jahre betrieben wir eine Tankstelle, danach kauften wir eine Obstplantage ohne jegliches Wissen über Obstanbau und Vermarktung", kicherte Trish. „Unser Wissen lasen wir uns an und hatten auch Erfolg."

Im Gegensatz zu Deutschland ist es in Neuseeland durchaus üblich, sich mehrmals beruflich völlig neu zu orientieren.

„James hat mit sechzehn Jahren die Schule verlassen, ging nach Australien zu seinem Vater und jetzt kann er in Wellington studieren", meinte Ross.

„Bei uns in Deutschland brauchst du Abitur, um an einer Hochschule zugelassen zu werden", warf ich ein.

„Das ist bei uns viel einfacher als bei euch, mit einundzwanzig Jahren kann sich jeder an der gewünschten Universität bewerben."

Am nächsten Tag machten wir unsere "Kiwis", wie sich die Neuseeländer selbst nennen, mit Kronberg bekannt. Sie waren beeindruckt von den alten Gebäuden und insbesondere die Burg hatte es ihnen angetan. „Meine Güte, eine so lange Geschichte", staunte Ross. „Wusstet ihr, dass Neuseeland zwar schon 1642 von einem Holländer entdeckt, sein Schiff aber von Maori angegriffen und vier Matrosen getötet wurden? Er ergriff die Flucht und lange Zeit war erstmal Ruhe. Erst knapp einhundertdreißig Jahre später landete James Cook bei uns in Gisborne und die Engländer begannen bald darauf das Land zu besiedeln. Wie jung unsere historischen Gebäude gegen eure sind."

Nach dem Burgaufstieg brauchten wir eine Erfrischung und setzten uns ins Eiscafé am Berliner Platz. Von James wussten wir, dass seine Großeltern den ersten Eissalon in Gisborne eröffnet hatten, und nun wollten wir sie unser gutes italienisches Eis kosten lassen. Die Eisbecher mit Sahne und Früchten schmeckten ihnen sehr gut, sind aber in Neuseeland unbekannt.

„Bei uns kannst du Eisbällchen auch in einer Waffel oder einem Becher haben, garniert mit verschiedenen Frucht- oder Schokosoßen. Der Hit bei Kindern sind bunte Zuckerstreusel", erzählte Ross und nahm einen weiteren Löffel Eis in den Mund: „Aber das hier ist echt gut", grinste er.
„Unglaublich, dass du schon wieder essen kannst", Trish schüttelte den Kopf. Sie war sehr diszipliniert und aß nur kleine Portionen. „Ross probiert morgens jede Sorte Wurst und Käse am Buffet, kann sich nicht entscheiden, ob er lieber ein Körnerbrötchen oder eine Brezel essen soll, und nimmt dann beides", lachte sie. „Erzähl uns doch noch ein bisschen über eure Farm", bat ich.
Ross schmunzelte: „Wir bauten auch Melonen für den japanischen Markt an. Der Händler begutachtete die jungen Pflanzen, kam regelmäßig, um die Qualität zu kontrollieren, und am Ende kaufte er nur die besten Früchte ohne jeden Makel. Drei Frauen waren ausschließlich damit beschäftigt, die Melonen zu waschen, zu trocknen und einzeln in mit Holzwolle gepolsterte Kistchen zu verpacken. Der Preis für eine einzelne Frucht betrug NZ$ 200,--."
„Zweihundert Dollar für eine Melone?", riefen Peter, Jeannine und ich wie aus einem Mund. Wir konnten es nicht glauben.
„Die Arbeit wurde mit zunehmendem Alter zu einer Last und wir haben die Plantage im letzten Jahr zu einem sehr guten Preis verkauft", erzählte Trish.
„Und was habt ihr jetzt vor?"
„Viele Neuseeländer sind noch nach dem offiziellen Ruhestand berufstätig. Ross hat eine Yacht gekauft und plant, mit Touristen zum Hochseeangeln zu fahren, und ich gebe in unserem Haus Klavierstunden", lächelte Trish.

Die Fußballweltmeisterschaft in Deutschland begann und wir hatten mit Nachbarn ein Grillfest organisiert, den Garten geschmückt, einen großen Fernseher aufgestellt und meine Mutter und Schwiegermutter dazu eingeladen. Ross begrüßte beide mit einer innigen Umarmung und drückte meiner Schwiegermutter einen herzhaften Schmatz auf den Mund. „Sowas hat noch keiner gemacht", entrüstete sie sich, ich übersetzte und Ross lachte: „Aber wir sind doch jetzt eine Familie." Schwiegermama verstand die Welt nicht mehr. Fußball ist für die meisten Neuseeländer langweilig. „22 Männer auf dem Platz und ab und zu fällt ein Tor. Wie könnt ihr euch das ansehen?", meinte Ross. „Dazu sind sie noch solche Memmen, beim kleinsten Rempler wälzen sie sich am Boden. Unsere Rugby-Spieler sind da viel härter im Nehmen." Wir Deutschen trugen alle Fantrikots, den Vogel schoss aber unser ägyptischstämmiger Nachbar ab mit seiner schwarz-rot-goldenen Irokesen-Perücke.

Kurz nachdem Trish und Ross abgereist waren, nahm auch unsere Tochter ihren riesigen Reiserucksack und stürzte sich in ihr neues Leben in Down Under. An Weihnachten 2006 besuchten uns Jeannine und James in ihren Sommersemesterferien. Ein halbes Jahr war vergangen, aber wir hatten uns noch nicht daran gewöhnt, dass unsere Tochter so weit weg lebte. Wir freuten uns sehr sie zu sehen und waren gleichzeitig traurig, weil uns nur so wenig Zeit füreinander blieb. Wir erwarteten weitere Familienmitglieder aus Australien. James' Bruder Reece feierte Anfang Dezember seinen 21. Geburtstag und sein Vater Mark hatte ihm zur Volljährigkeit eine Europareise geschenkt. Wir starteten mit einem Besuch auf dem Frankfurter Weihnachtsmarkt. Es schneite und die Dächer waren wie mit Puderzucker bestäubt.

Mark und Reece froren jämmerlich in ihren Sommerjeans, Turnschuhen und dünnen Jacken. Trotz dicken Pullovern meines Mannes, Glühwein, Bratwürsten und heißen Maronen gelang es uns nicht sie aufzuwärmen. Die beiden lebten in Brisbane/Australien und obwohl Jeannine sie mehrfach darauf hingewiesen hatte, dass in Mitteleuropa mit Schnee und Eis gerechnet werden muss, konnten sie sich einfach nicht vorstellen, dass es so kalt sein könnte.

Der Dezember in Australien ist vergleichbar mit unserem Juni und einer der wärmsten Monate. Weihnachten wird völlig anders gefeiert als bei uns. Wie in allen angelsächsischen Ländern kennen sie kein Christkind. Hier kommt „Santa Claus" über Nacht durch den Kamin und legt die Geschenke unter den Weihnachtsbaum. Am 25. Dezember morgens werden die Päckchen geöffnet. Meist trifft man sich am späten Vormittag mit Familie und Freunden zum Picknick oder Grillen am Strand und verbringt eine entspannte Zeit miteinander. In Marks Familie wurde die polnisch-englische Tradition hochgehalten. Auch bei hochsommerlichen Temperaturen mussten alle in formeller Kleidung bei den Großeltern erscheinen und wie James erzählte: „...ein endloses Menü mit Braten über sich ergehen lassen."

Den Geburtstag von Reece feierten wir beim „DAX", unserem Stammlokal in Sachsenhausen. Der Wirt hatte lange in Amerika gelebt und freute sich über unsere exotischen „Mitbringsel". Nach anfänglichem Zögern tranken unsere „australischen Neuseeländer" mit Begeisterung Apfelwein und fanden Grillrippchen und Grüne Soße sehr lecker. Zu fortgeschrittener Stunde zeigten uns die Herren ihre Tätowierungen. Von James wusste ich bereits, dass er sein Rückentattoo selbst entworfen hatte und es sich um seine Lebenspfade handelte. Mark und Reece tragen traditionelle Maori-Motive an Oberarmen und Waden. In Neuseeland gehört es zur Kultur, vom „businessman" im Anzug bis zum Hafenarbeiter tragen viele Tattoos. Mark erzählte uns: „Bei den Maori, den Ureinwohnern Neuseelands, war es in früheren Zeiten üblich, sich auch im Gesicht tätowieren zu lassen. Frauen trugen die sogenannten Makos hauptsächlich an Kinn und Lippenpartie. Krieger ließen sich den ganzen Körper inklusive Gesicht tätowieren. Heute ist diese Art der Tätowierung allerdings selten und meist bei Bandenmitgliedern zu finden."

Nach diesem feuchtfröhlichen Abend brachten wir unsere Besucher zu ihrem angemieteten Appartement und verabredeten uns zum Frühstück bei uns zu Hause. Um 9.30 Uhr hatte Peter Brötchen geholt und der Frühstückstisch war üppig gedeckt, fehlten nur noch Mark und Reece. Sie hatten ihre Mobiltelefone nicht mit und im Appartement gab es kein Telefon. Wir warteten.

James meinte: „Sie sind nicht immer pünktlich, macht euch keine Sorgen, sie kommen schon noch."

Wir begannen mit dem Frühstück. Es wurde Mittag, sie kamen nicht. Ich drängte James, nach ihnen zu sehen. Er sah keine Notwendigkeit. Um 16.00 Uhr bestand ich darauf, dass er und Jeannine losfuhren, um nach dem Rechten zu sehen. Eine halbe Stunde später kamen sie mit Reece zurück. „Wo ist Mark?"

„Er hat sich erkältet und liegt mit Schüttelfrost und hohem Fieber im Bett", erklärte Reece. Ich habe ihm Tee gekocht und bin losgelaufen, um bei euch Hilfe zu holen. Habe mich aber verlaufen und fand nur mit Mühe zum Appartement zurück. Wir hofften, James würde uns suchen kommen."

Mit heißer Suppe und Medikamenten versorgt, brauchte Mark einige Tage, um wieder halbwegs auf die Beine zu kommen. In diesem Jahr saßen zwölf Personen am Tisch. Eine bunt gewürfelte Gruppe aus drei Neuseeländern, acht Deutschen und einer Deutsch-Französin. Alle verständigten sich irgendwie miteinander und es war einer der schönsten Heiligabende, die wir je gefeiert hatten.

Aotearoa – das Land der langen weißen Wolke

August 2015 – Jeannine und James kamen zu Besuch. Wir sprachen über meinen anstehenden Geburtstag.
„Was hast du denn vor?", fragten meine Töchter.
„Ich möchte eine Woche in den Süden und anschließend mit Familie und Freunden nett essen gehen."
„Warum fliegt ihr nicht zu uns? Ihr kennt unser Haus noch nicht und wir haben jetzt genug Platz, um einen längeren Aufenthalt für uns alle angenehm zu machen. Unser Gästezimmer wird dir gefallen, Mama."

Jeannine arbeitet mittlerweile als Meeresbiologin im Wirtschaftsministerium in Wellington und nach den sparsamen Studienjahren genießen sie und ihr Mann jetzt ihren neuen Wohlstand. Peter überraschte mich, indem er vorschlug, doch endlich meinen Traum wahr zu machen und dem Winter für neun Wochen zu entfliehen. Er war seit zwei Jahren im Vorruhestand und nun konnten wir reisen, wann und wie lange wir wollten. Gesagt, getan. Flugpläne wurden durchforstet und die Reservierung getätigt. Einen Katzensitter fanden wir in der Tochter unserer Nachbarn. Sie würde bei uns wohnen und sich um Balou kümmern. Im Januar 2016 flogen wir über Dubai nach Melbourne in Australien. Dort trafen wir uns mit Jeannine und James, besuchten das Tennis-Grand-Slam-Turnier, beobachteten Pinguine in freier

Natur, stöberten in den Läden der Stadt und reisten nach einer Woche gemeinsam weiter nach Neuseeland.

11. Februar 2016 – Ein besonderes Ereignis stand an: Jeannines Einbürgerung. 178 Menschen aus achtzehn Nationen, viele in der Landestracht ihres Geburtslandes, schworen den Eid auf die neuseeländische Verfassung und die englische Königin. Gemeinsam sangen wir die neuseeländische Nationalhymne auf Maori und Englisch. Es war ein sehr bewegender Moment und Peter und ich konnten unsere Tränen nicht zurückhalten. Nach der Zeremonie lud uns Jeannine zu einem echten „Kiwi dinner" im besten Fish'n-Ships-Restaurant der Stadt ein. Nun besitzt unsere Tochter zwei Staatsbürgerschaften und ist eine echte „Kiwi".

Ende Februar 2016 – Fünf Stunden Autofahrt lagen vor uns zum Tongariro National Park. Strahlender Sonnenschein, 25°C warm. Nachdem wir den üblichen Stau in und um Wellington hinter uns hatten, fuhren wir zügig Richtung Norden. Vorbei an der traumhaften Kapiti-Küste mit langen Sandstränden, durch Weideland mit Schafen und Rindern. Hügelige Landschaft von der Sonne ockergelb gebrannt, und Steilhänge wechselten sich ab. Direkt am Straßenrand standen Grabsteine. „James, wieso stehen die Grabsteine so dicht an der Straße?", wollte ich wissen. „Wieso nicht?", grinste er. „So haben sie doch den besten Blick auf die Berge." Peter und mir war bereits in Wellington aufgefallen, wie anders die Friedhöfe hier sind. Inmitten der Stadt führt eine Brücke über die Stadtautobahn zum nächsten Teil des Friedhofes. Direkt dahinter beginnt das Regierungsviertel. Frische Blumensträuße findet man selten auf den Gräbern, meist liegen nur Steine und künstliche

Blüten auf den Grabplatten. Dann sah ich den „Mt. Ruapehu". Majestätisch ragte die Spitze des Vulkans aus einer dicken Wolke. Wir hatten das Hochplateau erreicht. Ohakune ist im Sommer ein verschlafenes Nest, im Winter ein „hotspot" für Skifahrer. Wir wohnten in der „Hobbit Motor Lodge". Seit hier die „Herr der Ringe"-Filme gedreht wurden, profitieren viele von der „Hobbit Welt" und es kommen auch im Sommer immer mehr Touristen. Unser Appartement war rustikal einfach, sehr sauber und umgeben von riesigen Flachspflanzen. Wir fuhren zum Dinner und gingen früh schlafen. Ich freute mich auf eine ruhige Nacht. Kaum war ich eingeschlafen, schreckte ich hoch. Die Wände waren papierdünn und wir hörten die Nachbarn kichern. Sie hatten offensichtlich das „crossing" erfolgreich beendet und feierten das Ereignis ausgiebig. An Schlaf war nicht zu denken. Meine Gedanken wanderten zurück zum Februar 2008...

Wie anders war die Begegnung mit den Vulkanen bei unserem letzten Besuch. Peter und ich reisten zum ersten Mal nach Neuseeland. Wir hatten unsere Tour wochenlang mit Jeannine und James sorgfältig geplant, alle Unterkünfte, den Mietwagen und die Anschlussflüge reserviert und waren sehr gespannt auf dieses Land. Von Melbourne aus flogen wir noch einmal fünf Stunden über den Ozean. Keine Inseln, keine Schiffe. Nichts. Nur tiefblaues Wasser. Ich fragte mich, wie die Piloten zu Beginn der Luftfahrt diese beiden Inseln im riesigen Pazifik gefunden haben. Dann plötzlich sahen wir eine lange weiße Wolke, eine Bergspitze lugte daraus hervor. Nun verstand ich, warum die Maori Neuseeland „das Land der langen weißen Wolke" nennen. Mt. Cook oder auf Maori Aoraki ist mit 3724 m der höchste Berg der Neuseeländischen Alpen auf der Südinsel. Eine sechswöchige Rundreise führte uns über 3000 km fast jede Nacht an einen anderen Ort. Wir bestaunten Pinguine, Delfine und Robben in freier Natur, kreuzten auf einem Segelschiff auf dem Doubtful Sound und betrachteten nachts an Deck das Kreuz des Südens, die Sternenkonstellation der südlichen Hemisphäre. Wir flogen mit dem Helikopter über Mt. Cook, erkundeten zu Fuß den Abel Tasman Nationalpark, überquerten Hängebrücken und wurden von „sand flies" gebissen. Noch nach vier Wochen juckten die Stiche gemein. Die ungewöhnliche Flora und Fauna faszinierte uns. Die Neuseeländer waren überaus höflich und sehr interessiert an Deutschland. Dieses freundliche Miteinander würde ich im hektischen Frankfurt vermissen.

Gegen Ende unserer Reise besuchten wir James' Großeltern in Gisborne, einer Kleinstadt im Osten der Nordinsel, die als erste Stadt der Welt das neue Jahr begrüßt. Hier wollten wir „greenstone" kaufen, neuseeländische Jade, die nur an der Westküste der Südinsel zu finden ist. Die Maori fertigten früher daraus nicht nur Schmuck, sondern auch ihre Waffen. „Einen ‚greenstone' sollte man sich nicht selbst kaufen", erklärte mir mein Schwiegersohn. „Man lässt ihn sich schenken. Und zuvor sollte er im Ozean gereinigt werden." Trish und Ross fuhren mit uns zu einer kleinen Werkstatt und die Besitzerin schenkte jedem von uns zum Abschied einen Glückskeks. Ich öffnete meinen Keks, entfaltete den Zettel und las „you will walk an untrodden path". Ja, das tat ich. Ich befand mich hier auf unbeschrittenen Wegen. Auf dem Weg zurück nach Wellington wollte Peter die wohl spektakulärste Wanderung auf der Nordinsel machen, das „Tongariro Crossing". Der 19,4 km lange Weg führt zwischen zwei Vulkanen hindurch, einer Mondlandschaft mit grauschwarzem Geröll und blutroten Einschlüssen im Gestein. Sie wird mit acht Stunden veranschlagt und es gibt keine Quelle zum Wasserschöpfen, geschweige denn eine Einkehrmöglichkeit. Am Ende des Weges steht ein Bus zur Abholung bereit. Auf meine Frage, wie ich denn wieder aus dem Park herauskomme, wenn ich mich verspäte, meinte James: „They are not your babysitter." Mit anderen Worten, sieh zu, dass du es pünktlich schaffst. Unsere Fahrt führte durch eine einsame Wollgraslandschaft, majestätisch überragten die Vulkane die Hochebene. Ein kleiner See mit Schilf, ein paar Enten. Keine Menschenseele. Traumhaft schön und trotzdem fühlte ich mich hier nicht wohl. Jeannine hatte uns ein Zimmer in einem „hostel" nahe des Parkeingangs gebucht. Von hier würde uns ein Bus abholen und zum Ausgangspunkt der Wanderung fahren. Wir stellten unser Gepäck ab, nahmen den Schlüssel in Empfang, buchten und zahlten die Tour. Dann machten wir uns auf den Weg in das einzige Restaurant weit und breit. Eine unerklärliche Angst überfiel mich, ich bat Peter, alleine zu wandern. Lieber wollte ich den Tag im Tal verbringen und ein Stück laufen. Meine Nachfrage nach Wanderwegen machte es nicht besser. Man riet mir davon ab, da es immer wieder vorkam, dass Wanderer in ein Erdloch fielen und sich alleine nicht mehr befreien konnten. Meine Angst wurde immer größer, mein Herz raste. Was war nur los mit mir? Wir wollten früh schlafen gehen, damit Peter am nächsten Morgen ausgeruht starten konnte. In unserem Zimmer traf mich fast der Schlag. Es war nicht gereinigt worden, Staubmäuse in den Ecken, die Bettwäsche schmutzig. Nur zwei frische Handtücher hingen im Bad über der Stange. Die Rezeption war mittlerweile nicht mehr besetzt. Ich brach in Tränen aus, konnte mich nicht mehr beruhigen und weigerte mich, auch nur eine Stunde länger als nötig an diesem Ort zu bleiben. Die Nacht verbrachten wir voll bekleidet auf unseren Strandtüchern liegend. Im ersten Morgengrauen reisten wir ab und fuhren zur Kapiti-Küste. Am Meer fühlte ich mich wesentlich wohler, wir verbrachten einige Tage dort und ich erholte mich ein wenig. Zurück in Wellington mussten wir viel zu schnell Abschied von unserer Tochter nehmen und zurück nach Deutschland fliegen. Vier Wochen später erkrankte ich.

Zurück im Februar 2016...
Kaum war ich wieder eingeschlafen, sprang Peters Wecker an. Die Nacht war um. Ich hatte mich auf die Wanderung gefreut und täglich meine Kondition trainiert. Nun konnte ich nicht mitwandern. Zwei Tage zuvor war ich gestürzt und hatte mir das linke Knie schmerzhaft verdreht. An eine lange Wanderung war nicht zu denken. Meine Familie zog freudig los und ich hatte seit sieben Wochen den ersten Tag für mich alleine. Bei strahlendem Sonnenschein humpelte ich mit bandagiertem Knie zum „visitor centre", fragte nach einem Weg für „Fußkranke" und machte mich langsam auf den Weg. An einem Bach schlängelte sich ein bequem zu laufender Pfad mit nativen Bäumen und riesigen Rhododendren, Überbleibsel der englischen Siedler. Es war still, nur die Vögel und das leise Plätschern des Flüsschens waren zu hören. Ab und an blitzten die hohen Berge durch die Bäume. Teilweise noch immer von Schnee bedeckt. Ich genoss mein Alleinsein in dieser unglaublich schönen Landschaft und war zufrieden und dankbar.

Nun hatte sich die Prophezeiung „you will walk an untrodden path" aus meinem Glückskeks tatsächlich erfüllt. In den letzten Jahren musste ich bedingt durch meine Erkrankung einiges in meinem Leben ändern und hatte einen nie zuvor gegangenen Weg beschritten.

Ortswechsel
Heide-Marie Kullmann

**Berlin-Mahlsdorf,
von der Donizettistraße in die Theodorstraße
– die Jahre von 1955 bis 1960 –**

1955 heiratete meine Mutter zum zweiten Mal. Wir wohnten im Haus meiner Großmutter in der Donizettistraße in Berlin-Mahlsdorf, in Ostberlin. Ich war vierzehn Jahre alt und neugierig: „Wie wird es in der neuen Umgebung sein? Werde ich mich mit der neuen Familie gut verstehen?" Aber ich fragte mich auch: „Warum heiratet sie noch einmal? Hofft sie nicht mehr, dass mein Vater Kurt aus Russland zurückkehrt?"

Das Schreiben, mit dem meine Mutter am 16. August 1944 vom Führer seiner Einheit Leutnant Clotz informiert wurde, beginnt mit: „... habe ich die ernste Verpflichtung, Ihnen mitzuteilen, dass er seit dem 22.6. vermisst ist." Es endet mit: „Ich hoffe mit Ihnen von ganzem Herzen, dass Sie Ihren Gatten nach dem siegreichen Ende dieses gewaltigen Ringens, für das wir hier draußen unbeugsam weiter im Kampfe stehen, wiedersehen werden." Viele ähnliche Briefe wird Leutnant Clotz in dieser Zeit geschrieben haben. Hat er wirklich noch an den Sieg geglaubt? Mein Vater wurde vermutlich bei Kämpfen gefangen genommen, auch zwei ebenfalls vermisste Kameraden. Damit begann eine jahrelange Zeit des Wartens und Hoffens meiner Mutter und meiner Großmutter. Täglich hörten sie die Suchmeldungen des Deutschen Roten Kreuzes im Rundfunk. Ich wünschte sehnsüchtig für sie, dass mein Vater wieder heimkehrte. Meine Mutter war unausgeglichen, oft krank. Wenn sie von ihm erzählte, weinte sie. Ich selbst habe meinen Vater nicht vermisst, denn ich kannte ihn nicht. Es mangelte mir an nichts, von beiden Frauen wurde ich gut versorgt. Viele meiner Freundinnen wuchsen vaterlos auf, es war nichts Besonderes.

Gab es einen Zeitpunkt, an dem meine Mutter nicht mehr mit seiner Rückkehr rechnete? Schob sie die Gedanken einfach weg, bis sie Paul kennenlernte? Sie erzählte mir später, dass mit der zweiten Heirat der Wunsch verbunden war, wieder für eine Familie sorgen zu können. Sie hatte sich als Einzelkind immer eine große Familie gewünscht. Waren wir beide unterwegs und sie wurde auf mich angesprochen: „Frau Rancke, Sie haben eine Tochter?", pflegte sie zu sagen: „Eigentlich wollte ich immer vier Jungen haben, nur keine Mädchen, aber leider ist es bei einer Tochter geblieben." Damit konnte ich leben. Schwer konnte ich verkraften, als sie mir ein paar Wochen nach ihrer Heirat von ihren Träumen berichtete, in denen Kurt vor der Tür stand und sie fragte, warum sie denn wieder geheiratet hätte. Solche Ereignisse waren in jener Zeit nichts Außergewöhnliches, sie wurden im Freundeskreis erzählt und fanden sich auch in der Zeitung wieder. Wurde ihr nach der Heirat erst bewusst, dass sie damit endgültig Abschied von Kurt genommen hatte? Sicher hat ihr die Entscheidung meiner Großmutter Rancke geholfen, die ihren Sohn 1954 für tot erklären ließ. Mein Vater war mit seiner Schwester Miterbe des kleinen Miethauses in der Donizettistraße und meine Großmutter konnte darüber nicht verfügen, da er als vermisst und damit als lebend galt. Ich vermute, dass sie meiner Mutter mit dem Entschluss helfen wollte, wieder Pläne für die Zukunft zu machen. Beruflich kam meine Mutter nicht mehr voran. Die Weigerung, in die SED einzutreten, hatte ihr den Aufstieg in eine interessante

Stellung, die Betreuung der Lehrlinge in der Konsumgenossenschaft, verwehrt.

Der Faschingsdienstag des Jahres 1955 war auch für mich ein Schicksalstag. An diesem Tag lernte meine Mutter Paul im Kreis von Freunden näher kennen. Ich lese unter dem 22. Februar in ihrem Taschenkalender: „Im Friedrichstadtpalast, anschließend im HO essen, dann im HO Unter den Linden getanzt mit Paulchen und getrunken, gesungen, gelacht. Um 3 Uhr in Mahlsdorf, war wunderschön." Sie heirateten am 19. September 1955. In ihrem Taschenkalender findet sich die Notiz: „Um 12 Uhr Standesamt Lichtenberg getraut. Um 5 Uhr nach Wendisch-Rietz zum Scharmützelsee." Zwei Tage später waren sie wieder zurück. Eine längere Abwesenheit war für Paul nicht möglich. Er war Eigentümer einer Gärtnerei, die er nach dem Tod seines Vaters im Jahr 1946 mit einigen Angestellten bewirtschaftete. Ich lernte Paul bei einem seiner Besuche bei uns kennen, einen warmherzigen, ruhigen Mann, der mir gleich sympathisch war. Gärtnerei und Wohnhaus besuchte ich zum ersten Mal anlässlich seines Geburtstages im August. Es gab viel Platz im Haus und draußen in der Gärtnerei, Gewächshäuser, zwei Hunde, Katzen, es gefiel mir. Die Felder standen in voller Blüte: weiße und rote Dahlien, Astern in verschiedenen Farben, kupferfarbene Chrysanthemen. Ihren herben Geruch mag ich noch heute. Er ist in meinem Gedächtnis eng mit der Theodorstraße verbunden. Meine Erinnerungen an den Hochzeitstag sind spärlich. Ich kam am frühen Nachmittag aus der Schule, fand in der Theodorstraße die beiden und ein paar Gäste vor, es wurde gemeinsam Kaffee getrunken. Fotos gibt es nicht.

Für mich war es ein Eintritt in eine völlig neue Welt. Der Umzug von der Ein-Zimmer-Wohnung im Mietshaus meiner Großmutter Rancke in der Donizettistraße in das Haus in der Theodorstraße verschaffte mir ein eigenes Zimmer, Zentralheizung in allen Räumen, ein Luxus, den ich sehr genoss. Vorbei die Zeit, in der ich immer wieder einmal vergaß, im Kachelofen Kohle nachzulegen, was meine Mutter, die müde von der Arbeit nach Hause kam, natürlich sehr verdross. Auch der Gang in den Keller war nun viel angenehmer, da es überall elektrisches Licht gab, geflieste Fußböden. Es war nicht mehr der Weg in eine finstere Unterwelt, wo noch Gasmasken aus der Kriegszeit hingen.

Aber das Schönste war eine fröhliche Mutter, die ich so noch nie erlebt hatte. Sie packte ihr Hausfrauenleben mit viel Energie an, obwohl es ihr nach Jahren der Berufstätigkeit schwerfiel, pünktlich um 12 Uhr ein Essen auf den Tisch zu bringen. Es war für sie selbstverständlich, nach den Finanzen zu schauen. Besonderen Anlass gab der Besuch des Gerichtsvollziehers, der nach etlichen Mahnungen persönlich kam, um die Hundesteuer einzuziehen. Er und Paul schienen sich gut zu kennen. Ein Schnaps wurde getrunken und das Geld ausgehändigt. Mit einem freundlichen Schlag auf die Schulter verabschiedeten sich beide. Meine Mutter war empört. Auch kleinste Schulden zu machen, fand sie unmöglich. Sie sah schnell, dass der Haushalt zu kostspielig war. Die Nähfrau und die Wäschefrau wurden verabschiedet, nur eine Reinigungshilfe blieb.

Seit dem Auszug von Pauls erster Frau hatte seine Mutter den Haushalt geführt. Sie zog sich nun in den ersten Stock zurück. Dort lebte sie gemeinsam mit Pauls Tochter Veronika, 18 Jahre alt und damit in der

DDR bereits volljährig. Paul hatte wohl nicht daran gedacht, seine Tochter auf die Anwesenheit einer neuen Frau vorzubereiten. Zwei explosive Charaktere prallten aufeinander. Veronika sah in meiner Mutter den Eindringling. Meine Mutter wollte eine gewisse Ordnung und Struktur wieder einführen und erkannte nicht, dass die Tochter dies als Affront gegen sie gerichtet sah. So konnten ein paar Gläser eingemachtes Obst Anlass für eine grundsätzliche Auseinandersetzung werden. Meine Mutter wollte den Überblick behalten und stellte ihr ein paar Gläser zur Verfügung. Veronika sah dies als Bevormundung in ihrem Elternhaus an. Oft donnerten die Türen. Paul unterstützte meine Mutter bei diesen Streitigkeiten nicht. Er verschwand dann nach „hinten", auf die Felder oder in die Gewächshäuser.

Meine Großmutter Rancke packte überall mit an, auch bei der Verwertung von Obst und Gemüse. Ich half gern mit, war ich doch die Arbeit im Garten meiner Großmutter gewohnt, aber nicht die Mengen, die hier anfielen. Wir ernteten tagelang grüne Bohnen, Äpfel, Birnen, Kirschen, rote, weiße und schwarze Johannisbeeren. Letztere verdarben mir oft das Pflücken wegen des unangenehm strengen Geruchs. Aber ein Glas Saft im Winter schmeckte wunderbar und versöhnte mich mit den Mühen im Sommer. Große Unterstützung fand meine Mutter auch durch Pauls Schwester Lieschen, die verwitwet war und in der Gärtnerei mitarbeitete. Lieschens Sohn Christoph war Bäcker und Konditor und hatte früh Feierabend. Er kam meistens zu einem späten Mittagessen zu uns. Da ich zur gleichen Zeit aus der Schule kam, aßen wir zusammen und es wurde viel gelacht. Das gefiel mir in der Theodorstraße sehr: Häufig kam Besuch, Freunde, Verwandte, die gern feierten. Die Festtage waren sehr vergnüglich. Der Umgang mit Veronika war für mich problemlos. Sie war in der Ausbildung, ging oft aus. Wenn sie abends fein gemacht die Treppe herunterkam, bewunderte ich ihren Schick. Für mich als Schülerin war der Abstand zu ihr, die nur wenige Jahre älter war, riesengroß.

Nach den ersten Monaten zeigte meine Mutter Zeichen einer Erschöpfung. Ich glaube, sie hatte die Fülle der Arbeiten unterschätzt. Die alltägliche Arbeit in einem Geschäftshaushalt, Kontakte zu den Kunden, die unübersichtliche, teilweise schlechte Finanzlage, die Bewirtung der Gäste, kaum Pausen. Die Ehe mit einem Mann, der in der Gärtnerei viel leisten musste, aber Problemen eher aus dem Weg ging, belasteten sie. Allein das Wäschewaschen dauerte zwei Tage. In der Waschküche wurde unter dem Waschkessel Feuer gemacht, die Wäsche zum Kochen gebracht, auf dem Waschbrett hartnäckige Flecken entfernt. Besondere Mühe machte sich meine Mutter mit der Arbeitskleidung Christophs, die durch seine Arbeit in der Bäckerei besonders verschmutzt war. Dann wurde die Wäsche nach draußen getragen, in großen Zubern mit kaltem Wasser gespült und auf Wäscheleinen aufgehängt, auch im Winter. Die großen Stücke kamen zur Heißmangel, wo sie unter Mithilfe meiner Mutter gemangelt wurden. Meine Mutter belohnte sich immerhin nach den Waschtagen mit einem Stück Schwarzwälder Kirschtorte. Der Schwung meiner Mutter war dahin. Ihr großer Wunsch, „in der Familie aufzugehen", wie sie ihre Vorstellungen beschrieben hatte, erfüllte sich nicht.

Die Situation für eine selbständige Gärtnerei in Zeiten der Kollektivierungswelle in der DDR war schwierig. In der Schule lernte ich, dass die Verstaatlichung bzw. die Umwandlung von Privat- in Genossenschaftseigentum die Grundvoraussetzung für den

Aufbau des Sozialismus sei. Das führte in der Praxis dazu, dass die volkseigenen Güter und die entstehenden Genossenschaften höhere Löhne zahlen durften und geringer besteuert wurden als die Privatbetriebe. So schrumpfte im Laufe von fünf Jahren die Zahl der Angestellten von sechs auf eine Person zusammen. Nur seine Schwester Lieschen blieb. Pauls schwere Arbeit von morgens bis abends, unterbrochen von wenigen Pausen, brachte kein entsprechendes Einkommen. Den Sommer über galt es, sehr früh aufzustehen, um die Blumen in der Blumengroßmarkthalle zu verkaufen. Ein paar Tage Urlaub mit Freunden, manchmal ein Wochenende zu einem befreundeten Gesangverein nach Meißen oder ein Tanzvergnügen in der Gaststätte Teglitz waren die einzigen Auszeiten während der fünf Jahre, die wir in der Theodorstraße lebten.

In den Sommerferien begleitete ich Paul manchmal bei der Fahrt in den Blumengroßmarkt. Wenn ich den Schock des Aufstehens um 2 Uhr überwunden hatte, half ich mit, die am Vorabend geschnittenen und gebündelten Blumen in Steigen zu verpacken, aus dem Keller zu tragen und im Lkw zu verstauen. Wir fuhren zur Halle am Bahnhof Alexanderplatz, einem Provisorium, denn die einstige Halle war im Krieg zerstört worden. Bei unserer Ankunft strömten die Hilfsarbeiter mit großen Karren herbei, um die Blumen auszuladen und an den Stand zu bringen. In der Halle war es zugig und laut, die Fülle der Sommerblumen jedoch überwältigend. Der Blumenverkauf machte mir großen Spaß. Einen Teil der Ware lieferte Paul direkt an bestimmte Blumengeschäfte aus. Den Abschluss bildete ein reichhaltiges Frühstück bei einer der Kundinnen.

Meine Mutter und Paul führten eine Ehe mit der klassischen Arbeitsteilung: Er arbeitete in seinem Beruf, sie versorgte den großen Haushalt, kümmerte sich fürsorglich um ihren Ehemann, achtete auf pünktliche Mahlzeiten. Anerkennende Worte gab es selten, ihre Arbeit war selbstverständlich und aus seiner Sicht im Vergleich zu seiner Plackerei leicht. War meine Mutter, was selten vorkam, einmal nicht zu Hause, hatte ich mich um das Abendessen zu kümmern. Auch das Schuheputzen war meine Aufgabe. Ich kam aus dem Staunen nicht mehr heraus. Meine Mutter, die jahrelang dafür gekämpft hatte, dass ich selbständig wurde, ließ noch nicht einmal zu, dass ein erwachsener Mann sich seine Wäsche selbst herauslegte oder sich ein Abendbrot zubereitete. Mit dem Satz „Man lässt sich von seiner Mutter nicht bedienen" war ich groß geworden.

Vorbei die Zeit, in der ich mich, müde von der Schule heimgekommen, in der Donizettistraße bei meiner Großmutter auf den Kohlekasten in der Küche fallen ließ, ihr bei den letzten Essensvorbereitungen zusah und ihr von den Ereignissen in der Schule berichtete. Vorbei die ruhigen Nachmittage, während deren ich nach der Erledigung der Schularbeiten meine Aufgaben im Haushalt erfüllte, meiner Großmutter im Garten half oder ein paar Runden auf dem Fahrrad drehte.

Natürlich unterstützte ich meine Mutter auch jetzt in der Theodorstraße im Haushalt und bei der Obsternte. Aber es gab unerfreuliche Diskussionen, meine Mutter hatte sehr viel an mir auszusetzen. Die Erziehung bliebe fest in ihrer Hand, hatte sie kurz nach ihrer Heirat gesagt. Es gab auch kein Bedürfnis von Pauls Seite, mich in irgendeiner Weise zu beeinflussen. Wir zwei lebten freundlich nebeneinander her.

Meine Mutter versuchte Erziehungsarbeit nachzuholen. Sie sorgte sich vor allem in den folgenden Jahren darum, mich auf mein Leben als zukünftige Ehefrau vorzubereiten. Ihr missfiel, dass ich weder häkeln, stricken noch nähen konnte und lieber Bücher las. Aus heutiger Sicht finde ich es merkwürdig, dass sie mich weder kochen noch bügeln lehrte. Vermutlich war ihre Angst groß, dass ich etwas verderben könnte. Die Zeit, mich einzuweisen, nahm sie sich nicht. In meinem Taschenkalender vom 18. Dezember 1956 lese ich: „Im Zentralen Klubhaus der Berliner Jugend (Alexanderplatz) habe ich mich zur Interessengemeinschaft Gesellschaftstanz angemeldet, Gebühr 10 DM, mit Bärbel." Der Vorschlag kam von meiner Mutter und war – aus meiner heutigen Sicht – eine gute Idee. Aber ich fühlte mich während dieser Stunden äußerst unbehaglich. Ich fand es schrecklich zu warten, bis ich zum Tanzen aufgefordert wurde. Ich konnte mir nicht vorstellen, mich mit einem Jungen anzufreunden. „Du darfst einen Jungen küssen, aber mehr nicht." Was war nur „mehr"? Stand ich abends mit ein paar Schulkameradinnen in der Hönower Straße im Mahlsdorfer Zentrum, befürchtete meine Mutter, dass ich mich herumtreibe. Grund war, dass ein etwas älteres Mädchen dabeistand, das „schon Erfahrungen hatte", ja welche denn? Meine Mutter sorgte sich, dass die Leute über sie reden könnten.

Die Unbeschwertheit meiner jungen Jahre war vorbei. Ich sah die Enttäuschung meiner Mutter und zweifelte an einem positiven Bild eines Lebens zu zweit. Zwar dachte ich damals, dass mir als Mädchen eine Ehe unausweichlich bevorstand, wusste aber, dass ich dieses Ereignis auf viele, viele Jahre hinauszögern musste. Die Ehe meiner Mutter brachte mich nicht nur zum Nachdenken über die Rolle der Frau, sondern ich erlebte auch aus der Nähe die zunehmenden politischen Eingriffe in den Betrieb einer privaten Gärtnerei. Als sie heirateten, konnte ich noch nicht ahnen, dass damit auch die Weichen für einen weiteren Ortswechsel gestellt wurden.

**Von Ost nach West,
von Berlin-Mahlsdorf nach Berlin-Tempelhof
– die Jahre 1960 und 1961 –**

In meinem Taschenkalender von 1960 steht unter Sonnabend, 7. Mai 1960: „nach Tempelhof für immer (bin mit dem Rad rübergefahren)." In normalen Zeiten ein Wochenendausflug zu meinem Großvater. An diesem Tag jedoch wechselte ich endgültig die Seiten, wurde ein sogenannter Republikflüchtling ohne jede Chance zur Rückkehr. Das Pass-Gesetz der DDR aus dem Jahre 1954 machte meinen Grenzübertritt strafbar. Mit mir verließen von der Gründung der DDR am 7. Oktober 1949 bis in den Juni 1990 über 3,8 Millionen Menschen das Staatsgebiet.

Wie ging es mir damals, im Frühjahr 1960? Gut. Mein erstes Semester in der Fachschule für wissenschaftliche Bibliothekare lag hinter mir. Nun absolvierte ich mein erstes Praktikum in der Stadt- und Universitätsbibliothek, im ehemaligen Marstall des Berliner Schlosses. Das Praktikum gefiel mir sehr. Aber auch die Schule machte Spaß. Wir hatten viele Fächer, die mich interessierten, besonders Literatur und Sprachen. Das Fach Gesellschaftswissenschaften verursachte mir allerdings Kopfschmerzen. Ich fühlte mich gefangen in diesem ach so logischen Denken des dialektischen Materialismus. Oft dachte ich, dass es noch eine andere Sichtweise geben müsste. Aber Andersdenken kam nicht in Frage. Das hatte ich bereits in der Oberschule gelernt und verinnerlicht. Wie viele meiner Generation führte ich ein Doppelleben, hielt den Mund, wenn es um die sozialistischen Errungenschaften der DDR ging. Es war mir gleichgültig, ob wir uns noch in der Phase der Diktatur des Arbeiter- und Bauernstaates befanden oder bereits beim Aufbau des Sozialismus angelangt waren. Ich lernte gern, aber der Besuch der Oberschule wurde ab der 10. Klasse unerfreulich: die Fahnenappelle montags früh, das Marschieren üben für die Demonstrationen am 1. Mai oder 7. Oktober, der Versuch der Einführung des Faches Wehrkunde, einer paramilitärischen Ausbildung, die glücklicherweise gestoppt werden konnte. Die Generationen nach uns hatten dieses Glück nicht mehr. Nur unter strenger Geheimhaltung erlaubte uns ein Lehrer die Diskussion über den Ungarn-Aufstand 1956. Ein Schüler, dessen Vater Funker war, hatte unverfälschte Nachrichten aus Ungarn empfangen.

Die Mangelsituation, über die sich meine Mutter oft beklagte, empfand ich so nicht. Ich hatte alles, was ich brauchte. Die Eintrittskarten für die Theater- und Konzertbesuche mit meinen Freundinnen Jutta, Petra, Edeltraud, Annemarie und Karla waren preiswert. Wir waren viel mit dem Fahrrad in der Umgebung unterwegs. Mit Jutta trat ich in den Ruderklub „Rotation" in Karolinenhof im Stadtteil Schmöckwitz ein. Doch das systematische Rudertraining für die Regatta behagte uns nicht. Wir wollten unabhängiger sein und suchten eine Alternative. „Hurra, wir haben ein Paddelboot mit Namen „Nixe" gekauft!", lese ich am 5. Juli 1959 in meinem Taschenkalender. Jeden Sonntag waren wir auf den Berliner Gewässern in unserem Boot unterwegs. Stienitzsee, Gosener Graben, Seddinsee, Große Krampe, Dahme gehörten nun zu unserem Freizeitrevier. Mit Jutta erwarb ich auch ein Abonnement für den Schumann-Chopin-Klavierzyklus 1960/61 im Theater der Freundschaft. Hier legte ich den Grundstein für meine bis heute andauernde Begeisterung für die romantische Klaviermusik. Jede Woche besuchte ich meine Großeltern in Tempelhof im Westen der Stadt. Großmutter Weiß verwöhnte mich. Sie kochte mir mein Lieblingsessen, einen Rindfleischeintopf mit viel Gemüse und Brühe. Dank ihrer Großzügigkeit verfügte ich über Westmark, die ich für eine Kinokarte oder für den Besuch eines Jazzkonzerts in Westberlin, z.B. mit Ella Fitzgerald oder Louis Armstrong, nutzte. Mein Großvater las die Berliner Morgenpost und hielt mich zum Lesen an. So hatte ich die Möglichkeit, die Inhalte des Neuen Deutschlands, des Sprachrohrs der SED – das alle Schüler in der Oberschule abonnieren mussten –, mit denen des Springerblattes zu vergleichen. Oft war ich mit der Sicht der Berliner Morgenpost nicht einverstanden. Ich lehnte den herablassenden Ton ab, wenn es um die „Brüder und Schwestern in der Ostzone" ging.

Paul kämpfte mit den Schwierigkeiten, in die Inhaber eines selbständigen Gärtnereibetriebes in der DDR in den 50er Jahren zunehmend gerieten. Die Quedlinburger Samenzüchter exportierten die gute Ware in den Westen, er konnte nur die minderwertige Qualität kaufen. Es gab keinen Maschendraht, um junge Pflanzen vor den Wildkaninchen zu schützen. Meine Mutter schmuggelte Draht von West- nach Ostberlin, indem sie die Rolle in der S-Bahn hinter sich stellte und hoffte, dass die Volkspolizisten sie beim Kontrollieren der Bahn nicht bemerkten. Dies ging glücklicherweise immer gut aus. Seine Gärtnerei war auf Blumen spezialisiert. Hauptabnehmer waren private Blumengeschäfte. Er war jedoch verpflichtet, entsprechend der Größe der Flächen in den Gewächshäusern bestimmte Mengen an Frühgemüse anzubauen. Dieses musste bis zu einem bestimmten

Tag bei einer Sammelstelle abgeliefert werden. Nach diesem Termin wurde für einen Salatkopf nur noch ein Bruchteil des vorherigen Preises bezahlt. So wurde Druck ausgeübt, die festgelegten Normen einzuhalten. Oft kam er wütend nach Hause, weil er gesehen hatte, wie das pünktlich gelieferte Gemüse vor sich hin rottete. Die Planwirtschaft war nicht in der Lage, genug Lkws zum Weitertransport bereitzustellen.

Anfang 1960 wurde er wie alle selbständigen Gärtner in Mahlsdorf aufgefordert, sich einer GPG (Gärtnerischen Produktionsgenossenschaft) anzuschließen. Er traf sich regelmäßig mit den Kollegen in der Nachbarschaft. Hitzig wurden die Vor- und Nachteile eines Beitritts diskutiert. Die Bedingungen für die Aufnahme in die GPG waren ungünstig: Paul hätte seinen Besitz verloren. Die Pflanzen in den Gewächshäusern und auf den Feldern wären ohne Gegenleistung in den Besitz der GPG übergegangen. Von nun an wäre er als Betriebsleiter völlig von den Vorgaben der Planwirtschaft abhängig geworden. Der Magistrat wartete zunächst ab. Mitarbeiter wurden geschickt, um die Gärtner zum Beitritt zu überreden. „Was wollen die denn von mir?", sagte er oft, wenn er mittags zum Essen ins Haus kam. Es war ganz einfach, das waren Angestellte, die sich „bewähren" sollten und deshalb versuchten, ihn zum Eintritt in die GPG zu bewegen. Die Behörden verloren die Geduld und legten als Termin für die Vertragsunterzeichnung den 10. Mai 1960 fest. Nach meiner Erinnerung verließen in dieser Zeit außer uns sieben Inhaber von Gärtnereien aus der Nachbarschaft den Osten der Stadt. Im März fiel die Entscheidung, Ostberlin zu verlassen. Dieser Schritt fiel mir sehr schwer. Ich ging mit Freude in die Fachschule, hing an meinen Freundinnen und besonders an meiner Großmutter Rancke. Sie war der Engel meiner Kindheit, da sie immer ein offenes Ohr für meine Probleme hatte und oft den Zorn meiner Mutter über mich abfangen konnte. Ich wollte auf alle Fälle die Fachschule beenden und überlegte, in Mahlsdorf bei meiner Großmutter zu bleiben. Aber es gab Stimmen, die warnten, dass sich die DDR bald gegen den Exodus wehren würde. Auch meine Freundin Petra, deren Vater als stellvertretender Leiter der Akademie der Wissenschaften zu den Kadern der SED gehörte, sprach davon. Ich sorgte mich, meine Mutter nicht mehr sehen zu können. Außerdem fühlte ich mich mit Paul solidarisch. Warum wurde er wegen einer Gärtnerei mit etwa zwei Hektar Land für einen Kapitalisten gehalten, der aus Sicht der DDR keine Daseinsberechtigung in dem sogenannten sozialistischen Staat hatte?

Wir fingen an, wichtige Dinge nach Tempelhof zu meinem Großvater zu schmuggeln. Er wollte uns für eine Übergangszeit aufnehmen. So packten wir etliche „Geburtstagspäckchen" oder ich nahm ein oder zwei meiner Lieblingsbücher, einen Pullover oder eine Bluse in meiner Schultasche mit, wenn ich ihn besuchte. Ängstlich war ich nicht. Ich besuchte meine Großeltern seit vielen Jahren regelmäßig. Die Kontrolle am Grenzbahnhof Sonnenallee war schon Routine. Manchmal bat mich ein Volkspolizist, meine Schultasche und meinen Sportbeutel zu öffnen. Er blätterte dann in den Schulbüchern und interessierte sich besonders für lose Blätter. Waren das eventuell persönliche Dokumente, die Hinweise auf eine Flucht geben könnten, oder gar verstecktes Geld? Bei mir fand er jedenfalls nichts. Meine Mutter schnürte jeweils eine Bettdecke zu einem Paket, legte es in der S-Bahn ins Gepäcknetz und setzte sich einen Gang weiter auf eine Sitzbank. Glücklicherweise beachteten die Polizisten am Grenzbahnhof die Pakete nicht. So konnte sie nach und nach unser Bettzeug wohlbehalten zu meinem Großvater bringen. Eine Freundin meiner Mutter war mutig genug, sich wichtige Unterlagen um den Bauch zu binden, um sie von Ost nach West zu transportieren. Nur wenige Personen in Ostberlin waren eingeweiht: Großmutter Rancke, Pauls Tochter Veronika, seine Schwester Lieschen und ihr Sohn. Nach außen lief alles wie gewohnt. Ich ging in die Universitätsbibliothek, war am 1. Mai bei der Demonstration dabei, besuchte mit meinen Freundinnen die Aufführung der Dreigroschenoper im Berliner Ensemble.

Sicher haben an diesem ersten Maiwochenende mehr als tausend Bürger die DDR verlassen, indem sie wie meine Mutter und Paul die S-Bahn benutzten oder wie ich mit dem Fahrrad hinüberfuhren. Uns passierte nichts, obwohl die Volkspolizei beim Übergang von Ost- nach Westberlin immer häufiger kontrollierte. Oft nahm sie Menschen mit, um sie einer Leibesvisitation zu unterziehen. Auch ein bekanntes Ehepaar aus Mahlsdorf verließ mit der S-Bahn den Ostsektor. Sie wurden zu einer gründlichen Untersuchung herausgewinkt. Der Mann musste sich nackt ausziehen, konnte jedoch seinen Hut aufbehalten, in dem die Ersparnisse eingenäht waren, welch ein Glück!

Wir drei zogen zu meinem Großvater in seine kleine Zwei-Zimmer-Wohnung am Bahnhof Tempelhof, meine Großmutter war im Jahr zuvor gestorben. So blieb uns die Unterkunft im Notaufnahmelager Marienfelde erspart. Gleich am Montag, dem 9. Mai 1960, begann das Notaufnahmeverfahren. Der Laufzettel umfasste die Vorstellung beim Ärztlichen Dienst, die Sichtungsstelle, die Vorprüfung A, den Fürsorgerischen Dienst, die Polizei, die Terminstelle des Aufnahmeverfahrens, die Vorprüfung B und am 16. Mai 1960 einen Termin beim Aufnahmeausschuss. Der Stempel „aufgenommen 16. Mai 1960" und die Ländereinweisung am 17. Mai beendeten unsere tägliche Fahrt nach Marienfelde. Fast jeden Tag sah ich im Lager, wie die Polizei Menschen in Handschellen abführte. Es wurde geflüstert, dass es sich um Spione handelte. Ich erinnere mich, dass ich bei einer amerikanischen Dienststelle nach meiner Einschätzung der politischen Stimmung in Ostberlin gefragt wurde. Ich konnte wenig sagen, denn die politische Einstellung meiner Mitschülerinnen in der Fachschule kannte ich nicht. Wir gingen in dieser Hinsicht vorsichtig miteinander um. Im Unterricht wurde jede Kritik an der Politik der DDR vermieden. Nur zufällige Treffen in Westberlin oder das Tragen von „Westklamotten" sagten etwas über das Verhältnis zum Westen aus.

Am 24. Juni 1960 stellte uns die Vertriebenenstelle des Bezirksamtes Berlin-Tempelhof den Ausweis C für Vertriebene und Flüchtlinge aus, der uns die unbefristete Zuzugsgenehmigung für Berlin-West gab. Zusätzlich erhielten wir eine einmalige Beihilfe in Höhe von 1.400 DM. Meine Mutter fand Arbeit als Bürohilfe bei einer Textilfirma, Paul verdiente Geld als Verkäufer im Blumengroßhandel, meine Aussichten waren schlecht. Ich hatte mir vor unserem Weggang keine Gedanken gemacht, wie es für mich schulisch weitergehen könnte. Ein großer Fehler, denn der Termin beim Arbeitsamt war recht deprimierend. Mein Abitur wurde nicht anerkannt. Drei Semester in der Fachschule hätten für eine Anerkennung ausgereicht, aber ich war erst im zweiten Semester. Die Überlegung, das Abitur durch einen weiteren Schulbesuch nachzuholen, war unrealistisch. Die allgemeinbildenden Schulen waren überfüllt. Man vertröstete mich auf das nächste Schuljahr. So lange wollte ich nicht warten. Die Beraterin beim Arbeitsamt empfahl eine kaufmännische Schule, denn es gäbe genügend Stellenangebote auf diesem Sektor. Auch mein Großvater fand die Idee gut. Seine Nichte, meine Tante Charlotte, hatte es bis zur Bilanzbuchhalterin gebracht, was ihm sehr imponierte. Er zahlte das Schulgeld für den Besuch der einjährigen privaten Kaufmännischen Berufsfachschule Dr. Memmert, die mich noch nach offiziellem Schulbeginn aufnahm. Dort erhielt ich innerhalb von zehn Monaten tatsächlich das nötige Rüstzeug für den Büroberuf: Wirtschaftskunde, Stenografie, Maschine schreiben. Am 1. April 1961 trat ich meine erste Stelle als Stenotypistin in der Volkswirtschaftlichen Abteilung der Berliner Disconto Bank an. Alles war neu und spannend, vor allem verdiente ich mein eigenes Geld, konnte Haushaltsgeld abgeben und war unabhängig. Nie hätte ich mir vorstellen können, viele Jahre im Büro zu verbringen. Es wurden zehn Jahre als Sachbearbeiterin und Sekretärin.

Und wie verlief mein Leben im Westteil der Stadt? Wenn ich in meinen damaligen Taschenkalender schaue: ganz normal. Wir erhielten viel Besuch aus Ostberlin. Großmutter Rancke kam regelmäßig. Ich ging ins Kino, in Ausstellungen, in einen Englischkurs, lernte Westberlin besser kennen. Statt in den Sommerferien im VEB Berliner Glühlampenwerk zu arbeiten, trug ich die Berliner Morgenpost in Tempelhof aus, um ein bisschen Geld zu verdienen. Zum Schwimmen fuhr ich zum Wannsee statt zum Müggelsee. Meine Freundinnen fehlten mir. Edeltraud, Annemarie und Karla besuchten mich manchmal. Von Jutta und Petra erhielt ich einen Brief als Antwort auf mein Schreiben, in dem ich die Gründe für den Weggang erläutert hatte. Beide verstanden meinen Entschluss überhaupt nicht:

> Bei allen privaten Gründen, die Du anführen magst, ist doch gerade bei uns die weltanschauliche Frage überaus wichtig. Das hatten wir auch von Dir angenommen, wenn Deine Ansichten, die Du oft geäußert hast, ehrlich gemeint waren (was wir doch annehmen möchten!). Da gerade wir doch ständig zum Denken erzogen wurden und unsere Ansichten sich auf grundehrlichen Überlegungen und Auseinandersetzungen gebildet haben, ist uns Deine Handlungsweise unverständlicher als die Deiner Eltern und daher auch strenger zu beurteilen. Du musst Dir klar sein, dass Dein Weg nicht nur ein privater Umzug, sondern eine wichtige politische Entscheidung ist. Du hast Dich in den Schutz einer Gesellschaft begeben, deren Handlungen und Ziele wir bisher einmütig verurteilt haben.

Es ist paradox: Einerseits hatte mich die Oberschule gelehrt, politisch zu denken, auch alltägliches Erleben vor dem Hintergrund einer politischen Situation zu betrachten. Andererseits konnte ich es nicht umsetzen, weil jede grundsätzliche Kritik an der Politik der DDR im Unterricht nicht erlaubt war. So fehlte mir damals der Mut, mich im Kreis der Freundinnen offen zu meiner Distanz zur DDR zu bekennen. Petra übernahm meinen Anteil am Paddelboot. Im Brief erläuterten sie ihre Vorgehensweise:

> Wir legen ein Sparkassenbuch mit der Summe von 200,- an, das Dir jederzeit bei Deiner Rückkehr zur Verfügung steht, denn Du musst einsehen, dass nicht nur Du, sondern auch wir die Konsequenzen aus Deiner Handlung ziehen müssen. Das bedeutet aber nicht, dass Du nun nichts mehr von Dir hören lassen sollst.

Beide wünschten sich ein persönliches Treffen und besuchten mich in Westberlin. Es war eine offene und faire Aussprache. Die Mauer trennte uns für fast drei Jahrzehnte. Nach der Wende nahmen wir unsere freundschaftlichen Beziehungen wieder auf.

Jutta schrieb mir nach dem Fall der Mauer im Dezember 1989:

> Ich persönlich war, durch viele Zuspitzungen im letzten Jahr, schon so deprimiert, dass die Wende eine große innere Befreiung und Erleichterung bewirkte. Der ungeheure Schmutz, der aber dauernd an die Oberfläche kam, hat jedoch jedes erwartete Maß überschritten. Mit welcher Menschenverachtung die Führungsclique die Ideale so vieler gutwilliger und fleißig arbeitenden Menschen verraten und mit Füßen getreten hat, ist nicht wieder gut zu machen. Die Menschen sind so enttäuscht und desillusioniert, dass niemand weiß, ob wir – die bleiben wollen – die Eigenständigkeit dieser kleinen DDR bewahren können.

So waren die beiden! In jungen Jahren begeistert, weil sie glaubten, eine neue Gesellschaft ohne Ausbeutung, ohne Hilfe der „imperialistischen westlichen Welt" aufzubauen, nun fast dreißig Jahre älter, voller Enttäuschung über einen Staat, der Menschenrechte mit Füßen trat. Edeltraud, meine Schulfreundin seit der ersten Klasse, entschied sich mit ihrem Mann und ihrer achtjährigen Tochter für einen anderen Weg. Dem politischen Druck nicht mehr gewachsen, verließen sie die DDR 1971 im Kofferraum eines Wagens mit diplomatischem Kennzeichen. Dies war ihnen mit Hilfe eines Fluchthilfeunternehmens und durch die Zahlung einer großen Geldsumme möglich. Wagen des diplomatischen Corps konnten ohne Kontrolle die Grenze passieren. Aber wehe, ein Volkspolizist hätte sich daran nicht gehalten und den Kofferraum geöffnet! Die drei hatten Höllenängste durchzustehen. Ein paar Monate später stießen wir mit einem Glas Sekt bei uns in Oberursel auf unser Wiedersehen an.

Am 13. August 1961 riegelten Polizisten und Soldaten der DDR die Sektorengrenze nach Westberlin ab. Von einem Tag auf den anderen wurde Berlin in zwei Hälften zerschnitten. Wie konnten wir in einer Stadt weiterleben, die uns nun völlig von unseren Verwandten und Freunden in Ostberlin trennte?

Von Berlin-Tempelhof
nach Frankfurt-Eschersheim
– die Jahre 1961 und 1962 –

Meine Mutter schrieb am 13. August 1961 in ihren Taschenkalender: „Der Osten hat die Grenzen geschlossen mit Stacheldraht und Panzern. U- und S-Bahnen unterbrochen. Nur der Bahnhof Friedrichstraße ist noch bei strengen Kontrollen zu benutzen." Ein paar Tage später: „Stacheldraht rings um Berlin wird zusätzlich mit 2 Meter hohen Betonmauern verstärkt. Nachmittags hat Johnson gesprochen. Hoffnung?" Nein, es gab keine Hoffnung. Die Abriegelung Ostberlins war widerrechtlich und unmenschlich, aber die USA fürchteten einen Krieg mit der Sowjetunion. Ich selbst konnte mich nicht überwinden, mir die Mauer anzusehen, zu groß war der Schock. Wir fühlten uns in Westberlin von allen Seiten eingeschlossen.

Meine Mutter und Paul standen in enger Verbindung zu einem befreundeten Gärtnerehepaar. Die beiden waren mit ihrer Tochter nach der Flucht aus Berlin-

Mahlsdorf im Mai 1960 direkt nach Frankfurt am Main umgesiedelt. Ein Verwandter hatte ihnen eine Ein-Zimmer-Wohnung über seinem Kino in Frankfurt-Eschersheim zur Verfügung gestellt. Beide fanden schnell Arbeit in ihren Berufen. Sie schlugen uns vor, nach Frankfurt zu kommen, und versprachen uns einen ersten Unterschlupf bei ihnen. Zuversichtlich meinten sie, dass auch meine Mutter und Paul in Frankfurt schnell Fuß fassen könnten. In der Rückschau bin ich erstaunt, wie schnell unsere Entscheidung für Frankfurt fiel. Am 30. August schrieb meine Mutter in ihren Notizen: „Im Lager Marienfelde Antrag auf Umschreibung nach Frankfurt gestellt. Zur Spedition Kopania, Kosten 600 bis 800 DM."

Ich hatte meine Heimat Ostberlin verloren und war neugierig auf Frankfurt. Mir bot sich die Chance, von der Berliner Disconto Bank in die Muttergesellschaft, die Deutsche Bank, nach Frankfurt zu wechseln. Nicht einfach war der Abschied von meinem Großvater, mit dem wir zusammen über ein Jahr gewohnt hatten. Die Frage, ob er mit uns umzieht, stellte sich nicht. Wir mussten erst einmal in der neuen Stadt Arbeit und Wohnung finden.

In diese Umbruchzeit fiel meine erste Reise nach Italien. Wie sehr hatte ich mir eine Reise in den Süden gewünscht! Ich hatte in diesem Jahr kräftig gespart und bei der Jugendreisegesellschaft „fahr mit" für Anfang September eine Reise nach Sizilien gebucht. Ich musste, um Berlin zu verlassen, das Flugzeug nehmen, da mir als Republikflüchtling eine Fahrt mit dem Zug durch die DDR nicht möglich war. Nach einem Zwischenstopp in Frankfurt fuhr ich mit der Bahn nach Würzburg. Dort bestieg ich den Sonderzug der Gesellschaft für internationalen Jugendaustausch nach Florenz, voll mit jungen Leuten. Der erste Abend in Florenz, die seidige Luft, das elegante Flair, der späte Besuch der Uffizien, wozu der Reiseleiter uns geraten hatte: „Da habt ihr den Botticelli für euch ganz allein", bezauberten mich. Am nächsten Abend ging es weiter, wir fuhren durch die Nacht und einen halben Tag bis Catania auf Sizilien. Zehn wundervolle Tage in einem Jugendcamp erwarteten mich, Ausflüge in die Umgebung, schwimmen im warmen Mittelmeer – meine gute alte Ostsee kam da nicht mit – , jeden Abend Tanz. Mit Helga aus Frankfurt am Main, ursprünglich aus Chemnitz, teilte ich einen Bungalow. Wir freundeten uns an und so hatte ich meinen ersten freundschaftlichen Kontakt in der neuen Stadt. Über Rom und Verona ging es mit dem Zug zurück nach Frankfurt.

Meine Mutter war in der Zwischenzeit sehr aktiv. Von Freunden und Verwandten wurde Abschied genommen. Einige verstanden unseren Entschluss nicht. Auch Tante Charlotte, die ich vor meiner Abreise noch einmal besuchte, überschüttete mich mit Vorwürfen: „Wie könnt ihr als Berliner eure Heimatstadt verlassen? Wo bleibt eure Solidarität mit der geteilten Stadt?"

Vierzig Pakete mit unserem Hab und Gut wurden per Post abgeschickt. Erstaunlich viel hatte sich wieder angesammelt. Die wenigen Möbel wurden am 16. September abgeholt und mit Luftfracht nach Frankfurt gebracht. Am gleichen Tag folgten meine Mutter und Paul. Sie konnten auf dem Speicher über der Ein-Zimmer-Wohnung ihrer Freunde schlafen. Drei Tage später meldeten sie sich im Nebenlager Gondsroth (Kreis Gelnhausen) des Flüchtlingsdurchgangslagers Hanau. Sie brauchten dort nicht zu bleiben, da sie bereits eine feste Anschrift in Frankfurt hatten. In den nächsten Tagen gingen die beiden auf Arbeitssuche.

Ich kam zehn Tage später mit dem Liegewagen aus Verona am Frankfurter Hauptbahnhof an. Meine Mutter und Paul holten mich ab, wir fuhren zu ihrer vorläufigen Bleibe in der Eschersheimer Landstraße. Abends lernte ich meine Schlafgelegenheit bei Marianne und ihrem Vater in der Seckbacher Landstraße kennen. Sie boten mir die Couch im Wohnzimmer ihrer Zwei-Zimmer-Wohnung an. Sieben Wochen lang durfte ich dort schlafen, eine großzügige Geste, für die ich bis heute eine große Dankbarkeit empfinde. Wir kannten uns nicht. Mariannes Mutter, vor drei Jahren bereits verstorben, war eine Schwester von Pauls erster Ehefrau. Marianne wohnt heute in Oldenburg und wir telefonieren immer noch regelmäßig.

Auch ich musste mich im Lager Gondsroth melden. Am 27. Oktober stellte uns die Abteilung II M Wohnsitzwechselstelle des Polizeipräsidenten Frankfurt am Main die Bescheinigung aus, dass wir „gemäß Notaufnahmebescheid des Bundesnotaufnahmelagers in Berlin vom 16.5.1960 und aufgrund der Zuweisung des Hessischen Landesdurchgangslagers Hanau am Main vom 20.10.1961 als Sowjetzonenflüchtlinge befugt sind, unseren 1. Wohnsitz in Frankfurt am Main zu nehmen. Die Zuweisung erfolgte mit Anrechnung auf das Aufnahmekontingent". Wie bürokratisch das klang, aber wie froh uns diese Mitteilung stimmte! Denn wir waren schon dabei, uns in Frankfurt einzuleben. Am 2. Oktober fingen wir alle drei an zu arbeiten: meine Mutter als Buchhalterin bei der American Express Company, Paul als Lagerist bei der Feinkostgroßhandlung Schepeler und ich in der Effektenabteilung (Börse/Rentenhandel) der Deutschen Bank.

Jetzt war ich wirklich im Westen angekommen, Westberlin erschien mir im Rückblick als Zwischenstation. Auf einmal hatte ich viele neue Kontakte. Die Kolleginnen in der Bank luden mich zu sich ein, besuchten mit mir die Äppelwoi-Lokale in Sachsenhausen. Marianne ging mit mir ins Kino und auf die Buchmesse. Mit meiner neuen Freundin Helga war ich viel unterwegs. Wir nahmen an Vorträgen des Seminars für Politik der Volkshochschule teil. So lernte ich z.B. Musik des 20. Jahrhunderts und die Psychoanalyse Siegmund Freuds kennen. Begierig nahm ich alles Neue auf. Ich genoss die Freiheit, mich mit allem beschäftigen zu können, was mir interessant erschien. Auch besuchte ich wieder Sprachkurse in Englisch und Französisch. Einen Russischkonversationskurs fand ich allerdings nicht – wir waren noch in Zeiten des Kalten Krieges. Gern hätte ich meine achtjährigen Schulkenntnisse erweitert.

In der Bank gefiel es mir nicht. Es gab wenig zu tun, Fernschreiben absetzen war meine Haupttätigkeit. Nach einem Gespräch in der Personalabteilung lernte ich andere Abteilungen kennen. Auch dies weckte mein Interesse nicht. Eine Banklehre konnte ich mir nicht vorstellen. So ging ich zum Arbeitsamt und begann Bewerbungen zu schreiben. Als ich bei der Bank kündigte, bat mich der Personalchef persönlich zu einem Gespräch. Er drückte sein Bedauern über meinen Fortgang aus und sagte am Schluss, dass ich als Flüchtling aus dem Osten doch dankbar gewesen sein müsste, bei ihnen arbeiten zu dürfen. Ich fand eine Stellung als Stenokontoristin mit Französischkenntnissen beim VDMA, dem Verband der deutschen Maschinenbau-Anstalten, zum 1. Januar 1962. Hier lernte ich, angeleitet von einer älteren Kollegin, die mich in ihr Herz geschlossen hatte, alle wichtigen Sekretariatsarbeiten von Grund auf kennen und erledigen. Die Tätigkeit im Büro, eigentlich für mich eine Notlösung, da ich immer noch vom Umgang mit Büchern träumte, fing an, mir Spaß zu machen. Ich freute mich über meine erste Dienstreise zur Hannover-Messe.

Meine Mutter nutzte im Oktober und November 1961 jede freie Minute, um eine Wohnung für uns drei zu finden. Ihre Hartnäckigkeit war erfolgreich: Mitte November zogen wir in die Eschersheimer Landstraße 436 um. Wir hatten nun ein großes Zimmer im 4. Stock mit anschließender kleiner Küche und Badbenutzung. Ein großer Schrank teilte das Zimmer so, dass ich dahinter eine Schlafecke einrichten konnte. In dieser Zeit stellten wir den Antrag auf eine 2 1/2-Zimmer-Wohnung beim Flüchtlingsdienst. Unser Flüchtlingsausweis C machte das möglich, da er mit einem Baukostenzuschuss verbunden war. Monate später wurde meine Mutter aufgefordert, sich im Wohnungsamt einzufinden. Es wurde uns eine Wohnung im Hintertaunus zugewiesen, an den Ort erinnere ich mich nicht mehr. Meine Mutter brach in Tränen aus. Sie dachte an die langen Wege zur Arbeit, vor allem für Paul, der sehr früh anfangen musste. Ein Mitglied der Wohnungsvergabekommission nahm meine Mutter nach dem Termin beiseite. Er bat sie, zu seiner Arbeitsstelle ins Landesarbeitsamt zu kommen, vielleicht könnte er helfen. Herr Fischer erwies sich als rettender Engel. Zum 1. September 1962 konnten wir in eine Neubauwohnung in Nieder-Eschbach einziehen. Wir waren glücklich. Ich hatte nun wieder ein eigenes Zimmer und damit mein privates kleines Reich. Noch gab es eine große Wohnungsnot in Frankfurt. Es fehlte vor allem an Wohnungen für Frankfurter, die ausgebombt waren und oft noch in Behelfsheimen leben mussten. Sie konnten nicht verstehen, dass wir Flüchtlinge bereits nach einem Jahr eine Wohnung bekamen. Sie hatten Recht und ich hatte ein schlechtes Gewissen.

Schaue ich auf die Zeit zwischen Mai 1960 und Oktober 1961 zurück, kommt mir die Zeitspanne sehr lang vor. Dabei waren es nur knapp eineinhalb Jahre, in denen ich Abschied und Neuanfang, einen rigorosen Wechsel der gesellschaftlichen Systeme erlebt habe. Ohne die Unterstützung und Sympathie vieler Menschen und die Tatkraft meiner Mutter wäre es viel schwieriger geworden. Geholfen hat mir meine unersättliche Neugier auf Menschen und die ständige Freude daran, mich neuen Situationen zu stellen und mich auszuprobieren.

Gedanken und Gefühle
Gerda Liedemann-Heckenmüller

Die Angst

Während neun Monaten hatte meine Mutter Angst. Angst, mich zu verlieren. Sie hatte schon ein Kind verloren. Ich sog ihre Angst mit der Nabelschnur auf. Ein lebenslanges schweres Gepäck. Auch nach meiner Geburt hatte sie Angst um mich, ob sie mich in der schlechten Zeit des Krieges gesund großziehen könnte. Das Kind aß nichts, hatte keine Lust auf saure Brühe, keine Lust auf Gerstensuppe und überhaupt keine Lust, etwas zu essen. Es passierte genau das, wovor sich die Mutter am meisten fürchtete.

Ich war zwei Jahre alt, als die Sirenen heulten und ich Mutter bei der Hand nahm und in den Keller zog. Ich wuchs mit ihrer Angst auf, die zu meiner Angst wurde. Ich lebte die Angst meiner Mutter weiter. Ein Leben lang, ohne es zu wissen. Wenn ich krank war, hatte Mutter Angst um mich. Ich war oft krank und hatte Angst vorm Sterben. Mutter hielt mich eng bei sich. Vermittelte mir ihre Angst vor meinem Sterben, übertrug sie mir hautnah. Sie wollte mich vor allem, besonders vor dem Leben, schützen. Doch was ist ein nicht gelebtes Leben wert?

Ich war nicht fähig, mein Leben in die Hand zu nehmen. Mutter tat es für mich. Sie nahm mir alles ab, damit es mir gut ging. Es war ja so bequem. Nie wäre mir in den Sinn gekommen, mein Elternhaus zu verlassen. Doch, in den Sinn kam es mir schon, aber Mutter hielt ihren schützenden Mantel über mich. Die Welt machte mir Angst. Lieber nichts riskieren! „No risk, no fun". Aber das wurde mir viel später erst bewusst.

Ich schlug mich mit Angst durch meine Jugend und verpasste sie. Immer angepasst. Das passte zu mir. Ich hatte Angst, erwachsen zu werden. Warum bin ich nicht zu gegebener Zeit, so wie alle Jugendlichen, von zu Hause weggegangen? Das frage ich mich heute. Ach, hätte ich es doch geschafft! Aber ich konnte nicht. Ich war blockiert. Mein Körper litt. Ich litt an Herzrasen und Luftnot, immer wieder. Keiner sprach von Angst, nur davon, dass ich gesund sei.

Die Angst zog sich durch meine frühe Ehe. Angst schwanger zu werden, Angst vor der Sexualität, weil Großmutter sie so verteufelte. Ich kam aus meiner Blockade nicht heraus. Hielt es aus und wusste nicht, was mit mir geschah.

Ein Leben lang raste mein Herz. Ein Leben lang bekam ich keine Luft. Ein Leben lang war ich an Mutter gekettet. Dann kam der Druck im Kopf, der Druck in den Ohren. Ich war zu nichts fähig. Chaos herrschte um mich herum. Ich brach zusammen, war am Ende. Warum? Ich wusste es nicht. Ich konnte es mir nicht erklären. Dann sagte ein Arzt zu mir: „Sie haben eine Angsterkrankung." Ich antwortete: „Aber ich habe keine Angst, ich habe wirklich keine Angst. Mir geht es nur ganz schlecht." Der Arzt meinte: „Sie haben Angst, alles nicht zu schaffen." Darauf konnte ich nichts mehr sagen. Ich dachte kurz nach. Mir wurde klar, er hatte ins Schwarze getroffen. Ja, ich hatte Angst, alles nicht zu schaffen. Meine Ansprüche ans Leben waren zu hoch. Ich rannte hinter dem Leben her, ohne es zu erreichen. Ein Wettlauf, den ich nicht gewinnen konnte. Das Leben, so wie Mutter es vorlebte, war zu weit weg. Ich wollte Mutters Ansprüche erfüllen, die ich über die Jahre in mich aufgenommen hatte. Das wurde mir jetzt bewusst.

Das Bewusstwerden eines Problems heißt noch nicht, dass es gelöst ist. Es ist der Anfang eines langen Prozesses. Der Weg führt zu kurzfristigen Erfolgen und zu unvorhersehbaren Rückschlägen. Es heißt, immer wieder Kraft schöpfen, neu anfangen, um wieder zu scheitern.

Die Angst klammert und lässt nicht los. Mit List ist sie manchmal abzuschütteln. Doch mit List überfällt sie mich auch wieder. Der Kampf beruht auf Gegenseitigkeit. Jedes Mal ergibt sich die Frage, wer trägt den Sieg davon? Die Angst kämpft hinterlistig. Sie kommt schleichend, ganz langsam, und wenn ich sie entdecke, ist es schon zu spät. Dann habe ich verloren. Dann werde ich sie nicht mehr los. Sie nimmt keine Rücksicht. Sie verletzt mich, sie schüttelt und rüttelt mich und dann „fließt Blut". Das Blut ist nicht mehr zu stoppen. Ich werde verbluten! Schwindel, die Luft wird knapp. Klare Gedanken, nicht möglich. Das Tor des Gefängnisses schließt sich und alles Rütteln nützt nichts. Es gibt keine Hintertür, ich komme nicht mehr raus der Enge, der Verzweiflung. Kein Ausweg. Panik steht im Raum. Panik, die Busenfreundin der Angst. Die beiden sind sich immer einig. Erfüllt die Angst nicht ihren Zweck, springt die Panik ihr zur Seite. Wie lange halte ich noch durch? Bis ich tot bin? Ich will nicht sterben! Ist diese Attacke zu Ende, kommt die Angst vor der Angst und die potenziert sich in schwindelnde Höhen.

Achtzehn Jahre Therapie und etliche Klinikaufenthalte konnten mich von Angstattacken nicht befreien. Ich lernte zu entspannen und zu meditieren. Ich las unendlich viele Bücher, die Ratschläge gaben, aus der Angst herauszukommen. Ich lernte Programme gegen die Angst kennen, legte mir einen Notfallkoffer zu, um die Angst zu besiegen. Ich lernte den Angstkreis auswendig. Theoretisch wusste ich alles. Doch die Angst ließ sich nicht vertreiben. Manchmal vielleicht ansatzweise. Immer, wenn ich dachte, es geht dir gut, kam die nächste Niederlage mit Wucht.

Mein Körper litt. Ich konnte keinen Schlaf mehr finden. Zehn Jahre lang. Das ruinierte den Rhythmus meines Herzschlags. Ich musste Medikamente schlucken, die mir vom Hörensagen schon immer Angst machten. Diese Pillen, die so viele Risiken in sich bargen, um ein noch größeres Risiko auszuschließen. Das hieß für mich, entweder Pest oder Cholera durchzustehen.

Aus Angst, nicht da zu landen, wo ich jetzt war, hatte ich mein Leben lang alles gegeben, hatte mit großem Aufwand alles für meine Gesundheit getan. Aber das Leben kann man nicht berechnen. „Lebenslänglich", sagte der Arzt. Dieses Wort war die Wende. Jetzt war es Zeit, sich mit einer chronischen Erkrankung auseinanderzusetzen. Ich lebte nun in der fatalen Gewissheit, du kannst jede Sekunde tot umfallen. Mein restliches Leben werde ich mit diesem Risiko leben müssen. Ich fragte mich, willst du dich für den Rest des Lebens ängstigen oder endlich das Beste daraus machen?

Lasse die Angst fallen. Sie nimmt dir zu viel Zeit. Mache was aus deinem Leben. Genieße es, so lange es möglich ist. Jeder Tag ist wertvoll für dich. Verschenke keine Zeit. Du bist an einem Punkt angekommen, von dem aus du nicht mehr rückwärtsgehen und nichts mehr reparieren kannst. Also schau nach vorne und fülle dein Leben mit Leben aus.

Seit ich bereit bin, das Sterben anzunehmen, habe ich keine Angst mehr. Noch lebe ich und es geht mir ziemlich gut. Ich überblicke mein Leben mit Dankbarkeit und weiß, wo ich stehe. Ich habe einen festen Stand und sehe trotz aller Risiken vertrauensvoll in die Zukunft. Warum muss man erst ganz am Ende sein, um neu anfangen zu können?

Die Freiheit

Punkt zwölf Uhr stand bei meinen Eltern sonntags das Essen auf dem Tisch. Nicht, dass Vater das so verlangte, nein, Mutter fühlte sich ihm gegenüber immer in der Pflicht. „Die Frau sei dem Mann untertan." Als sie das einmal zu mir sagte, kochte ich vor Wut. Sich dem Mann unterwerfen! Warum sollte ich das tun? Ist eine Frau weniger wert als ein Mann? Als ich nach dem Tod meines Vaters einen Urlaub mit ihr verbrachte, schrieb sie alle Ausgaben akribisch in ein kleines Büchlein. Plötzlich klappte sie es zu und sagte: „Für wen schreibe ich das eigentlich auf? Ich habe doch keinem mehr Rechenschaft abzulegen, was ich ausgebe." Ich fragte, ob denn Vater jemals von ihr verlangt hätte, ihm vorzulegen, was sie ausgegeben hätte. „Nein", sagte sie, „aber es hätte ja sein können, dass er danach fragt."

Der Mann war der Herr im Haus. Mit diesem Prinzip meiner Mutter wuchs ich auf. Als Kind war mir dieses Bild vertraut. Als ich mit meinem Mann zusammen in den sechziger Jahren unseren Haushalt gründete, lief zunächst alles so ab wie bei Mutter. Ich hatte die veralteten Strukturen von ihr übernommen. Doch der gesunde Menschenverstand sagte mir bald, dass ich anders leben wollte. Wenn ich abends noch mit dem Haushalt beschäftigt war und mein Mann schon die Freizeit anstrebte, brodelte es in mir. Ich fand es ungerecht, hatte ich doch auch den ganzen Tag, so wie er, in meinem Beruf gearbeitet. Warum sollte **ich** für alles zuständig sein? Was mir Mutter vorlebte, konnte ich nicht mehr akzeptieren.

So wurde ich zu einer glühenden Verfechterin der Gleichberechtigung von Mann und Frau. Sie in die Praxis umzusetzen, war schwer, denn mein Mann war noch weitgehend unbewusst im alten Denken verhaftet. Ich protestierte gegen Ungerechtigkeit auf allen Ebenen. Es dauerte eine Weile, bis auch mein Mann umdachte. Wir fanden uns dann sehr fortschrittlich, als wir uns nicht mehr an die vorgegebenen Essenszeiten hielten. Wir aßen, wenn wir Hunger hatten, auch wenn es sonntags vier Uhr nachmittags war. Mutter schüttelte darüber nur den Kopf.

Bei unseren engen Wohnverhältnissen wachte Mutter über unser Wohlergehen. Wurde es bei uns laut, wenn ich anderer Meinung war als mein Mann, meinte sie, eingreifen zu müssen. „Gib doch nach", sagte sie. Nein, ich wollte Freiheit im Denken, ohne schlechtes Gewissen. Es war ein ständiger Kampf. Ich versuchte, meinen eigenen Weg zu gehen und mich frei zu machen von Konventionen. Ich hasste den Herdentrieb.

Auch meinen Enkelinnen versuche ich ein Gespür für innere Freiheit bewusst zu machen. Zu ihrer Firmung gab ich ihnen das Zitat von Hermann Hesse als Leitspruch mit auf den Weg: „Wer zur Quelle will, muss gegen den Strom schwimmen." Ich wollte ihnen damit vermitteln, dass man sich seinen eigenen Weg suchen muss, auch wenn er unbequem ist, und dass man sich nicht von anderen beeinflussen lassen soll, sondern das tun, was man selbst für richtig hält.

Meine Therapeutin sagte mir einmal: „Ihr ganzer innerer Protest gegen Gott und die Welt ist ein Freischaufeln von der Übermacht Ihrer Mutter."

Als ich das erkannte, spürte ich erst die Enge, die mich umgab. Mein Drang nach Freiheit war überlebenswichtig. Ich wollte die Abhängigkeit von Mutter abstreifen, wollte diese Symbiose durchbrechen, wollte aus dieser Gefangenschaft heraus.

Doch was in der Jugend hätte passieren sollen, wurde im fortgeschrittenen Alter zur Schwerarbeit. Ich riss Mauern ein und jeder Stein, den ich hinunterstieß, tat weh, war eine verzweifelte Selbstverletzung. Und auch Mutter schmerzte jeder fallende Stein. Sie konnte nicht einordnen, was geschah. Sie sah den Trümmerhaufen und verstand die Welt nicht mehr. War mir diese Freiheit so viel wert, frage ich mich heute. Damals erschien es mir notwendig. Ich brauchte die Abgrenzung, um endlich ich selbst zu sein. Aber schränkte ich mich nicht auch selbst ein, indem ich mein Leben von der Freiheit abhängig machte? Frei von Mutters Schutz? Wenn das schlechte Gewissen nagte und ungute Gefühle meinen Körper beherrschten, war ich dann frei? Oder nahm ich diese Empfindungen in Kauf, im Hinblick auf meine „Freiheit"?

Der Drang nach Freiheit endete mit Mutters Tod. Als es absehbar war, dass sie bald sterben würde, wurde ich wach. Jetzt noch nicht, dachte ich. Nicht so schnell. Ich war ja noch mitten im Prozess der Ablösung. Ich konnte sie doch so nicht gehen lassen. Ich war Mutter gegenüber nicht offen gewesen. Ich hatte ihr nicht gesagt, was in mir vorging. In ihrer letzten Nacht versuchte ich ihr alles zu erklären. Sie lächelte und drückte meine Hand ganz fest, als ob sie sagen wollte: „Es ist alles gut." Der Wunsch nach Freiheit war mir plötzlich nicht mehr wichtig. Im Gegenteil. Ich wollte sie so nah bei mir haben, wie es nur ging. Aber es war zu spät.

Der Wald

Ich bin im Wald großgeworden. Ruppertshain, das Dorf, in dem ich wohne, ist von Wald umgeben. Fahre oder laufe ich in die Nachbarorte, nach Eppenhain, Schlossborn, Königstein oder Fischbach, muss ich durch Wald. Am Wald kommt niemand vorbei. Er ist einfach da. Ob bedrohlich oder erholsam, er hält Menschen ab, hineinzugehen oder lädt sie ein, ihn zu genießen. Ich lernte beide Seiten kennen.

In meiner Kindheit, als ich noch an Mutters Hand ging, fuhren wir mit dem Handwagen in den Wald und luden dort unseren Müll ab. Das war während des Krieges und noch lange danach so üblich. Auf dem Rückweg war der Handwagen mit Brennholz vollgeladen. Während Mutter das Holz sammelte, spielte ich unter den sonnendurchfluteten Buchen auf dem weichen, mit Gras bewachsenen Waldboden. Ich legte mein Püppchen zum Schlafen auf das weiche Moos im Schutze einer Baumwurzel und gab ihm zu trinken aus den Eichelhülsen, die aussahen wie kleine Tassen. Die Stellen im Wald, die das Sonnenlicht durchließen, mit dem moosweichen Boden liebte ich am meisten. Sie waren im Dunkel des Waldes ein Lichtblick.

Als ich noch Kind war, führten uns die Sonntagsspaziergänge in den Wald. Oft bis zum Luisenturm auf dem Atzelberg. Vater und ich gingen auf den dröhnenden Metallstufen nach oben und hatten einen Ausblick über die Rhein-Main-Ebene nach Frankfurt und bis in den Odenwald. Ich lernte die Umgebung unseres Dorfes von oben kennen. Vater sagte: „Sieh dort, das ist die Königsteiner Burg und dahinter die Burg von Falkenstein." Etwas weiter nach links ging der Blick nach Schlossborn, wo Mutter herkam und Oma und Opa wohnten. Ich suchte vergebens nach ihrem Haus. Ich hatte es genau vor Augen, aber es war zu weit weg. Vater zeigte mir den Altkönig. Dann erklärte er mir, dass der hohe Turm ein Funkturm auf dem Feldberg sei, dem höchsten Berg im Rhein-Main-Gebiet. Gleich daneben liegt der Kleine Feldberg. Wir konnten über die Bäume hinweg auch Bremthal und Niedernhausen sehen. Wenn ich meine Augen etwas zusammenkniff, sah ich die Brückenbögen der Autobahn, die von Wiesbaden nach Limburg führt. Unter dem Luisenturm wuchs Maikraut, das Vater in kleine Sträußchen band und damit zuhause eine Bowle ansetzte. An diesen Tagen roch es nach Frühling, denn ich durfte zum ersten Mal im Jahr meine weißen Kniestrümpfe tragen.

An den Wochentagen, wenn Vater zur Arbeit ging, machten sich die Frauen aus unserem Haus auf den Weg zu den Himbeer- und Heidelbeerplätzen. Ich pflückte die Früchte in unseren „Schepper" (einen emaillierten Metallbecher mit Henkel) und die süßesten landeten in meinem Mund. Es dauerte lange, bis mein Schepper voll war. Dann brachte ich ihn zu Mutter, die meine Ernte in eine große Kanne füllte. In blechernen Milchkannen trugen wir sie nach Hause.

Im Herbst fanden Vater und ich Pilze an den modrig feucht riechenden Stellen im Wald, im Kalten Born, an der Heimlichen Wiese und bei den Bombenlöchern. Dort wuchsen Vaters Spezialitäten: Champignons, Schirmpilze und Steinpilze.

Die Gerüche des Waldes faszinierten mich schon seit früher Kindheit. Im Sommer breitete sich der Geruch nach frisch geschlagenem Holz aus. Frisch geschlagene Fichten, diesen ganz besonders berauschenden Duft, lernte ich während meiner Erholung im Schwarzwald kennen, wo er mir das Heimweh dämpfte.

Ich war eine Sammlerin des Waldes. Bucheckern, Eicheln und Tannenzapfen, Blätter, Gräser und Moos, alles landete in meinen Taschen, auch heute noch. An bunten Blättern kann ich nicht vorbeigehen, ohne sie zu sammeln. Eines faszinierender als das andere und immer wieder finde ich noch schönere.

Dann kam der Tag, an dem der Wald mir Grausames antat. Danach konnte ich nicht mehr in den Wald gehen. Ich war acht Jahre alt, als ich eine Frau fand, die sich am Ast eines Baumes erhängt hatte. Meine erste Begegnung mit dem Tod, die mich nie mehr losließ. In der Ecke meines Zimmers zwischen Tür und Schrank sah ich Katharina hängen. Wenn ich nicht einschlafen konnte und nach Mutter rief, machte sie Licht und sagte: „Sieh, da ist nichts, schlaf jetzt schön." Doch ich fürchtete mich weiterhin. Der Name Katharina wurde zum Gruselwort. Ich konnte es nicht hören und konnte es nicht aussprechen. Ich konnte es auch nicht verdrängen. Es war überall. Wenn ich danach mit meinen Eltern einen Sonntagsspaziergang unternahm und wir uns dem Wald näherten, wurden meine Schritte immer langsamer. Ich atmete nur noch ganz flach und meinte, es schnüre mir die Kehle zu. Das war der Punkt, an dem ich mich umdrehte und weglief, so schnell ich konnte, nach Hause. Doch das Bild der Katharina ließ sich an diesem Sonntag nicht mehr vertreiben.

Es dauerte Jahrzehnte, bis mich der Wald wieder aufnahm. Ich hatte mich einer Läufergruppe angeschlossen. Mittwochs trafen wir uns an der Viehweide, wo wir unsere 10-km-Runde liefen. Die Unbeschwertheit, mit der meine Läuferkollegen sich in den Wald begaben, übertrug sich auf mich. Die lockeren

Gespräche, das Erzählen und das Lachen in unserer Runde ließen das Bedrohliche des Waldes vergessen. Mit dem Wald hatte ich mich versöhnt und lernte ihn schätzen und lieben. Ich habe keine Angst mehr im Wald. Auch nicht bei Nebel und Dunkelheit. Er ist mir vertraut geworden, zu jeder Jahreszeit. Ich genieße es, mich durch die Farben des Waldes zu bewegen. Jahr um Jahr fand mein Marathontraining im Wald statt. Laufen durch den Wald, auf Du und Du mit jedem Baum, im Einklang mit dem Gesang der Vögel, den Rehen und Wildschweinen, die mir begegneten. Laufen durch den Wald bei allen Wetterlagen, bei Hitze, Nässe, Kälte und Schnee. Laufen durch den Wald, entspannt, meditierend und wachsam. Der Wald hat mich jubelnd, traurig, nachdenklich und zielstrebig erlebt. Er könnte viel von mir erzählen.

Wenn ich heute in den Wald gehe, schätze ich vor allem seinen gesundheitlichen Wert. Ich bewundere jeden Baum, der kraftvoll den Staub aus der Luft filtert und den Sauerstoff an meine Lungen abgibt. Ich atme tief ein. Ob ich laufe, walke, wandere, immer habe ich das Gefühl, Körper und Seele sind gesund. Der Wald ist zu meinem Lebensraum geworden. Und zu meinem Raum, der mich nach meinem Tod umgeben wird.

Die Nordsee

Schon als Kind träumte ich vom Urlaub an der Nordsee. Richtig vorstellen konnte ich mir die Nordsee nicht. In meinem Kopf waren Bilder von unendlich viel Wasser, Sonne, Sand und Braunwerden. Braun, so wie meine Schulkameradin Inge, die jeden Sommer nach den Ferien braun gebrannt von der Nordsee wieder zur Schule kam. Ihre braunen Beine sahen so sportlich aus. So wollte ich auch sein. Sie erzählte von Strandkörben und Sandburgen. Wie sah ein Strandkorb aus?

Ich war achtundzwanzig Jahre alt, als ich einen Strandkorb kennenlernte. Mit meiner Familie fuhr ich zum ersten Mal an die Nordsee. Anlass dazu war die Allergie unserer Tochter. Bisher kannte ich nur das Meer im Süden, in Spanien und Frankreich, wo es immer heiß war und ich stundenlang in der Sonne lag und las.

Die Nordsee war anders. Sie hatte was Rustikales. In der Sonne liegen war weniger angesagt. Der Wind wehte mir ständig die feinen Sandkörner ins Gesicht. Ich genoss den Luxus des Strandkorbes. Je nachdem wie ich ihn drehte, schützte er vor Wind und Flugsand. Kippte ich die Rückwand nach hinten, konnte ich bequem liegen und in die Sonne blinzeln, wenn sie da war. Auch bei Regen saß ich im Strandkorb, die Beine quer über der Sitzbank, mit einem Buch auf den Oberschenkeln machte ich es mir bequem und atmete die reine Luft der Nordsee tief ein.

Oft wurden wir vom Regen überrascht. Das Wetter war unberechenbar. Der Himmel wechselte von blau zu grau und schwarz. Die Wolken öffneten ihre Schleusen, ließen sich aber auch gleich wieder vom Wind vertreiben. Ein ständiges Wechselspiel. Die Regenjacke, Friesennerz genannt, war immer dabei.

An der Nordsee wurde ich zum Naturkind. Die Schminke packte ich bald weg. Und schon in den ersten Tagen ließ ich zu, dass der Wind meine gestylte Frisur zerstörte. Jeder Widerstand wäre vergeblich gewesen. Ich gefiel mir plötzlich mit zerzaustem Haar. Die Nordsee machte etwas mit mir. Sie verwandelte mich. Ich fühlte mich locker, stark, frei und sexy. Ich setzte meinen Körper nicht nur der Sonne aus, sondern auch dem Wind, dem Sand, dem Regen und den Wellen. Ich zeigte gerne meinen „oben ohne" nackten Körper, wenn eine leichte Gänsehaut ihn überzog. „Das härtet ab", dachte ich, „und gehört zur Nordsee." Man schreibt dem Reizklima viele Reaktionen zu. Es gibt Ehen, die zerbrechen während der Ferien an der Nordsee, und es gibt Paare, die in diesem Klima erst richtig zueinander finden. An diesem Ort ist vieles möglich. Auch mein Mann und ich erlebten im Norden intensive Erschütterungen unserer Ehe und an manchen Tagen eine Nähe wie niemals zuvor.

Besonders beeindruckend ist für mich der große Himmel. Unsere langen Wattwanderungen sind für mich Freiheit pur. Weit entfernt vom Trubel der Touristen tanze, singe und schreie ich in die auf Wellen, Sand und Himmel reduzierte Natur. Ich strecke die Arme zur Seite, drehe mich im Kreis, und der Wind übertönt meine Stimme. Frei sein unter diesem riesigen Himmel, der weiten, ebenmäßig scheinenden Fläche. Doch das Watt ist tückisch. So flach, wie es scheint, ist es nicht. Und das kann zum Verhängnis führen. Unsere Vermieterin warnte: „Wenn du zu weit rausgehst und nicht auf die Tide achtest, kann sich mit ankommender Flut ein bisher unsichtbarer Priel füllen und dir den Rückweg versperren. Sei wachsam und gehe mindestens zwei Stunden bevor die nächste Flut einsetzt, ins Watt. Schau in den Tidekalender, wenn du losgehst."

Besonders nach starkem Ostwind war es Zeit, ins Watt zu gehen. Mit Plastikbeuteln machten wir uns auf die Suche nach dem Gold des Nordens, dem Bernstein. Was für ein Glück ein winziges, glasklares gelbes Steinchen auslösen kann. Wenn du so ein versteinertes Harztröpfchen gefunden hast, willst du noch mehr. Halb gebückt läufst du durchs Watt, nimmst Rückenschmerzen in Kauf und auch den Schwindel, der dich erfasst, weil du immer nach unten guckst, und auch, weil der Blutdruck im Watt rasant fällt. Gläserfüllend sammelten wir ihn, den Bernstein.

Seit ich die Nordsee kenne, zieht mich nichts mehr in den Süden. Bald nach unserem ersten Aufenthalt richteten wir uns einen Zweitwohnsitz dort ein. Seit über vierzig Jahren fahren wir regelmäßig in den Norden. Mit Land und Leuten, auch wenn ich Friesisch noch immer nicht vollständig verstehe, sind wir vertraut und fühlen uns zugehörig. Tradition und Bräuche dieses Landstriches lernten wir kennen im engen Kontakt mit den Einheimischen. Ich lernte, wie man Tee trinkt, wie man die Sahne langsam in die Teetasse fließen lässt und sich der weiße Schleier spiralförmig mit dem Tee vermischt. Bei Schietwetter am offenen Kamin zu sitzen und Pharisäer zu trinken ist traumhaft. Dann kann sich das Wetter so richtig austoben. Ich sitze in meinen Troyer gehüllt, schaue in die lodernden Flammen und genieße das heiße Getränk, während es draußen stürmt und der Regen an die Scheiben prasselt.

Am liebsten fahre ich außerhalb der Saison an die Nordsee. Vom großen Tourismus gereinigt, genieße ich, die ich ein bisschen menschenscheu bin, meine langen Fahrradtouren durch die Köge ins Landesinnere oder am Deich entlang zum Leuchtturm, genieße die Stille der Wiesen, höre nur das Blöken der Schafe mit ihren Lämmchen, das Mah und Mäh und antworte ihnen auf meine Weise, wenn sie mir, gemächlich dahin grasend, den Weg versperren und genau dorthin ausweichen, wohin ich sie nicht vermute: „Du dummes Schaf", entfährt es mir dann. Sie nehmen es mir nicht übel und lassen sich nicht aus der Ruhe bringen. Mit Schwung setze ich meine Fahrt fort, höre auf das Surren des Zahnrades an meinem Fahrrad, es sei denn, der Wind bläst so stark, dass er alle Geräusche übertönt. Dann muss ich alle Kraft einsetzen, um ihm Widerstand zu leisten. Anspannen und entspannen, das ist Nordsee.

Der Wind ist immer dabei, auch wenn ich am Watt oder an den Salzwiesen entlangfahre. Hier finde ich wieder die klaren reduzierten Strukturen der Landschaft. Die gerade Linie des Weges, des Deiches, des Wassersaums. Über allem der riesige Himmel, an dem im Frühjahr die Eiderenten zu hunderten schnatternd ihre turbulenten zielgerichteten Flüge proben, bevor sie sich in nördlichere Gefilde auf den Weg zu ihren Brutplätzen machen. Ich liebe die Geräusche der Natur: das Brausen des Windes, das Rauschen der Wellen, das Blöken der Schafe, das Schnattern der Gänse, das Krächzen der Möwen.

An dem mit Steinen befestigten Ufer, das die ankommenden Wellen bremst, beobachte ich die regelmäßige Veränderung der Natur. Mal führt das Watt Schlick, ein anderes Mal schlagen die Wellen an. Ein ständiges Kommen und Gehen des Wassers. Und immer wieder das Spiel mit dem Wind. Eins bleibt immer gleich, der Weg, dem ich folge, schnurgeradeaus.

Das Laufen

„Wollen Sie denn mit siebzig auch noch laufen?", fragte der Orthopäde. Mit Laufen meinte er Joggen. Damals war ich um die fünfzig und hatte eine Sportverletzung, die nicht heilen wollte. Ich setzte den Arzt unter Druck, mich zügiger wieder lauffähig zu machen. Und dann kam diese Frage. Natürlich wollte ich auch mit siebzig noch meine langen Strecken laufen.

Warum nicht? Ich konnte mir nicht vorstellen, dass das Joggen dann nicht mehr möglich sein könnte.

Ich entdeckte das Laufen spät. Ich erkämpfte es mir. Fing zaghaft an, steigerte die Länge der Strecke Kilometer um Kilometer. Dann wurde es zum wichtigsten Teil meines Lebens. Wichtiger als Essen, Trinken und Schlafen. Würde ein Krieg ausbrechen, würde mein Haus vom Feuer zerstört, würde ich in Armut oder allein leben müssen, alles wäre für mich auszuhalten, wenn ich nur laufen könnte. Das Laufen drang in alle Bereiche meines Lebens. Es wurde zu einem Bedürfnis, dem ich alles unterordnete. Laufen wurde zur Obsession. Laufen macht glücklich, zufrieden und stark. Mein Leben ist Laufen. Ohne Laufen wäre mein Leben nicht möglich. Es stärkt mein Herz und andere Muskeln, hält mich gesund und jung, körperlich und seelisch. Mit sechzig fühlte ich mich noch wie zwanzig. Ich wurde nicht älter.

Während des Laufens konnte ich reflektieren, mein Leben einordnen, in gerade Bahnen lenken. Es gab mir Überblick, Weitblick und Innenblick. Ja, ich schaute nach innen. Was passierte da? Ich spürte meine Muskeln und auch den Kater, der mich am Anfang plagte. Jeder Tag, den ich mit Laufen ausfüllte, erzählte mir Neues über meinen Körper. Ich nahm sensibel jede Reaktion wahr und lernte mich neu kennen.

Worte wie aerob, Oxidation, Milchsäure, Glukose, Fettverbrennung und Laktat waren in meinem Sprachgebrauch allgegenwärtig. Die jährliche Laktatmessung beim Kardiologen gab Auskunft über meine Leistungsfähigkeit. Ich musste darauf achten, dass ich nicht in den anaeroben Bereich kam, also nicht außer Atem geriet, sonst hätte ich eine längere Strecke nicht laufen können. Gleichmäßig ruhig atmen war das Motto. So steht es in den Lehrbüchern. Aber wenn du einige hundert Kilometer Erfahrung gesammelt hast, wunderst du dich über diese Theorie, denn dann weißt du, dass sich das richtige Atmen von allein einstellt. Du läufst deinen eigenen Rhythmus.

Man sagt, Laufen macht süchtig. Das Wohlgefühl nach einem Lauf ist unbeschreiblich. Du fühlst dich ausgepowert und fit zugleich. Die Gewissheit, etwas geleistet zu haben, das nicht jeder kann, macht dich zufrieden. Du kannst dich beruhigt zurücklehnen und sagen, für heute habe ich mein Soll erfüllt. Dieses zufriedene Zurücklehnen willst du jeden Tag wieder haben. Diesen Kick, deinen Körper in der Natur, in frischer Luft, zu spüren, den willst du für immer bewahren. Also morgen wieder ran ans Laufen, neu bestätigen lassen, was du drauf hast wie kein anderer. Was du dir erarbeitet hast, willst du behalten und noch steigern. Immer wieder. Nie spürte ich meinen Körper so heftig wie beim Laufen. Ich lief dem Tod davon. Ich lebte!

Wenn du Marathonläuferin geworden bist, stehst du immer im Mittelpunkt. Du brauchst nur zu sagen, ich laufe Marathon, schon ist alles Interesse bei dir. Aber wenn du nicht mehr sagen kannst, dass du Marathonläuferin bist, fällst du in ein tiefes Loch. Nicht nur, weil du vor deinem Gegenüber nicht mehr prahlen kannst.

Mit siebzig lief ich immer noch. Auch noch mit zweiundsiebzig. Ich war langsamer geworden, aber ich sagte mir, Medaillen hast du genug gesammelt. Jetzt ist es Zeit, etwas gemächlicher zu treten. Doch das regelmäßige Laufen war mir nach wie vor wichtig. Auch wenn ich nun gelassener durch die Landschaft ziehe, hätte ich nie gedacht, dass mit einem Schlag alles zu Ende sein würde. Bandscheibe und Hüfte leugnen ihr Alter nicht. Sie fordern ihr Recht auf Schonung, was ich unbedingt nicht einsehen will.

Ich gehe jetzt zum Walken. Ich kämpfe darum, jeden Tag neu. Laufen, auch wenn das Laufen heute Walken heißt, ist und bleibt mein Leben. Ich wage nicht, weiter zu denken, was wird, wenn wirklich nichts mehr geht, wenn ich den Rollator schieben muss. Aber vielleicht habe ich auch dann noch Kraft, jeden Tag um einen Rollator-Lauf zu kämpfen. „Das Leben ist ein stetiger Kampf", das sagte schon meine Großmutter. Zum Schluss kämpfte sie auf ihrem Stuhl sitzend darum, die Welt von ihrem Fenster aus beobachten zu können.

Die Langstrecke

In die Wiege gelegt wurde mir das Wort Langstrecke nicht. Es traf mich in der Mitte des Lebens. Als ich in der Läuferszene voll integriert war, lernte ich zu unterscheiden zwischen Joggern, Läufern und Langstreckenläufern. Ich definierte mich nie als Joggerin. Das waren in meinen Augen die, die in der Rangliste ganz unten standen, die das Laufen nicht ernst nahmen, nur ab und zu mal eine Stunde unterwegs waren. Ich war Läuferin mit allen Konsequenzen, das heißt, mit regelmäßigen geplanten Läufen, auch dann, wenn es regnete und stürmte und wenn ich keine Lust hatte und es mir schwerfiel.

Langstreckenläuferin wollte ich werden. Das hörte sich nach etwas an, das nicht jeder konnte. Als ich mir neue Laufschuhe kaufte, sagte ich zum Verkäufer: „Ich bin Langstreckenläuferin und brauche neue Schuhe." „Wieviel Kilometer laufen Sie denn pro Einheit und wie oft in der Woche?", war seine Frage. Ich wurde unsicher und sagte einfach nur: „Genug."

Der Verkäufer meinte: „Ein Langstreckenläufer ist man, wenn man pro Tag mindestens 15 Kilometer läuft." Jetzt wusste ich es und hatte ein Ziel vor Augen.

Die Langstrecke musste ich mir erarbeiten. Wenn ich nun im Wald unterwegs war, lief ich gerne noch einen Umweg, hängte noch eine Schleife dran, erkundete unbekannte Wege und verschlungene Pfade. Auch heute noch kann ich dem Reiz, noch eine Runde dranzuhängen, nicht widerstehen, obwohl ich mich mittlerweile in einer noch niedrigeren Kategorie bewege als die Jogger, nämlich bei den Walkern.

Je mehr Kilometer ich lief, desto größer wurde meine Ausdauer. Je mehr Ausdauer ich hatte, desto länger konnte ich laufen, desto mehr Kilometer kamen zusammen. Ein Wechselspiel, das mich anspornte.

Bald hatte ich die 15 Kilometer pro Tag erreicht und das Gefühl, meine Ausdauer sei unbegrenzt. Ich konnte mich mit ruhigem Gewissen Langstreckenläuferin nennen. Zehn Kilometer waren nur noch eine Kurzstrecke, die es nicht wert war, sich dafür die Schuhe schmutzig zu machen. Eine Marathonstrecke von 42,195 Kilometer, das war, so hatte ich es ausgerechnet, von zuhause bis nach Darmstadt. Darmstadt, das lag für mich gerade mal um die Ecke. Ich laufe mal eben nach Darmstadt, das erschien mir normal. Körper und Geist hatten die Langstrecke in sich aufgenommen.

Auf der Langstrecke habe ich viel Zeit zum Nachdenken. Beim Laufen ist mein Kopf glasklar. Gedankenblitze tauchen auf und verschwinden. An manchen Gedanken bleibe ich hängen, halte sie fest, sortiere sie und lasse sie fallen. Oder ich nehme ein Thema auf und reflektiere. Oft komme ich zu erstaunlichen Einsichten und Erkenntnissen. Manchmal finde ich die treffenden Worte für einen geistreichen Text oder setze ein Gedicht zusammen. Ich versuche, die Texte auswendig zu lernen, um sie nicht zu vergessen, bis ich daheim bin, um sie gleich aufzuschreiben. Wenn ich nicht weiß, was ich am Abend kochen soll, gehe ich in Gedanken die Vorräte in meinem Kühlschrank durch und überlege, was ich daraus zaubern könnte. So sind schon viele außergewöhnliche Kreationen entstanden, die in keinem Kochbuch stehen. Zum Beispiel Maisgrieß mit Bohnen oder Rosenkohl mit glasierten Kastanien. Manche Probleme löse ich in Gedanken auf der Langstrecke. Ich habe das Gefühl, der Fahrtwind reinigt das Gehirn, aller Ballast wird weggeweht. Eine vollkommene Reinigung des Denkens.

Markante Orte auf meiner Langstrecke waren: die Heimliche Wiese, die Weiße Mauer, die Achtwegekreuzung, der Kalte Born und der Fuchstanz, der Feldberg, der Eichkopf, der Hainkopf, der Rossert. Orte, die in unserem Dorf jeder dem Namen nach kennt. Ich umrundete sie, verband sie miteinander und streifte an ihnen vorbei, auf neu entdeckten Wegen. Mit der Zeit hatte ich die gesamte Topografie des Waldes rund um unser Dorf im Kopf. Ich hätte die Wege, die Höhen und Tiefen, den Bewuchs am Wegrand im Schlaf aufzeichnen können. Ich wusste, wo zu jeder Jahreszeit welche Blume blühte. Und ich kannte, wie mein Mann sagte, jeden einzelnen Baum mit Vornamen.

Die langen Läufe waren Meditation für mich. Dabei hatte ich eine besondere Beziehung zu Gott. Wenn die Sonnenstrahlen durch das Blattwerk leuchteten und ich leichtfüßig über den weichen Waldboden schwebte, die reine Luft einatmete, die Gerüche des Waldes in mich aufnahm, zelebrierte ich meine Andacht, indem ich meinen Dank für die Schönheit der Natur zum Himmel schickte. Ich war eins mit mir und Gott.

Wenn ich einmal wirklich schlapp war und merkte, dass mir die Langstrecke zu viel werden könnte, gab ich nicht auf. Ich wollte meine Grenze bis ins Mark meines Körpers spüren. Grenzen austesten, das bin ich. Erst wenn ich mich so richtig ausgepowert habe und wirklich spüre, dass nichts mehr geht, bin ich zufrieden. Und außerdem, ich weiß genau, irgendwann kommt der zweite Wind, wie es unter Läufern heißt. Der zweite Wind, ein erneuter Anschub zum Seligwerden. Der Körper entwickelt neue Kräfte und man fliegt in den Himmel. Ich erhöhte die Langstrecke auf 20 Kilometer und mehr, mehrmals in der Woche. Ich strebte die Ultra-Langstrecke an. Vielleicht zunächst 80 Kilometer, dafür stand der Niddalauf oder auch 100 Kilometer in Biel? – Mein Traum.

Die Langstrecke begleitete mich nicht nur beim Laufen, sondern auch beim Skilanglauf und beim Radeln. Bald folgten lange Radtouren und Skimarathons. Am meisten beeindruckten mich die beiden Finnlanddurchquerungen von Kusamo an der russischen Grenze bis Tornio an der schwedischen Grenze. Sieben Tage lang lief ich auf meinen Skiern durch die einsame Winterlandschaft Finnlands, entlang dem Polarkreis. Die kürzeste Strecke waren 56 Kilometer, die längste 76 Kilometer. Ein unbeschreiblich herausforderndes Erlebnis bei ca. 17 Grad minus. Eine endlos erscheinende weiße Wüste, nur durch den Wegweiser eines roten Bandes gekennzeichnet. Die Gruppe der Teilnehmer zog sich nach wenigen Kilometern auseinander, sodass jeder für sich allein mit seinen Trugbildern halluzinierte.

Höhepunkt der Langstrecke war der schwedische Wasalauf. 90 Kilometer. Die Namen der Orte, die man passiert, kann ich heute noch herunterbeten. In Sälen am Start kommt nach 11 Kilometern Smogan, dann Mongsbodana, Risberg, Evertsberg, Oxberg, Hökberg, Eldris und dann das Ziel in Mora. Diese Namen prägten sich mir fürs Leben ein. Die Entfernung dieser Orte liegt zwischen 9 und 15 Kilometer auseinander. Man hangelt sich von Ort zu Ort. Von Blaubeersuppe zu Blaubeersuppe, die es dort zur Verpflegung gibt. Ich stellte mir vor, ich laufe zunächst nur zehn Kilometer. Und dann noch mal zehn und noch mal zehn und so weiter. Das waren ganz einfach neunmal zehn Kilometer. In meinem Gehirn schrumpften die Strecken. Alles war machbar.

Begebe ich mich mit meinem Fahrrad auf Langstrecke, bin ich mit meinem Rad zu einer Einheit verbunden. Maschine und Körper sind nicht mehr zu trennen. Hellwach und trotzdem entspannt setze ich mich auf mein Rad, habe die Langstrecke im Kopf, versinke in der Landschaft, verschmelze mit ihr. Verschmelze mit dem Fließen der Flüsse, mit dem Stillstand der Seen und dem Wellengang des Meeres. Ich verschmelze mit den Bergen, die ich erklimme, durch das regelmäßige Treten der Pedale. Mein Körper wird eins mit der Steigung, indem mein Atem schwerer geht und meine Muskeln mehr leisten müssen. Bei den Abfahrten jubelt mein Herz. Auch dabei überträgt sich die Landschaft auf Körper und Seele. Auf der Ebene komme ich ins Träumen, radle dahin, trete, ohne dass ich es wahrnehme, die Pedale, lasse die Gedanken fließen, ohne Ende, immer weiter und weiter. Ich möchte, dass es nicht mehr aufhört, das Wohlgefühl auf der Langstrecke.

Die Leistung

Wenn ich an Oma denke, denke ich an Arbeit, an schwere Arbeit. Zupacken, das konnte sie. Pflicht, Verantwortung und Perfektion, das waren drei Begriffe, die ihr Leben ausmachten. Zusammengefasst würde ich sagen, sie erbrachte Leistung. Geleistet hat sie von Jugend an viel. Aufgewachsen in einem kleinen Dorf in Ostpreußen musste sie schon früh in der Landwirtschaft ihrer Eltern mithelfen. Der Vater war früh gestorben. Da wurden alle Hände gebraucht. Sie hatte fünf Geschwister. Es musste ein großer Haushalt bewältigt werden und sie kümmerte sich mit Fürsorge um ihre jüngeren Geschwister.

Auch später, als sie mit Großvater verheiratet war, arbeitete sie neben dem Haushalt noch schwer in der kleinen Landwirtschaft, die Großvater als Zubrot nach Feierabend betrieb. Großmutter, die als erste fremde Frau in ein in sich geschlossenes Dorf einheiratete, wollte unter den kritischen Augen der Dorfbewohner ihre Prüfung bestehen. Sie wollte ihnen zeigen, was sie konnte. Sie forderte von sich das Letzte. Leistung war großgeschrieben.

Pflichtbewusstsein, Verantwortung und Perfektion, das verlangte Großmutter auch von ihrer Tochter. Leistung zu erbringen lernte meine Mutter, indem auch sie in die Landwirtschaft und in den Haushalt eingespannt wurde. Sie wäre so gerne Frisörin geworden. Doch solchen Luxus konnte man sich nicht leisten. Neben Haushalt und Landwirtschaft saß sie nächtelang an der Nähmaschine. Ihr oblag es, die Arbeitshemden für ihre drei Brüder zu nähen. Daheim gab es genug Arbeit. Der Beruf der Frisörin blieb ein Traum.

Mutter erfüllte ein Leben lang ihre Pflicht. Ohne Pause. Sie führte einen perfekten Haushalt. Unter harten Bedingungen pflegte sie ihre Schwiegermutter vierzehn Jahre lang und dazwischen auch noch ihre eigene Mutter, als sie kurz vor ihrem Tod bettlägerig wurde. Sie übernahm die Aufgabe einer Krankenschwester, indem sie der Schwiegermutter jeden Tag ihre Insulinspritzen gab, was ihr jedes Mal Überwindung abforderte, und sorgte für die ausgewogene Ernährung der Diabetikerin.

Neben all ihrer Arbeit zog sie auch meine Tochter groß, während ich berufstätig war. Mutter ging immer an ihre Grenzen. Oft auch darüber hinaus. Dann tat ihr das Herz weh, aber an Pausen dachte sie nie. Wenn mich eine Freundin unverhofft besuchte und ich gerade beim Kochen war, hielt Mutter den Atem an, dass die Freundin möglichst bald wieder gehen würde. Als sie gegangen war, meinte sie: „Bist du wieder von deiner Arbeit abgehalten worden."

Später, als Oma tot und meine Tochter groß war, dachten wir, es wird Zeit, dass auch sie etwas kürzer tritt. Aber nein, sie hatte immer wieder neue Arbeiten parat. Sie war nun in der Kirche als Lektorin tätig und hatte sich dem Filethäkeln für die Basare in der Kirche verschrieben. Als Vater Rentner war, machte er oft lange Spaziergänge, während Mutter keine Zeit hatte mitzugehen, weil sie noch putzen musste. Später, als Vater schon tot war, sagte sie: „Hätte ich doch das Putzen gelassen und wäre mit ihm spazieren gegangen."

Bei dieser erblichen Disposition ist es kein Wunder, dass auch ich in dieses Leistungsprinzip eingebunden bin und fortsetze, was sich wahrscheinlich durch Generationen hindurch manifestierte. Jeweils von Mutter zu Tochter.

Ich las von Kindheit an gerne, aber immer mit schlechtem Gewissen. Wenn ich las, dachte ich, Mutter würde von mir erwarten, dass ich ihr helfe. Das forderte sie aber nicht ein. Sie sagte nur: „Das Lesen ist nicht gut für dich. Du machst dir deine Augen kaputt." Mit den Augen hatte ich tatsächlich Probleme. Hornhautentzündungen plagten mich. Aber die Erwartungen, die hinter Mutters Aussage standen, hatten sich in mich eingeschlichen. Die ständige Geschäftigkeit der Mutter war unbemerkt in mein Fühlen einprogrammiert. Ich wusste, was man von mir erwartete. Während meiner Schulzeit funktionierte das wunderbar. Meine Leistungen in der Schule waren gut. Ich erfüllte ihre Erwartungen. Lob gab es nicht. Es war selbstverständlich.

Später im Beruf erfüllte ich meine Aufgaben pflichtgemäß und mit viel Freude. Half aus, wenn das Personal knapp war, und war immer bereit, mich einzusetzen, wenn es nötig war. Die privaten Dinge litten nicht unter den beruflichen Anforderungen. Nein, auch private Interessen nahm ich ernst. Konkret sah es so aus, dass ich außer meinem Beruf noch etliche andere Berufe nebenher laufen ließ. Wenn mich jemand fragte, was machst du beruflich, sagte ich: „Ich bin Bankangestellte, Hausfrau und Mutter, Gärtnerin, Marathonläuferin, Schreinerin, Schneiderin, Malerin und Studentin." Mein Leben war voll ausgefüllt mit Neunzehn-Stunden-Tagen. Ich jammerte nicht, ich war zufrieden.

Leistung wurde zur Sucht! Vor allem beim Langstreckenlauf. Ich trainierte immer längere Strecken in immer kürzerer Zeit. Beim Skitraining skatete ich hundertmal den Berg hoch, um die perfekteste Technik bemüht, in effektivster Zeit. Wehe, ich zog mir eine Verletzung zu! Dann wollte ich nicht mehr leben. Das führte mich in eine Psychotherapie, bei der mir die Therapeutin meine Sucht nach Leistung vorspiegelte, indem sie sagte: „Wissen Sie, dass Sie in Ihrem Bericht gerade mindestens dreißigmal das Wort Leistung erwähnten?" Ich erkannte, dass ich wie eine Getriebene lebte. Aber weniger in mein Leben einzupacken, gelang mir nicht wirklich. Ich teste immer wieder meine Grenzen.

Und meine Tochter? Auch sie hat längst das Leistungsmuster ihrer Vorfahren übernommen.

Der Tod

Mein Leben war von früher Jugend an ein ständiges Sterben. Die Angst brachte mich um. Angst vor dem Sterben. Angst vor dem Tod. Schon ganz früh musste mein Körper mit Störungen fertig werden. Das Wort Krankheit zog sich durch meine Kindheit. Von Mutter suggeriert, lebte ich mit jeder dieser Störungen am Abgrund des Todes. Sie hielten mir den nahen Tod vor Augen.

Immer wieder durchlebte ich den Tod, stellte mir das Sterben vor. Stellte mir vor, dass ich nicht mehr atmen würde. Probierte es aus, bis die Angst kam, dass es wirklich passieren würde. Dann atmete ich schnell weiter. Ich stellte mir vor, wie ich im engen Sarg liegen und es um mich dunkel werden würde, wenn der Deckel geschlossen wird. Diese Gedanken kamen abends, wenn ich im Bett lag. Dann schob ich schnell die Decke von mir, um mich von der Enge zu befreien. Ich stellte mir vor, in ein dunkles, feuchtes Loch eingegraben zu werden, mit schwerem Grund und Steinen über mir. Stellte mir vor, noch zu leben und niemand würde mich hören, wenn ich um Hilfe rief. Dann kam ein Schrei aus mir heraus. Ich stellte mir vor, wie meine Eltern um mich weinen würden, wie verzweifelt sie wären. Diesen Schmerz wollte ich ihnen nicht zufügen. Das Ungewisse, das Dunkel des

Todes, das Ersticken, das Einengen, das Zerdrücken erlebte ich in allen Variationen. Ich grub mich so tief in den Tod hinein, dass mir das Entsetzen den Atem raubte und das Herz rasen ließ.

Später musste ich mir immer wieder meine Gesundheit bestätigen lassen. Auch wenn der Atem stockte und das Herz unruhig pochte, hieß es, du bist gesund. Dann atmete ich für kurze Zeit auf und kam zur Ruhe. Nicht lange. Ich hatte kein Vertrauen in mein Leben. Der Tod trieb sein Spielchen mit mir. Ich hatte das Gefühl, er lockte mich so wie Großmutters Käuzchen, das rief: „Komm mit, komm mit, mit Hack' und Schipp'", vor dem ich Panik bekam. Doch Großmutter nahm auf meine Angst keine Rücksicht. Auf Kinder wurde nie Rücksicht genommen. Ihr war nicht bewusst, dass ihre dahingeworfenen Sätze über den Tod Angst in mir auslösten.

Wenn Vater mir aus Grimms Märchen vorlas, hielt ich den Atem an, dass er die Seite mit dem „Gevatter Tod" nicht aufschlug. Zum Glück suchte er dieses Märchen nie aus. Vielleicht ahnte er, dass es mir Angst machte. Als ich lesen konnte, überblätterte ich schnell die Seiten mit dem Gevatter Tod, dem gelbgrauen Gesicht unter der schwarzen Kapuze des weiten nachtschwarzen Mantels und den knöchernen, todesfarbenen langen Fingern, mit denen er lockte. Trotz des schnellen Überblätterns und des hastigen Blickes darauf prägte sich mir das Bild tief ein. So, als ob es sagen wollte, du willst von mir nichts wissen und deshalb lasse ich dich nicht los.

Tausend Tode bin ich gestorben und lebe noch immer. Hätte ich das doch früher gewusst. Ich hätte nicht so viel Energie in den Tod gesteckt, lieber in das Leben. Irgendwo las ich den Satz: „Klammere dich nicht so an das Leben." Er machte mich nachdenklich und ich interpretierte ihn für mich, dass Angst vor dem Tod heißt, unbedingt leben zu wollen. Ich wollte leben! Was nützte die Angst vor dem Tod? Sterben würde ich sowieso. Also ließ ich den Tod zu. Ich befreite mich von ihm, indem ich mein Leben zuließ und auch meinen Tod. Irgendwann würde er kommen. Er muss kommen. Es ist der Lauf des Lebens. Er gehört dazu. Das wird mir jeden Tag bewusster, mit jeder neuen Störung in meinem Körper und je näher ich der Zeit komme, in der es geschehen wird.

Wo ich landen werde nach dem Tod, das wissen ich und die Försterin, die genau die Stelle notierte, in die meine Asche eingegraben wird. Hier im Taunuswald, mit dem ich ein Leben lang verbunden war. Neben einer kleinen Buche, deren Kinder im Halbkreis neben ihr stehen. Sie werden über mich wachen und die Vögel zwitschern ihr Lied. Über mir die lichte Krone des Baumes, die den Blick auf die Wolken, die Sonne und den Himmel freigibt und durch die meine Seele hindurchschlüpft.

Wunschkind
Christel Locher

Am 5. Februar 1948 um 3.17 Uhr wurde ich in der „Wunsch-Klinik", einem kleinen Krankenhaus in Hamburg, geboren.

Ich war ein Wunschkind. Nach der Geburt wünschte sich meine Mutter als Erstes eine Zigarette, was mir bis heute wehtut, ich weiß nicht warum.

Was meine Eltern sich wohl alles von mir wünschten, was sie von mir erwarteten? Vielleicht sollte ich ihre Träume weiterleben oder sie erfüllen, was sie selbst nicht geschafft hatten. Vielleicht wollten sie in mir weiter leben, wenn ihre Zeit vorbei wäre. Vielleicht aber sollte ich ihre Liebe komplett machen, weil ein Kind dazugehört, oder vielleicht mochten sie mich einfach nur liebhaben, mit mir leben und eine Zukunft bauen, damit die Welt sich weiterdreht.

Ich war das Kind, das sich meine Eltern gewünscht hatten – aber leider nicht ganz. Von Anfang an gehörte ich nirgends dazu, war immer nicht richtig, war immer falsch, und ich wünschte mir so sehr, richtig zu sein. Ich hatte das falsche Geschlecht. Mein Vater wollte unbedingt einen Sohn. Aus seiner ersten Ehe hatte er schon zwei Töchter, meine Stiefschwestern, die ich nie kennengelernt habe. Sie existierten für ihn nicht mehr. Dieses Mal sollte es unbedingt ein Sohn sein. Sein älterer Bruder hatte zwei Söhne, Bernhard und Manfred, meine Cousins, und mein Vater wollte auch Söhne haben. Er wünschte sich einen Erben, der den Namen Stöckigt weiterführte, auf den man stolz sein konnte, für den sich die ganze eigene Arbeit im

Leben gelohnt hätte, der dem eigenen Leben einen Sinn gäbe.

Aber ich war ein Mädchen, was mein Vater diesmal einfach nicht zur Kenntnis nehmen wollte. Also beschloss er, dass ich sein Sohn sein sollte. Ich wurde wie ein Junge von ihm erzogen, lernte Fußball spielen, auf Bäume klettern und musste wild sein. So gefiel ich ihm. „Ein Indianer kennt keinen Schmerz, Jungen weinen nicht." Ich war sein ganzer Stolz und kam auch selbst nicht auf die Idee, dass es einen Unterschied zwischen Mädchen und Jungen gab. Selbst meine Mutter stand manchmal abseits, musste für mich zurückstecken. Zuerst kam immer ich. Welche Freiheit, welche Bevorzugung – aber auch welche Bürde?! Heute würde man vielleicht sagen, wie modern, doch damals war die Zeit anders. Ein Mädchen hatte ein Mädchen und ein Junge hatte ein Junge zu sein. Meine Mutter wusste das, konnte mir aber nicht helfen, sich nur heimlich und mit Schwindeleien gegen meinen Vater durchsetzen. In meinem Fall musste zu Hause ein Mädchen ein Junge sein, auch wenn ich sehr zierlich war und lange blonde Locken hatte.

Jeden Sonntagvormittag fuhr ich mit meinem Vater ins Kellinghusener Schwimmbad, dort sollte ich beim Bademeister Schwimmunterricht bekommen. Ich war erst fünf Jahre alt und sehr aufgeregt. Schnell zog ich mir in der Kabine meinen Badeanzug an und wollte gleich ins Wasser springen. Doch zuerst musste ich mich auf die Schwimmbadfliesen legen und die Brustschwimmbewegungen üben. Danach wurde ich mit einem Bauchgurt und einer Schnur an eine Angel gehängt und sollte die Bewegungen auch im Wasser machen. Es klappte ganz gut und machte mir viel Spaß, doch plötzlich hakte der Bademeister die Angel aus, ohne mir vorher etwas zu sagen. Jetzt musste ich mich aus eigener Kraft über Wasser halten. Ich fühlte mich alleine gelassen, verraten, hatte Angst zu ertrinken. Aber ich schaffte es, bis an den Rand zu schwimmen. Dort hielt ich mich ganz fest und wollte nicht mehr loslassen. Der Bademeister und mein Vater standen am Beckenrand und lachten nur. So lernte man früher schwimmen. Nach ein paar weiteren Übungsstunden bekam ich mein Freischwimmerabzeichen, das meine Mutter an meinen Badeanzug nähte. Nach den Übungsstunden kaufte mir mein Vater immer einen Salmilutscher, einen Lutscher mit eingearbeiteten Salmiakpastillen und Schokoladenüberzug, für mich das Größte. Ich strahlte schon vor Freude, wenn wir den Kiosk am Schwimmbad betraten. Vor meinem sechsten Geburtstag schrieb meine Mutter voller Stolz in ihr Notizbuch, dass ich vom Dreimeterbrett gesprungen sei. Schwimmen wurde mein Leistungssport für die nächsten acht Jahre.

Ich trat in den Verein „SV Poseidon" ein und trainierte dreimal die Woche. Wir wurden sehr gefordert und das machte mir viel Freude. Vor allem der Wettbewerb, sich miteinander zu messen, besser als andere zu sein. Dafür lohnte es sich, hart zu trainieren. Mit den anderen Kindern hatte ich nicht viel zu tun. Der Stolz meines Vaters, wenn ich wieder einmal gewonnen hatte, spornte mich noch mehr an. Meine Figur veränderte sich, meine Schultern und mein Brustkorb wurden breit – zur Freude meines Vaters und zum Entsetzen meiner Mutter. Das Training, der Wettkampf und das Vereinsleben waren für mich ein Stück Freiheit, denn ich wurde ansonsten sehr streng gehalten. Mit Jungs durfte ich mich nicht treffen, außer es ging um die Schule oder das Schwimmtraining. In meiner Freizeit musste ich zu Hause helfen oder machte Hausaufgaben. Am Wochenende, wenn

Wettkämpfe stattfanden, stand mein Vater oft am Beckenrand und schrie: „Christel, Christel!" Das war mir so peinlich und ich war immer froh, wenn er nicht kam. Oft habe ich mich für ihn geschämt. Ich hatte eine wunderbare Trainerin, die an mich glaubte und mir sehr half. Als ich dann in die Hamburger Auswahlmannschaft kam, durfte ich bei Städtevergleichskämpfen auch mal ein Wochenende wegfahren. Da war ein Junge auf der letzten Sitzreihe im Bus, er hieß Michael. Heimlich beobachtete ich ihn, denn ich fand ihn total süß. Er hatte blaue Augen, war blond mit vielen Sommersprossen im Gesicht. Wenn im Radio das Lied „Michael Row the Boat Ashore" spielte, lief ich knallrot an. Kurz bevor ich zu den Deutschen Meisterschaften nominiert werden sollte, zogen meine Eltern aus Hamburg weg nach Bevensen, einer Kleinstadt in Niedersachsen, wo sie eine Pension übernahmen. Alleine konnte ich die Fahrten zum Training nicht mehr bewältigen. Noch zweimal holte mich der Bus aus Hamburg zu Wettkämpfen ab, dann waren meine Zeiten zu schlecht geworden und ich musste den Schwimmsport aufgeben. Als ich das erste Mal wieder mit dem Zug nach Hamburg fuhr, riss ich auf den Elbbrücken das Abteilfenster auf. Ich sog die Luft tief in mich rein, roch die Elbe, roch meine Heimatstadt und musste weinen.

Mein Vater war ein guter Fußballspieler. Ich bin mir sicher, dass er mich in einen Fußballverein geschickt hätte, wenn es das für Mädchen damals schon gegeben hätte. Von klein auf gingen wir jeden zweiten Sonntagnachmittag zu den Heimspielen des SV Eimsbüttel. Den HSV mochte er nicht, die Leute waren ihm zu eingebildet. Er verglich sich immer mit Uwe Seeler, seinem Idol, den er aber eigentlich doch nicht mochte, weil der besser war als er. Mein Vater nahm mich auf die Schultern und wir gingen zum Fußballplatz. Meine Mutter kam nie mit, sie kochte in dieser Zeit das Essen. Auf dem Weg dorthin saß ich auf seinem Rücken und versuchte, Wörter zu buchstabieren, die ich auf Tafeln am Wegrand fand. In der Schule war ich noch nicht, aber ich wollte unbedingt lesen lernen. Im Hamburger Abendblatt gab es die Comicserie „Cisco", die fand ich toll. Zuerst hatte mein Vater sie mir vorgelesen, aber dann wollte er, dass ich mir die Buchstaben alleine zu Wörtern zusammensetzte. Ich übte so lange, bis ich die Geschichten von Cisco lesen konnte. Wir liefen immer an einem großen Weißdorn- und einem Rotdornbaum vorbei, die schönsten Bäume, an die ich mich erinnern kann. Im Winter hatte ich oft Frost an den Händen, die ich dann am warmen Kachelofen zu Hause aufwärmte. Das kribbelte und stach, ich hüpfte von einem Bein auf das andere.

Mein Leben spielte sich eng in der Familie ab. Äußerlich wurde ich meinem Vater immer ähnlicher und wir wurden oft darauf angesprochen. Er platzte dann vor Stolz. Meine Mutter freute sich über ihr Kind, ihr erstes lebendes Kind, denn Jahre vorher hatte sie in Wien eine Fehlgeburt mit Zwillingen gehabt. Sie war damals nicht verheiratet und wurde von ihrer Familie als Nesthäkchen trotzdem geliebt. Sie erzählte über mich, dass ich ein kleines jähzorniges Kind gewesen sei, mich oft vor Zorn auf den Boden warf und dabei wie am Spieß geschrien habe. Unser Hausarzt wurde konsultiert und empfahl, mich im Hühnerstall einzusperren, wenn der Zorn kommen sollte. Meine Oma aus Wien schrieb empört in einem Brief, ob wir einen „Viecherldoktor" oder einen „Menschendoktor" hätten.

Wie jede Mutter hatte auch meine genaue Vorstellung, wie ihre Tochter als Mädchensein sollte: der Zeit entsprechend etwas sportlich, aber graziös, charmant, Tischdecken häkelnd. Das Häkeln war für mich eine Strafe, ich wollte lieber raus und Fußball spielen, nicht im Wohnzimmer am Tisch sitzen und Maschen oder Stäbchen zählen. Erst als meine Mutter ganz innen im Knäuel 10 Pfennig versteckte, bemühte ich mich zumindest, das Innere zu erreichen, das Häkelergebnis war Nebensache.

Wenn ich abends ins Bett ging, musste ich meine Hände falten und meine Mutter betete mit mir: „Ich bin klein, mein Herz ist rein, darf niemand drin wohnen als Jesus allein." Ein Gebet, das mir von klein auf das Gefühl vermittelte, die Welt ist gut, mir kann nichts passieren, Gott passt auf mich auf. Doch ich musste in vielen Situationen lernen, dass das Leben nicht so einfach ist.

Meine Mutter war katholisch, mein Vater evangelisch. Als meine Taufe anstand, klingelte es an der Haustür und zwei Nonnen standen davor. Sie wollten, dass meine Mutter mich katholisch taufen ließe. Empört entgegnete sie ihnen: „Die katholische Kirche hat sich nicht um uns gekümmert, als wir durch den Krieg in Not waren, Hunger hatten, auf den Feldern Kartoffeln und Steckrüben mit der Hand ausgruben, frierend an den Eisenbahngleisen Kohlenstücke aufsammelten, die aus den Waggons gefallen waren. Jetzt brauche ich sie auch nicht mehr", dann schlug sie ihnen die Tür vor der Nase zu.

Ich wurde evangelisch getauft, Kirche und Religion spielten in meiner Familie bis auf mein Gutenachtgebet keine Rolle. Wir gingen auch nicht in die Kirche, selbst nicht an Weihnachten. Ich hatte nur gelernt, an einen Gott zu glauben. Erst im Konfirmationsunterricht lernte ich die Kirche von innen kennen. Ich war faul und hatte keine Lust, die Gebote, die Auslegungen und Lieder zu lernen. Meistens schwänzte ich oder störte die ganze Zeit, bis der Pfarrer meine Eltern aufsuchte und sich weigerte, mich zu konfirmieren. Mein Vater beschwichtigte ihn, er würde dafür sorgen, dass ich mich ab sofort benehmen und lernen würde. Jetzt war meine Not groß, denn die „Vorstellung" vor den Gemeindemitgliedern stand an. Das war eine Prüfung, die ich bestehen musste, um konfirmiert zu werden, und ich hatte von allem keine Ahnung. Ich beschloss, mich auf zwei Gebote zu beschränken, und meldete mich dann beim Vorstellungsgottesdienst in der Kirche zu diesen Fragen ganz wild. Der Pfarrer nahm mich dran und ich bestand. Zur Konfirmation hatte ich mir ein Kofferradio gewünscht, was ich auch bekam. Verwandte und Bekannte schenkten mir Unterhosen und umhäkelte Taschentücher, Geld gab es damals noch nicht.

Meine Mutter war früher Balletttänzerin an der Wiener Oper gewesen. Sie träumte davon, mich auch auf der Bühne zu sehen. Als wir für einige Zeit in Wien wohnten, ich war acht Jahre alt, nutzte sie ihre Beziehungen und ich erhielt einen Platz in einer der bekanntesten Ballettschulen. Der Ballettsaal war in einem Altbau im 2. Bezirk, ein sehr großer Raum mit einer breiten Spiegelwand und einer langen Stange. Ich war sehr sportlich, klein, stämmig, verrenkte mich an der Stange und versuchte mich wie die anderen Kinder zu bewegen. Im großen Spiegel sah aber alles nicht richtig aus, es fehlte das Graziöse. Zu Hause übte ich Steppschritte, verschiedene Positionen und bekam nach langem Betteln Spitzenschuhe, weiß mit rosa Bändern. Das fand ich toll und stolzierte darauf in der Wohnung meiner Großeltern hin und her. Meine Mutter war begeistert und sehr stolz auf mich. Jeden Tag übten wir zusammen Steppschritte. Der große Tag kam, meine Ballettgruppe hatte die Aufführung „Winter, Schnee, Schneeflocken". An diesem Punkt endete meine Karriere als Tänzerin, denn ich war keine Schneeflocke, sondern ein Schneeball, tanzte aber voller Hingabe, denn mein Bemühen war groß. Spätestens jetzt musste auch meine Mutter einsehen, dass ich ihren Wunsch nicht erfüllen konnte und für den Balletttanz nicht geeignet war. Ich war sehr traurig und habe mich vor den Zuschauern geschämt. Die anderen Mädchen waren so grazil, so elegant. Für meine Mutter platzte ein Traum.

An einem Abend durfte ich mit meiner Mutter zur Kleinkunstbühne. Sie war von den Wiener Künstlern Sissi Kraner und Hugo Wiener eingeladen worden. Als wir auf die Straße traten, stand dort ein großer schwarzer Wagen. Meine Mutter schwebte nur dahin, sie war für den Augenblick in ihr früheres Leben zurückgekehrt. Hugo Wiener küsste zur Begrüßung ihre Hand und riss die Wagentür auf. Ich kam mir vor wie ein Kartoffelsack, unbeholfen, hölzern, wo sollte ich meine Hände hintun, was sollte ich sagen. Für mich war das eine total fremde Welt. Nach der Aufführung saßen wir zu viert an einem Tisch und meine Mutter wirkte sehr lebendig, sie war der Mittelpunkt, von allen bewundert. Ich fühlte mich neben den anderen unförmig und unglücklich. Sissi Kraner meinte zu mir, ich solle es doch einmal mit der „Hollywood-Diät" oder mit einer Reis-Diät versuchen. Vom Ende des Abends weiß ich nichts mehr, auch nicht, wie wir heimkamen. Ich habe mich wieder einmal sehr geschämt.

Nun wollte meine Mutter mir helfen, dass meine Oberschenkel dünner würden. In Wien gab es ein Privatinstitut, zu dem sie mich brachte. Ich war natürlich begeistert davon, vielleicht konnte ich so ihrer Vorstellung gerecht werden. Ich war voller Hoffnung. Es gab eine Besprechung, in der die Methode erklärt wurde. Danach musste ich mich auf eine Liege legen und auf die Oberschenkel kamen für dreißig Minuten heiße Wachsplatten, die sollten meine Fettpolster wegschmelzen. Nach Ablauf der Zeit stand ich auf und musste mich unter eine kalte Dusche stellen. Dort wurde mir schwindlig, ich sackte zusammen und fiel in Ohnmacht. Daraufhin blieben meine Oberschenkel und ich, wie wir waren. Ich hatte meine Mutter wieder einmal enttäuscht.

Aber ich gab nicht auf. Wer dünn ist, wird geliebt, bewundert. Ich begann, Abführmittel und Appetithemmer einzunehmen. Die meiste Zeit verbrachte ich jetzt auf der Toilette. Nachdem ich einige Kilos verloren hatte, funktionierte meine Verdauung nicht mehr und auch meine Periode wurde sehr unregelmäßig. Unser Hausarzt schickte mich ins Krankenhaus. In Wien gab es zu dieser Zeit keine kleinen Krankenzimmer, sondern nur große Säle, in denen an jeder Seite ein Eisenbett neben dem anderen stand. Einige waren mit einem Vorhang abgetrennt, da lagen die Frauen, denen es sehr schlecht ging, die Sterbefälle. Oft schlich ich an den Vorhängen vorbei, neugierig, aber auch ängstlich, ich hatte den Tod noch nicht kennengelernt. Da ich schon 15 Jahre alt war, lag ich bei den Erwachsenen. Der Arzt versuchte bei mir eine Schaukeldiät: im Wechsel Hafer, Gerste und Roggen. Zwischendurch musste ich immer wieder einen Schlauch mit einer Metallspitze schlucken, damit wurde mir Magensäure entzogen und überprüft. Meine Mitpatientinnen trösteten und beruhigten mich, weil ich bei der Untersuchung stark würgen musste und weinte. Besuch bekam ich keinen. Nach drei Tagen hatte ich noch immer keinen Stuhlgang. Ich hatte Angst, einen Darmverschluss zu bekommen, und die Schwester gab mir einen Einlauf. Sie hängte einen großen, gefüllten Becher an ein hohes Metallgestell und mir wurde ein Schlauch in den Darm eingeführt. Die Flüssigkeit floss in mich rein und die anderen Patientinnen schauten interessiert zu. Anschließend musste ich im Bett still liegen und warten. Es passierte nichts, kein Drang, einfach nichts. Meine Angst wuchs. Entschlossen stand ich auf, ging auf die Toilette und presste mit meiner ganzen Kraft, die ich hatte. Es war erfolgreich, aber ich bekam Risse im After, die stark bluteten. Am nächsten Tag durfte ich nach Hause. Ich fuhr mit der Straßenbahn, weil mich niemand abholte. Meine Eltern hatten beide am deutschen Konsulat eine Stelle bekommen und mussten arbeiten.

Mein Vater Hamburger, meine Mutter Wienerin. Beide waren Künstler, er Musiker und sie Tänzerin. Sie lernten sich auf Tourneen näher kennen und lebten nach dem Krieg in Hamburg. Meine Mutter war zwölf Jahre jünger als mein Vater, beide sehr schöne und selbstbewusste Menschen. Wenn meine Mutter einen Raum betrat, füllte sie ihn aus. Jeder Anwesende merkte und spürte, dass sie da war. Sie hatte ein tadelloses Benehmen und lebte in der großen Welt. Immer wusste sie, was richtig und was falsch war, wirkte sehr elegant, dafür brauchte sie keine besondere Kleidung. Ich hasste sie oft dafür, kam mir so klein und unbeholfen in ihrer Nähe vor, so falsch. Man verschwand einfach, wenn sie auftrat, sie war der Mittelpunkt, alle suchten ihre Nähe. Mein Vater war

Konzertmeister und spielte als Solist die Geige. Beide kamen aus sehr unterschiedlichen Schichten und beide wurden jeweils von der Familie des Partners nicht akzeptiert und abgelehnt.

Mein Vater wurde am 12. Juni 1907 in Hamburg geboren und war immer sehr stolz auf seine Heimatstadt. Hamburg ist auch für mich eine besondere Stadt. Mein Opa verfügte über das absolute Gehör und spielte die Pauke in der Hamburger Staatsoper. Die Familie lebte in einer Wohnung in Eimsbüttel, damals eine Arbeitergegend. Sie konnten meine Mutter nicht leiden, denn sie war ihnen zu vornehm, zu fein und eben nicht aus Hamburg, nicht hanseatisch genug. Mein Opa hatte „das Sagen". Er war cholerisch, warf auch mal mit schweren Aschenbechern nach seinen Kindern, wenn sie nicht gehorchten. Mein Vater lernte Geige und Saxophon und wollte Musiker werden, aber der Großvater bestand darauf, dass er zuerst einen anständigen, einen kaufmännischen Beruf erlernte, und mein Vater fügte sich widerwillig. Erst danach begann sein Leben als Künstler.

Meine Mutter wurde am 6. August 1919 in Wien geboren und wuchs in einer bürgerlichen Familie und Umgebung auf. Sie besuchte eine Klosterschule, ging aber schon mit vierzehn Jahren als Balletttänzerin auf Tournee nach Holland. Sie spielte in Tanzfilmen mit und ich habe von ihr noch einige Künstlerplakate und Fotos. Ihr Vater war in Tschechien geboren und Vorsitzender der Wiener Kaufmannskammer. Er hieß Leopold, nach ihm wurde meine Mutter Leopoldine genannt. Hätten sich meine Großeltern auch einen Sohn gewünscht? Ich sehe meinen Opa vor mir, mit seinem freundlichen Gesicht, seiner großen, vom „Schnapserln" roten Nase und seinem runden Bauch. Oft saßen wir am großen Tisch im Wohnzimmer und spielten miteinander Karten. Morgens ging er in seinem grauen Mantel ins gegenüberliegende Kaffeehaus, grüßte die Damen auf der Straße mit „Küss die Hand, Gnädigste!", und zog seinen Hut. Meine Oma führte den Haushalt, ich kenne sie nur in einem geblümten schwarzen Kleid, dünn, aber mit einem dicken Bauch und einem offenen Bein, das jeden Tag verbunden werden musste. Sie mochte mich nicht, ich war ihr zu wild und zu norddeutsch, meinem Vater viel zu ähnlich. Fürs Kochen und die Handarbeit interessierte ich mich auch nicht. Meine Oma machte mir Angst, sie war so anders und so streng. Ich fühlte, dass ich für sie nicht richtig war. Zugang fand ich zu ihr nie. Oft backte sie ihren berühmten Apfelstrudel in der kleinen Kammer, dem Kabinett. Der Raum war sehr warm, hatte auch kein Fenster, denn es durfte keinen Zug geben. Sie zog den Teig wirklich so dünn aus, dass man hindurch sehen konnte, die dünnen Apfelscheiben und Rosinen verteilte sie sorgfältig, es roch wunderbar. In ihrer Familie gab sie den Ton an. Sie mochte es nicht, wenn Opa einen Schnaps trank, und schimpfte mit ihm.

Meine Großeltern besaßen zwei große Mietshäuser im 3. Bezirk. In dem einen lebten sie in einer großen Altbauwohnung im ersten Stock, in dem anderen gab es unten einen Lebensmittelladen. Da standen große Fässer mit Salzgurken und in den Auslagen fand man die verschiedensten Delikatessen: Würste, Liptauer Käse und Geselchtes. Meine Mutter war das Lieblingskind, meinen Vater nahmen sie nur widerstrebend als Schwiegersohn an. Er war für ihre Tochter nicht gut genug und nicht standesgemäß.

Die ältere und einzige Schwester meiner Mutter, Tante Mimi, heiratete Onkel Walter, einen Burgschauspieler, den mein Vater überhaupt nicht mochte. Er verdächtigte ihn, ein Nazi gewesen zu sein. Sie hatten einen Sohn, Markus, den meine Tante vergötterte. Sie tat alles für ihn, opferte sich für ihn auf. Mein Vater machte sich lustig über meinen Cousin und nannte ihn den „Ball-Schani", weil er bei Fußballspielen im Stadion immer nur am Rand stehen durfte, um die Bälle aufzusammeln. Er sagte, zum Spielen reiche es bei ihm nicht. Tante Mimi hatte „Basedow", man glaubte, ihre Augen würden rausfallen, wenn sie sich aufregte, und das geschah oft. Es war in Wien immer eine sehr aufgeheizte Stimmung, weil die Familie meiner Mutter meinen Vater ablehnte, er war der „Piefke" aus Hamburg. Mein Vater wiederum konnte Tante Mimi überhaupt nicht leiden und provozierte sie ständig. In Wien wohnten wir immer in der Wohnung meiner Großeltern, wir schliefen dort alle in einem Zimmer. Es gab einen langen Flur, an dessen Ende die Toilette war. Ich erinnere mich noch, wie mein Vater und Tante Mimi wieder einmal stritten. Sie völlig aufgelöst mit vorquellenden Augen und dem Nachttopf in der Hand, den sie gerade in der Toilette ausgeleert hatte. Den schwenkte sie in der Luft hin und her und schrie meinen Vater an, der ihr grinsend gegenüberstand. Sie wollte mit dem Topf auf ihn losgehen. Er lachte sich kaputt und sagte nur:„Seid nett zueinander", ein damaliger Slogan aus dem Hamburger Abendblatt. Tante Mimi schnappte nach Luft und konnte sich kaum beruhigen. Ich konnte nicht lachen, mir machte der Streit nur Angst.

Nach dem Krieg beschlossen meine Eltern eine Familie zu gründen und ihr Künstlerleben aufzugeben. Sie hatten viel von der Welt gesehen. Jetzt wurde die kaufmännische Ausbildung meines Vaters gebraucht.

Aus den Trümmern sammelten sie Steine und bauten sich ein Haus mit einem kleinen Lebensmittelladen in Hamburg-Lokstedt. Zusätzlich nahm mein Vater Engagements an, um das fehlende Geld zu verdienen. Er gründete die Kapelle „Prinz Eugen" und spielte nachts in Musiklokalen in Hamburg. Oft kam er erst morgens um 5 Uhr nach Hause und fuhr dann mit dem Fahrrad Brötchen aus. Meine Eltern waren beide sehr fleißig und arbeiteten hart. Sesshaft wurden sie trotzdem nicht, sie kamen nicht zur Ruhe und zogen vierzehn Mal um. Immer wieder pendelten sie zwischen Hamburg und Wien. Ihre „Tournee" ging ihr Leben lang weiter.

Unser Haus, in dem ich meine Kindheit verbrachte, habe ich immer noch vor Augen. Es hatte einen rechteckigen Grundriss und war weiß verputzt. Wenn man durch alle Räume ging, war es wie ein Rundlauf, mit dem Laden als Anfang und Ende. Im Schlafzimmer schliefen wir alle zusammen und im Wohnzimmer war ein großer grüner Kachelofen, der im Winter alle Räume durch Lüftungsschlitze beheizte. Ein Teppich verdeckte eine große Klappe im Boden, die in unseren Keller führte. Dort wurden die Geschäftsbücher für die Steuer und die Äpfel und Birnen aus unserem Garten in Holzsteigen aufbewahrt. Noch heute steigt mir der Apfelduft in die Nase, wenn ich daran denke. Vom Wohnzimmer führte eine Tür zum Laden zurück.

Es gab einen kleinen Vorgarten und den Hauptgarten hinter dem Haus. Dort war die Sickergrube, die in Abständen geleert werden musste, das stank dann fürchterlich. Hier standen auch meine große Schaukel, ein Schuppen und mein geliebter Boskoopbaum, vom Stamm her niedrig, mit weit ausladenden Ästen. Aber das Zentrum war der Laden, damit verdienten meine Eltern ihr Geld. Wenn Kunden kamen, zeigte das eine Türglocke mit ihrem „Bimmelim" an und egal, was meine Eltern machten, die Kunden hatten Vorrang, dann war für mich oft keine Zeit mehr. Abends wurde ein stabiles Scherengitter vor die Ladentür gezogen.

So saß ich einmal auf dem Esstisch im Wohnzimmer und baumelte mit den Beinen hin und her. Mama wischte den Boden auf, wir sangen Lieder, lachten und hatten uns lieb, eine kostbare Zeit. „Bimmelim, bimmelim", Mama stellte sofort den Schrubber gegen die Wand. „Nicht rausgehen, Mama, hierbleiben", rief ich. Runter vom Tisch konnte ich nicht, er war zu hoch. Mama eilte geschäftig zur Ladentür und hörte gar nicht auf mich. Ich wurde so wütend und war so enttäuscht, dass ich ihr hinterherrief: „Du bist eine alte Butterhexe!" Sie drehte sich um, gab mir eine feste Ohrfeige. Das tat weh und ich fing an zu weinen. Dann verschwand sie im Laden und ich hörte noch ihr fröhliches „Grüß Gott, was kann ich für Sie tun?" Das war das einzige Mal, dass meine Mutter mich geschlagen hat, dafür war eigentlich nur mein Vater zuständig. Ihm teilte meine Mutter auch abends mit, wenn ich ungezogen war, damit er mich bestrafte.

In unserer Straße, der Stresemannallee, waren wir „die Zigeuner", keine ordentlichen Leute. Die Häuser auf der anderen Straßenseite strahlten Bürgerlichkeit, Beständigkeit aus: Klinkersteine und Walmdächer, weiße Fenster, ordentliche Leute, ordentliche Hamburger. Sehnsuchtsvoll schaute ich auf die andere Straßenseite. Der wienerische Dialekt meiner Mutter machte es auch nicht leichter und oft schämte ich mich dafür. Die anderen Kinder lachten mich aus, wenn sie mit mir sprach. Die Erwachsenen fanden es reizend und sympathisch. Ich spielte auf der Straße mit anderen Kindern Völkerball. Mein Vater fuhr zu der Zeit auf der MS Italia als Konzertmeister zur See nach Amerika. Es war gegen Abend, als im zweiten Stock das Fenster aufging und meine Mutter mich rief: „Chriastal, Chriastal, komm sofort hoch!" Ich tat so, als hörte ich sie nicht, und wieder ging es los: „Chriastal, komm sofort!" Die anderen Kinder grinsten mich an und ich wäre am liebsten in den Erdboden versunken, schnell lief ich hoch. Ich wollte doch so sein wie die anderen, konnte meine Mutter nicht so reden wie alle anderen?

Auch mein Vater hatte tagsüber keine Zeit für mich, das Geschäft ging immer vor. Als ich eines Tages eine ganz dicke Backe hatte und riesige Zahnschmerzen, gaben meine Eltern mich einer Kundin mit, die sich bereit erklärt hatte, mit mir in die Zahnklinik nach Eppendorf zu gehen. Ich kannte die Frau überhaupt nicht, ging aber Hand in Hand mit ihr dorthin, weil meine Eltern es so wollten. Dort gab es einen großen Raum, in dem Kabinen mit weißen Vorhängen abgeteilt waren. Ich war noch nie bei einem Zahnarzt gewesen. Die Milchzähne hatte ich mir immer mit einem Faden, der an der Türklinke festgebunden war, herausgezogen. Eine Schwester führte mich in eine Kabine und ich musste mich auf einen großen Stuhl setzen. Der Arzt kam und guckte in meinen Mund. „Mach bitte deinen Mund ganz weit auf, damit ich alles genau sehen kann", sagte er zu mir. In seinem weißen Kittel hatte er eine Zange versteckt. Damit fasste er plötzlich meinen Backenzahn und zog ihn raus. Es tat so weh und ich fühlte mich verraten. Ich wäre jetzt gerne von meiner Mama oder meinem Papa auf den Arm genommen worden, aber sie waren nicht da, sie waren im Geschäft. „Bimmelim". Die Kundin nahm mich an die Hand und ich ging weinend nach Hause.

Mit fünf Jahren kam ich ins Krankenhaus. Mir sollten die Mandeln herausgenommen werden. Ich wurde von meiner Mutter nur hingebracht, sie ging gleich wieder weg, das Geschäft musste geöffnet werden. Sie versprach mir aber ein großes Eis nach der Operation als Belohnung für meine Tapferkeit. Ich war ganz alleine, das erste Mal im Krankenhaus. Nach kurzer Zeit wurde ich in den Operationssaal gebracht. Dort musste ich mich auf eine Liege legen und die Schwester band meine Arme und Beine mit Lederriemen fest. Ich konnte mich nicht mehr bewegen. Eine Ärztin drückte einen Wattebausch mit Äther auf mein Gesicht, ich bekam keine Luft mehr, konnte mich nicht wehren und glaubte zu ersticken. Das waren die schrecklichsten Sekunden für mich, bis ich dann einschlief. Nach der Operation lag ich in einem Krankenzimmer mit anderen Kindern, die ich nicht kannte. Meine Mutter konnte erst am nächsten Tag kommen, weil sie so viel Arbeit hatte, sie besuchte mich auch nur einmal, aber ich bekam ein Eis.

Freunde hatte ich nur wenige und ausschließlich Jungs, mit denen ich Fußball, Cowboy und Indianer spielte. Unser Haus grenzte an Schrebergärten und da wohnte auch Mücke. Mücke war ein kugeliger Junge, ein oder zwei Jahre älter als ich. Zur Freude und zum Stolz meines Vaters prügelte ich mich ständig mit ihm und rannte mit großen Stöcken hinter ihm her, um ihn zu verhauen. Wenn ich eine Puppe geschenkt bekam, spielte ich nicht mit ihr, sondern zerlegte sie in Einzelteile, die ich dann sehr genau untersuchte, vor allem die Schlafaugen und die Mama-Stimme. Es war ein kleines Leinensäckchen, das bei Bewegungen auf und zu klappte und „Mama" sagte. Irgendwann bekam ich keine Puppen mehr geschenkt, ich wollte ja auch viel lieber eine Eisenbahn.

Abends hatten wir oft Gäste und spät in der Nacht holte mein Vater mich aus meinem Kinderbett, nahm mich auf den Arm und präsentierte mich seinen Freunden. Dann musste ich „Fischers Fritze fischt frische Fische" mehrmals hintereinander aufsagen. Alle lachten darüber, denn ich lispelte stark. Danach brachte er mich wieder ins Bett und ich durfte weiterschlafen.

Mein Vater war auch zuständig für die Bestrafungen. Er war sehr streng und ich hatte mich an alle Regeln zu halten. Der Teller musste aufgegessen werden, selbst wenn ich mich auch anschließend über den leeren Teller am Tisch erbrach, seitdem mag ich keine Erbsen mehr. Essen war zu der Zeit sowieso ein wichtiges Thema. Je mehr, desto besser. Ich machte mit meinem Vater Wettessen, wer die meisten Brotscheiben schaffte. Abends saßen wir alle in der Küche und es gab oft Bratkartoffeln mit Miesmuscheln oder Bohneneintopf mit Hammelfleisch. Im Kochen wechselten sich meine Mutter und mein Vater ab.

Wenn ich frech war oder ein paar Minuten zu spät nach Hause kam, zog mein Vater mir die Hose runter und schlug mit aller Kraft auf meinen kleinen Hintern. Dann wurde ich ins Bad gesperrt und musste so lange warten, bis wieder aufgeschlossen wurde und ich herausdurfte. Meine Mutter mischte sich da nicht ein. Ich mochte dort nicht mehr auf die Toilette gehen, sondern setzte mich lieber in den Garten. Wenn mich dann Kunden sahen und das kam öfter vor, schrien sie: „ Herr Stöckigt, Herr Stöckigt, Ihre Tochter scheißt schon wieder in den Garten." Mein Vater holte mich, versohlte mir den Hintern und schloss mich wieder ins Bad ein. Voller Zorn hockte ich dort und überlegte, was ich machen konnte, ich fand alles so ungerecht und schrie und weinte. In dem Bad war ein hoher Badezimmerofen, den man mit Holz aufheizte, wenn man heißes Wasser für das Samstagsbad brauchte. Es wurde nur einmal in der Woche gebadet und die Haare gewaschen. Man musste einen Hebel umlegen, dann kam das Wasser nicht aus dem Hahn, sondern aus der Brause. Aber ich knickte den Brauseschlauch um, sodass sich immer mehr Druck auf die Kesselwand aufbaute. Plötzlich gab es einen gewaltigen Knall, die Metallwand riss und Wasser sprudelte heraus. Ich bekam einen großen Schreck und eine Heidenangst, was hatte ich jetzt wieder angestellt. Ich klopfte, schlug gegen die Badezimmertür und schrie lauthals, damit endlich jemand kam und die Tür aufmachte. Als meine Eltern die Bescherung sahen, erklärte ich ihnen, dass das ganz plötzlich passiert sei, ich hätte überhaupt nichts gemacht. Sie nahmen mir das ab, denn die Sorge um das austretende Wasser und den Ofen war größer.

Meine einzige Freundin war Annemie, sie war zwei Jahre jünger als ich, „ein richtiges Mädchen". Sie wohnte schräg gegenüber in einem Mehrfamilienhaus. Zu ihr nach Hause durfte ich nicht. Einmal war ich bei ihr oben, ihre Mutter schimpfte im Nebenraum mit Annemie, weil sie mich mit in die Wohnung genommen hatte. Solche Kinder möchte sie nicht bei sich haben. Ich bin schnell nach unten und nach Hause gelaufen.

Zu mir durfte ich keine Kinder einladen, auch nicht zu meinem Geburtstag, fremde Kinder kamen nicht ins Haus. Nur im Garten konnte ich mit Annemie oder Mücke spielen. Ich wusste nicht, dass es bei anderen Kindern ganz anders war. Am Laternenfest schob mich meine Mutter mit meiner Laterne zu anderen Kindern, die an unserem Laden vorbeiliefen. Ich kannte sie gar nicht und sollte mit ihnen gehen. Die ließen mich aber ganz alleine auf der Straße stehen und liefen lachend weiter. Ich stand da und weinte. Meine Mutter hatte das beobachtet und nahm mich in den Arm, das kam sehr selten vor.

Den Kindergarten besuchte ich nur eine Woche. Die Vorschriften, der Mittagsschlaf, Basteln und Malen mit anderen Kindern, alles war mir so ungewohnt. Ich hatte Heimweh. Mittagsschlaf kannte ich nicht und dort sollte ich mich auf eine Pritsche legen und mit den anderen ruhen. Überhaupt hatte ich nicht gelernt, mit so vielen Kindern zusammen zu sein. Bei einem Spaziergang mit meiner Gruppe kamen wir an unserem Haus vorbei. Ich rannte durch die Ladentür und versteckte mich hinter der Theke. Niemand brachte mich dazu, noch einmal in einen Kindergarten zu gehen, und ich blieb zu Hause.

Als ich sieben Jahre alt war, bekam ich meine Schwester Maria. Ich werde nie vergessen, wie mein Vater den Telefonhörer abnahm und die Nachricht von der Klinik bekam, dass es wieder eine Tochter geworden war. Seine Enttäuschung war grenzenlos. Ich sah es in seinem Gesicht, hörte es an seiner Stimme, er hatte die Hoffnung aufgegeben, einen „richtigen Sohn" zu bekommen. Er wäre doch so wichtig für ihn gewesen. Und ich strengte mich noch mehr an, für ihn Sohn zu sein, meine Schwester spielte für mich keine Rolle. Sie war nicht wichtig, sie war kein Junge, sie war eine Enttäuschung. Damit hatte mein Vater mir meine Schwester genommen, ich habe bis heute nur ganz wenige Erinnerungen an sie. Sie hat für mich einfach nicht existiert, obwohl ich ganz viele Zuckerstückchen für den Klapperstorch aufs Fensterbrett gelegt hatte, um ein Geschwisterchen zu bekommen. Maria hatte Glück, sie durfte ein richtiges Mädchen sein. Sie war zierlich, hatte immer Kleider mit einer Schürze an, ich dagegen rannte nur in Bollerhosen rum. Was war ich so neidisch, als sie gefragt wurde, ob sie bei einer Hochzeit Blumen streuen möchte. Wie gerne wäre ich gefragt worden. Sie bekam ein rosa Kleid mit einer großen Schleife am Rücken und ich stand enttäuscht daneben. Dafür durfte ich mit meinem Vater ganz früh morgens mit dem Fahrrad Brötchen austragen und später, als meine Eltern einen Gemüseladen hatten, morgens um drei in Hamburg in die Markthallen fahren, um die Waren mit einzukaufen und beim Tragen zu helfen – ich war ja stark. Ich war stolz, wenn ich die schweren Bananenkisten schleppen konnte. Zweimal habe ich Maria beschützt, daran erinnere ich mich. Einmal, sie war drei Jahre alt, kam sie nicht nach Hause. Ich ging sie suchen und fand sie auf einer Wiese hockend, ganz dicht bei ihr ein fremder Mann. Als ich sie rief und auf sie zu rannte, entfernte sich der Fremde schnell. Ein anderes Mal hatten meine Eltern einen schlimmen Streit. Ich nahm meine Schwester schnell an der Hand und lief mit ihr aus dem Haus hinter eine Hecke. Wir kauerten uns hin, machten uns ganz klein. Es dämmerte schon und durch die beleuchteten Scheiben sah ich, wie mein Vater die Hand gegen meine Mutter erhob. Ich kniff die Augen zusammen und drückte Maria die Hand vors Gesicht, sie sollte das nicht sehen.

Im 5. Schuljahr wurde ich zur Geburtstagsfeier einer Mitschülerin eingeladen. Das war das erste Mal und ich freute mich riesig, war aber auch sehr aufgeregt. Meine Mutter besorgte ein Buch. Sie bekam es besonders billig, weil es am Buchrücken etwas angerissen war. Ich wollte das Buch nicht schenken, aber sie packte es ein und schickte mich los. Die Klassenkameradin wohnte nicht weit von mir entfernt in einem hübschen Reihenhaus nahe den Tennisplätzen. Ich trat ein und alles war sehr ungewohnt für mich, sehr fein und nett. Nachdem ich mein Geschenk übergeben hatte, merkte ich, wie die anderen Kinder plötzlich kichernd zusammenrückten, zwischen mir und dem Buchrücken hin- und herschauten. Ich habe mich furchtbar geschämt und es wurde ein schrecklicher Geburtstagsbesuch für mich. Ich wurde dann auch nie mehr eingeladen. Meine Eltern verstanden so etwas nicht, ich blieb mit meiner Scham, Traurigkeit und Einsamkeit alleine.

Die fünfte Klasse auf dem Gymnasium habe ich nicht geschafft. Meine Deutschlehrerin und ich verstanden uns nicht so gut. Ich war auch nicht fleißig, ich wollte nach der Schule lieber auf dem Sportplatz mit den Jungen Fußball spielen. Einmal sollten wir einen Aufsatz über unseren schönsten Tag schreiben, ich schrieb über einen Fußballsonntag mit meinem Vater. Das machte mir Spaß und ich war stolz auf meine Geschichte. Die Lehrerin gab die Arbeit zurück Sie hielt ein Heft hoch und sagte spöttisch zu der ganzen Klasse: „Dieser Aufsatz hat mich sehr verwundert. Das ist ein Text, der zu einem Jungen, aber nicht zu einem Mädchen passt."Dann las sie meine Arbeit laut vor. Ich wäre am liebsten unter den Tisch gekrochen, die Note weiß ich nicht mehr. Die Versetzung klappte nicht und ich musste die Schule verlassen.

Meine Eltern zogen immer wieder um und fanden in ihrem Leben keinen Ruhepol. Die Kinder mussten immer mit. So bestand ich nach insgesamt 16 Schulwechseln in Bayern mein Abitur. Mein Vater wünschte sich, dass ich Lehrerin werden sollte. Ich wollte das auf keinen Fall, ich wollte Journalistin werden oder Psychologie studieren. Er drohte mir an, mich auf die Straße zu setzen, mich finanziell nicht mehr zu unterstützen, wenn ich mich seinem Wunsch nicht fügen würde. Er wollte, dass ich als Beamtin abgesichert wäre, vielleicht weil er in seinem Leben immer in einer unsicheren finanziellen Situation gewesen war. Das war der letzte Wunsch, den ich ihm erfüllt habe, dem ich mich gefügt habe. Denn in all den Jahren hatte ich eigene Wünsche entwickelt, vieles wollte ich anders machen als meine Eltern. Ihre Erwartungen hatte ich nicht erfüllen können – und sie meine auch nicht. Sie mussten nach dem Krieg Geld verdienen, um die Familie abzusichern und um mir und meiner Schwester eine bessere Zukunft zu geben.

Doch jetzt war meine Zeit gekommen für meinen Weg, für meine Träume und meine eigenen Wünsche. Ich wünschte mir auch Kinder, ich hätte gerne Jungen gehabt, mit Mädchen konnte ich nicht so viel anfangen, die Rolle hatte ich nie gelernt.

Auch wenn das Leben immer anders spielt, als man denkt, egal, in welche Situation ich kommen würde, ich wäre immer für meine Kinder da und würde ihnen immer Zeit und Liebe geben, „meinen Wunschkindern".

Liebe und Eigensinn
Gabriele Schneider

Es war Mittwochabend, der 29. November 2000. Mein Mann war wie immer spät dran. Er hatte sich in der Mittagspause neue Turnschuhe gekauft. Auf Drängen meines Bruders nahm er seit ein paar Wochen an der Seniorengymnastik in dessen Turnverein teil. Lucy, unsere Jüngste, und ich hatten Fox ins Schlafzimmer begleitet und saßen am Fußende der Ehebetten. Wir fädelten die Schnürsenkel ein, während er sich umzog und die von mir vorbereiteten Brote aß. Wir plauderten vergnügt und tauschten uns über das Tagesgeschehen aus. Dieses Zusammensein war ungewöhnlich. Als hätten wir geahnt, dass wir ihn nicht wiedersehen würden.

Beim abschließenden Volleyballspiel fiel er rücklings auf den Boden. Mein Bruder konnte ihn gerade noch rechtzeitig erreichen, den Kopf vor dem Aufprall schützen. Das letzte, was Fox mit seinem sechzigjährigen Leben verband, war ein Aufbäumen und sein „Wo bin ich?".

> Nein! nein! nein!
> Ich will nicht,
> es ist nicht wahr.
> Nein.
> Es kann nicht,
> es darf nicht
> wahr sein.
> Es soll nicht.
> Bitte, bitte nicht,
> bitte, bitte nicht,
> Bitte, bitte: Licht!

Ein Baum warst du für uns,
und wie ein Baum bist du gefallen.

Einem mächtigen Axtschlag
hast du dich ergeben,
nach stetem Raubbau an dir.

Dass deine Reserven schwinden,
hast du nicht geglaubt
und musst es doch gewusst haben.

Warum sonst warst du so sanft
in letzter Zeit, so bemüht,
Versprechen einzulösen?

Dein Schweigen liegt schwer
auf meiner Brust.

Das letzte Jahr

Es war still im Haus geworden, nachdem unsere Siebzehnjährige für ein Jahr zum Schüleraustausch nach North Carolina abgereist war. Anne, unsere Älteste, lebte mit ihrem Mann in Köln und unser Sohn Philipp studierte in Darmstadt. Lucy war der wirbelnde Nachkömmling mit reichlich Aktivismus, der uns immer wieder mit eingebunden hatte. Am 10. August 1999, einen Tag vor der Sonnenfinsternis, hatten wir sie zum Flughafen gebracht. Anne war zu Lucys Abschied gekommen. Mit ihr konnten wir am nächsten Tag die Sonnenfinsternis erleben. Auf einem Stoppelfeld mit riesigen Strohballen in der Nähe von Kaiserslautern hatten wir perfekte Sicht. Danach hatte unser Leben zu zweit begonnen. Die Wochentage brachten keine Veränderung. Fox arbeitete lange, oft zu lange. Das späte Abendessen und Zubettgehen blieb. Die

Wochenenden dagegen waren jetzt frei von Sorgen um die abendlichen Vorhaben unserer Tochter, kein Abholen von Partys in den frühen Morgenstunden, keine Angst vor schlechtem Umgang.

Plötzlich war da Freiheit, Zeit für uns, Zeit für Neues. Mein Mann fand: Zeit für neue Immobilien. Als wären die bereits vorhandenen nicht genug.

Drei geerbte Mietshäuser in Wuppertal besaß er schon. Ein viertes hatte er den Kindern seiner verstorbenen Schwester abgekauft. So konnten sie ihr Erbe unter sich aufteilen und die Häuserreihe in Wuppertal blieb in Familienbesitz. Unser erstes Wohnhaus hatten wir des günstigeren Preises wegen in Flughafennähe erstanden. Pech, dass die Startbahn West – trotz großer Proteste – gebaut wurde. Überraschung und Glück, als sich nach elf Jahren noch einmal Nachwuchs ankündigte. Dass nun ein Kinderzimmer fehlte, machte die Entscheidung leicht, unser Haus zu verlassen. Wir wollten zurück in den Taunus. Fox verdiente inzwischen gut und Kredite waren günstig, ein Haus in Oberursel konnten wir uns leisten. Unsere Lucy wurde geboren. Die Suche nach dem Haus begann. Den Sommerurlaub verbrachten wir mit unseren großen Kindern und dem sechs Wochen alten Baby im Odenwald. Ich war beschäftigt mit den Bauchschmerzen der Kleinen, Fox mit Ponyreiten, Fußball- und Tennisspielen mit den Großen. Beim Tennis lernte er den Besitzer der nahe gelegenen Ferienanlage kennen, einen Berufskollegen, der ausgestiegen war. Fox imponierte, was dieser auf die Beine gestellt hatte, war von dem Konzept überzeugt. Drei Tage später waren wir Eigentümer eines zu erstellenden Fachwerkhauses Typ II im „Madonnenländchen". Die Vermietung erfolgte durch die Ferienpark GmbH. Kostenlos nutzen konnten wir das Ferienhaus für zwei Inspektionswochenenden im Jahr. Für längere Aufenthalte mussten wir zahlen.

Zwei Jahre später, am 13. Dezember 1985, bezogen wir das neue Wohnhaus in Oberursel, drei Tage vor Fox' und Annes Geburtstag. Fox und ich waren selig. Voller Schwung und Begeisterung hatte er Schränke für die Kinder gebaut und ein Podest für Annes Zimmer in der Einliegerwohnung. Alles hatten wir gemeinsam geplant. Weihnachten feierten wir auf unausgepackten Kisten.

Gleich im Januar verbrachten wir ein Wochenende im Schnee. Anlass war ein Geschäftstreffen mit Damenprogramm. Den Magen- und Darmvirus, der alle erwischt hatte, hatten wir ganz gut weggesteckt. Ein Gläschen Wein zur Feier der Rückkehr in unser schönes Heim konnten wir schon wieder vertragen. Als Fox seinen Fuß in den Vorratskeller setzte, tappte er in stehendes Wasser. Wir waren entsetzt, trösteten uns aber damit, dass es schließlich nur ein Kellerraum sei, eine optimistische Einschätzung von uns Laien. Das komplette Untergeschoss samt Einliegerwohnung war unterspült. Anne musste raus. Alle Möbel ebenfalls. Leider auch Fußböden, Estriche und die Heizungsrohre. Es war schrecklich, es war laut und es war kalt.

Die Folge waren monatelange Bauarbeiten. Die Familie war gestresst, mein Mann weniger. Er fuhr morgens für zehn Stunden ins Büro und am Wochenende herrschte auch zu Hause Ruhe. So hatte er Mut und Muße, sich um Steuersparmodelle zu kümmern. In kurzen Abständen erstand er zwei Eigentumswohnungen im Frankfurter Umfeld. Er beschloss, sie selbst zu verwalten. Ein langjähriger Freund hatte sie ihm angepriesen und den Kauf vermittelt. Als ich die Häuser von außen sah, war der Kaufvertrag schon unterschrieben. Mein lieber Mann hatte „Schrottimmobilien" teuer gekauft, war meine unausgesprochene Meinung. Viele Samstage waren mit Abnahme, Reparatur, Kontrolle und Neuvermietung ausgefüllt. Die beiden Wohnungen in Haan und Ratingen waren dagegen in netter Umgebung, gutem Zustand und wurden verwaltet.

Dann fiel die Mauer. Zusammen mit Anne besuchten wir für zwei Tage Rügen. Hier hatte meine Mutter vier Jahre ihrer Kindheit verbracht und uns vorgeschwärmt, wie schön es sei. Das konnten wir jetzt nachempfinden. Die herrlichen Strände, die Kiefernwälder, die milde Salzluft und alles noch, wie es vor vierzig Jahren gewesen war. Die Gebäude verfallen. Auch die ehemals prächtigen Villen in Binz, die wir bewunderten. Das Leben darin vor dem Krieg malten wir uns aus. „Eine verfallene Villa jetzt kaufen und dann restaurieren, das wäre sicher eine gute Investition", meinte ich zu meinem Mann. Er hielt es für zu riskant. Er hatte schon längst etwas anderes im Sinn, besprach sich mit seinem Vater. Den Birkenhof in der Schorfheide, das riesige Gelände mit Ferienhaus, müsste man doch zurückholen können! Der Großvater hatte es als Jagdgebiet gekauft und mit der ganzen Familie genutzt. Der Vater war skeptisch, erlaubte Fox aber, die Sache anzugehen. Wir und Fox' älterer Bruder und Familie waren begeistert. Wir hatten ja keine Ahnung, was auf uns zukommen würde. Mein Mann kämpfte. Die linientreue Bürgermeisterin der Gemeinde Groß Döll hatte nach Öffnung der Mauer den Birkenhof samt Wald und Wiesen an die Evangelische Akademie verpachtet. War sie dazu befugt? Das bestritt mein Mann. Und er siegte. Welch eine Erlösung, die Familie war noch als

Eigentümerin eingetragen. Vater, Tante und kleine Schwester verzichteten auf ihren Anteil. Sie fürchteten finanzielle Verluste. Fox, der Macher, nicht. Sein Bruder blieb mit ihm im Bunde. Freizeit gab es nun keine mehr.

Wie schön hatten wir es doch vor zwanzig Jahren in Amerika! Wenn ich zurückdenke, wünsche ich mich wieder nach St. Louis. Zwei Jahre dauerte unser Aufenthalt. Fox war 1972 von seiner Firma entsandt worden. Erstmals musste er weder reisen noch Überstunden machen. Abends kam er verlässlich um halb sieben nach Hause, so dass er ein Kind aus der Badewanne holen und abtrocknen konnte, während ich das andere versorgte. Wir liebten unsere Abende vor dem Fernseher, sahen alles, was uns interessierte oder Spaß machte. Detective Colombo war total in, Nixon und die Watergate-Affäre war brisantes politisches Thema. Johnny Carson's Late Night Show klärte uns über vieles auf und sogar die „commercials", die Werbung, die alle zehn Minuten alles unterbrach, interessierte zumindest mich. So konnte ich nach und nach mit dem Missouri-Akzent vertraut werden. Am Anfang hatte ich mit meinem guten Schulenglisch kein Wort verstanden. Fox musste mir fast alles übersetzen. Aber nach sechs Wochen staunten unsere Bekannten nicht schlecht, als ich mich plötzlich mit ihnen unterhalten konnte.

Schon der Start war schön. Ein Kollege meines Mannes hatte uns am Tag nach unserem Eintreffen zu Hausbesichtigungen gefahren, während seine Frau unsere Kinder hütete. So viel Freundlichkeit uns gegenüber konnten wir kaum fassen. Erst am Ende des Tages fanden wir, was uns sofort gefiel: eines von 350 gleichen Townhäusern im Vorort Hazelwood. Drei

Tage später zogen wir mit gemieteten Möbeln ein. Die Ausstattung war in allen Häusern gleich. Die Schlafzimmer hatten Einbauschränke, eine angenehme Beleuchtung war im ganzen Haus vorhanden. In der Einbauküche standen ein mannshoher Kühlschrank und eine Geschirrspülmaschine. Das Spülbecken hatte einen „garbage disposal" im Ausguss, einen Abfallzerkleinerer. Essensreste schüttete man hinein, betätigte einen Schalter und unter Höllenlärm wurde alles kleingehackt und hinuntergespült. Wundervoll praktisch fanden wir das! Es gab nur einen Nachteil. Das erfuhr ich bald. Eines Morgens saß in Philipps Laufstall ein großer schwarzer Käfer, größer als ein Maikäfer. Entsetzt rief ich die deutsche Nachbarin zu Hilfe. Sie zog ihren Schuh aus und erledigte das Problem beherzt. Dann erklärte sie mir: „Durch die Essensreste in den Abflussleitungen gedeihen die „waterbugs" prächtig. Die Häuser werden vor jedem Neubezug ausgeräuchert, dieser Käfer war wohl nur angeschlagen und zu schwach zum Fliehen." Nach und nach lernten wir einige kennen. Putzten wir am Morgen die Zähne und beugten uns zum Ausspülen über das Waschbecken, schaute oft ein Großvater, wie wir die prächtigsten Exemplare nannten, aus dem Überlaufloch. Nachts schlichen wir uns manchmal im Dunkeln in die Küche und schlugen mit einem Schuh zu, wenn wir beim Lichtanmachen schnell genug waren, um einen zu erwischen. Ich ekelte mich sehr vor ihnen. Aber die vielen angenehmen Seiten Amerikas überwogen.

Die Sonne schien fast immer. Im September war es noch über vierzig Grad warm bei hoher Luftfeuchtigkeit. Häuser und Autos waren mit Klimaanlagen ausgestattet. Im Winter war es sonnig und knackig kalt, Temperaturen von minus dreißig Grad keine Seltenheit. Trotzdem gab es in unserem Umfeld kein

Auto mit Winterreifen. Schnee fiel selten. Aber wenn er gefallen war, fuhren die Schulbusse nicht und die Männer blieben zu Hause. An solchen Tagen kamen alle Bewohner aus ihren Häusern und lieferten sich lachend und prustend Schneeballschlachten. Wir hatten reizende Nachbarn. Alle hatten uns freundlich begrüßt, ihre Hilfe angeboten, eingeladen. Nach einem zufälligen Zusammentreffen im Freien luden wir unsere direkten Nachbarn ein, das Gespräch bei uns fortzusetzen. Es war nett, aber sie schienen nicht wieder gehen zu wollen. Schließlich schlugen sie vor, Pizza zu bestellen. Später begriffen wir, dass man nicht einfach zu einem Drink einlädt, immer schließt sich ein Dinner daran an. Unsere Unkenntnis hatten Maria und Bill geschickt überspielt.

Es war eine schöne, aufregende Zeit, in der wir viel Neues und Angenehmes erfuhren. Jedermann hatte ein fröhliches „Hi, how are you?" auf den Lippen und war positiv auf sein Gegenüber eingestellt. Das waren wir von Deutschland nicht gewohnt. Als Ausländer wurden wir mit besonderer Aufmerksamkeit bedacht, so schien es mir. Das Leben war so viel einfacher als zu Hause. In den Geschäften und Restaurants wurde man freundlich und zuvorkommend behandelt. In den Kaufhäusern standen Kinderwagen bereit, in den Restaurants brachte man sofort einen Hochstuhl für Philipp und einen „booster chair" für Anne; Lätzchen, Wachsmalkreide und Bilder zum Ausmalen für beide. An den Kassen der riesigen Supermärkte packten Studenten meine Einkäufe in große Papiertüten, hoben sie in den Einkaufswagen, nahmen Philipp auf den Arm und schoben den Wagen zu unserem Auto. Ich lief mit Anne an der Hand beschwingt voraus. Am Auto wartete ich, bis der junge Mann die Tüten im Kofferraum verstaut hatte. Ein Trinkgeld lehnte er freundlich ab, er würde gut bezahlt.

Unsere deutschen Freunde hatten Jungen im passenden Alter. Für Anne war es schön, mit dem älteren der beiden deutsch reden zu können. Da wir gerne mal ein kinderloses Wochenende verbringen wollten, schlugen wir den Freunden vor, wechselseitig die vier Kinder zu hüten. Begeistert von dieser Idee waren sie nicht. Nachdem sie aber als Erste ein freies Wochenende genossen und die Kinder großen Spaß gehabt hatten, wurde der Tausch zur festen Einrichtung. So sah ich mehr von St. Louis und der Umgebung. Wir machten eine Wildwasserfahrt mit dem Kanu, hatten ein Dinner in einem vornehmen Abendrestaurant oder genossen einfach nur entspanntes Shopping. An normalen Wochenenden feierten wir oft mit unseren amerikanischen Nachbarn. Silvester gaben wir eine Party für alle in unserem „basement". Das uns liebste Paar, Jim und Carolyn, mit dem ich mich noch heute alle paar Jahre treffe, spielte mit uns begeistert „Risiko" bis weit über Mitternacht hinaus. Ihre kleine Tochter Julie, Freundin unserer Anne, war immer dabei. Das war in den USA üblich.

Zu Hause war weit weg. Wir genossen die Freiheit, unseren Bekanntenkreis selbst aussuchen und viel Zeit mit unseren Kindern verbringen zu können. Und wir hatten endlich wieder Zeit für uns alleine, es tat uns gut. Keine Veranstaltungen mit den Schwiegereltern, keine Teilnahme an Bällen des Jagdverbands, des Tennis- und des Automobilclubs. Keine Anwesenheitspflicht bei Geburtstagen der großen Familie. Fox hatte damit kein Problem gehabt, aber mir war es oft zu viel gewesen. Ich hatte mir unser Familienleben anders vorgestellt. Bis zu unserer Hochzeit hatten wir viel Zeit für uns gehabt. Als ich offiziell zur Familie gehörte, hatten die Einladungen zugenommen. Schon unsere Hochzeitsreise hatten wir zusammen mit Fox' Eltern angetreten. Diese mussten nach Monte Carlo zu einer Tagung. Mir wurde das Vorhaben schmackhaft gemacht, indem man die Vorteile der gemeinsamen Reise aufzeigte. So hätte Schwiegervater Entlastung am Steuer und wir den Vorteil, unsere Flitterwochen an der Côte d'Azur verbringen zu können. Ein solches Urlaubsziel hätten wir uns auf eigene Kosten nicht leisten können. So saß ich als frischgebackene Ehefrau im Fond neben meiner Schwiegermutter. Mein Mann chauffierte, sein Vater saß neben ihm und kommandierte. Nach der Tagung traten die Eltern von Genua aus eine Kreuzfahrt an. Das verschaffte uns zehn Tage für uns alleine mit dem schicken Mercedes.

Hier in St. Louis waren wir ebenfalls einfach nur Frau und Mann, Mutter und Vater, die unbeeinflusst entscheiden und handeln konnten. Das häufig geforderte Kümmern um meine Mutter war auch weggefallen. Diese Aufgabe hatten nun mein Bruder und meine Schwägerin. Ich lebte auf, verlebte vierundzwanzig Monate Urlaub. Ein Schatz, der mich stark machte.

Natürlich vermissten wir auch unsere Eltern, Freunde und Geschwister. Das überbrückten wir, indem wir an manchen Abenden Kassetten für die Schwiegereltern besprachen und ihnen nach Deutschland schickten. Wir schilderten unser Leben in den USA und nahmen Annes Geplapper auf. Dabei tranken wir Whisky Soda, Fox mit wenig Soda, ich mit wenig Whisky. Der Alkohol lockerte unsere Zungen. Die Eltern antworteten erfreut, aber weniger gefühlsduselig. Sie sprachen Schriftdeutsch. Auf einer Antwortkassette kündigte uns der Schwiegervater ihren Besuch an. Sie wollten die Gelegenheit einer Anlaufstelle in den USA nutzen und eine große Reise damit verbinden. Wir freuten uns und Fox begann, eine gemeinsame Rundfahrt zu planen. Dazu brauchten wir ein zweites Auto. Eines Tages stand er triumphierend vor dem Haus und präsentierte seinen Traumwagen, einen dunkelgrünen Mustang. An einen solchen hätte er in Deutschland nicht zu denken gewagt.

Mit beiden Autos holten wir die Eltern in Chicago ab. Fox fuhr mit mir und Philipp im Mustang voraus, die Schwiegereltern und Anne folgten. Eine aufregende, harmonische Urlaubsreise begann. Auszusetzen hatte ich nur, dass mein lieber Mann während der ganzen Reise entweder die Filmkamera vor dem Auge hatte oder seinen Eltern übersetzte. Ich kümmerte mich um die Kinder. Besonders Philipp hatte es schwer, sein Schläfchen zu machen. Kaum war er endlich eingeschlafen, stand eine Besichtigung an. Da gab es kein Pardon. Ein Herzenswunsch von Schwiegermutter war es, San Francisco zu sehen, was die von Fox geplante Reise nicht vorsah. Das eröffneten sie uns in Colorado. Hier waren wir am nächsten dran. Sie schlugen vor, von Denver aus für zwei Tage nach San Francisco zu fliegen. Den Flug würden sie uns schenken. Wir waren begeistert. Rasch packten wir die nötigen Sachen, parkten die Autos an dem kleinen Flughafen und bestiegen eine Propellermaschine. Nach der Landung musste sich Fox um unsere Übernachtung kümmern. Das tat er gleich am Flughafen. Es gab in der gewünschten Preislage nur noch ein Fünfbettzimmer, das mit einem Vorhang abgetrennt werden konnte. „Das schaffen wir", war die einhellige Meinung. Man hatte Fox gesagt, das Hotel sei drei Blocks entfernt. Mein Mann, der erfahrene Pfadfinder, freute sich, „das ist nicht weit, die Taxe können wir sparen." Er nahm das Gepäck, seine Kamera und seine Eltern; ich die Kinder und leichtes Gepäck. Die drei Blocks zogen sich. Wir waren in Amerika, das hatte der Gute vergessen. Ich war wütend und total erschöpft, als wir endlich ankamen. Eltern und Sohn begaben sich zur Rezeption, das Gepäck wurde um mich herum gestellt, ich hatte ja nur auf die Kinder aufzupassen! Die hatten Bewegungsdrang, so dass ich unserem Söhnchen hinterherlaufen musste. Mir war nichts aufgefallen, aber als Fox zurückkam, sah er sofort, dass sein verlängertes Auge weg war. Natürlich bekam ich die Schuld, aber mein Bedauern war nicht groß.

Als Dankeschön für meine Fürsorge während ihres Aufenthaltes schenkten mir die Schwiegereltern zum Abschied eine Indianerbrosche, die mir in Dakota so gut gefallen hatte. Nun lagen noch sieben kostbare Monate USA-Zeit vor uns. Wir genossen sie. An unsere Rückkehr nach Deutschland dachte ich nicht gerne, ich wollte lieber in den USA bleiben. Fox erleichterte mir den Abschied mit einem neuen Plan. Sein Arbeitgeber in Deutschland hatte ihm genehmigt, den gesamten Jahresurlaub für 1974 im Anschluss an unseren Aufenthalt in den USA zu nehmen. Was für einen tollen Mann hatte ich doch. Er arbeitete unsere Route aus und reservierte die Übernachtungen in allen „Days Inns" an der Strecke. Wir verkauften ein Auto und beluden den Mustang mit Winter- und Sommerkleidung, Windeln und Spielzeug. Am 28. Februar starteten wir unsere Reise im geliebten Auto, im Land der Unabhängigkeit. Unsere Kinder und alles, was man zum Leben braucht, hatten wir bei uns. Wir fühlten uns frei und leicht, hörten unsere Lieblingshits „Seasons In The Sun", „You're The Sunshine Of My Life" und den Budweiser Song „When You Say Yes".

Von St. Louis aus ging es über Memphis/Tennessee und New Orleans bis zu den Keys in

Florida. Hier hatten wir ein paar Tage herrlichen Badeurlaub, sahen Killerwale in Orlandos „Sea World", beobachteten die Schwammtaucher und besuchten das „Kennedy Space Center". Alle „Days Inn"-Hotels waren gleich eingerichtet, deshalb glaubten unsere Kleinkinder, abends immer im selben Bettchen zu liegen und schliefen brav ein. In der dritten Urlaubswoche reisten wir nach Norden. Meile für Meile wurde es kühler, rückte unser Abflug näher heran. Wir bedauerten es. Eine Übernachtung bei Bekannten der Schwiegereltern und die Besichtigung Washingtons waren eine nette Unterbrechung. Dann ging es weiter nach New York, unserem letzten Ziel und Abflugsort. Auch hier wurden wir sehr freundlich von Verwandten empfangen und beherbergt. Bernice und Lud zeigten uns die Hauptattraktionen der Stadt, sie hatten sich extra Urlaub genommen. Am Morgen unseres Abflugs tobte ein Schneesturm, auf New Yorks Straßen herrschte Chaos. Unsere Gastgeber drängten zum Aufbruch und so schafften wir es rechtzeitig.

Zwanzig Jahre später besaßen wir nun eine Hälfte des Birkenhofs. An einem sonnigen Herbsttag trafen wir uns mit Fox' Bruder und seiner Familie in der Schorfheide. Wir staunten: Birken und Wiesen, ein kleiner See, ein Wohnhaus mit zwei Flügeln, äußerlich in annehmbarem Zustand, weiße Zäune. An der linken Grenze stand ein neueres Haus und tiefer im Grundstück ragte der riesige Schornstein eines hässlichen Heizhauses in den Himmel. Ging man von der Straße aus Richtung See, tauchten zwei lange, verkommene Betonbaracken auf. Diese hatte die DDR errichtet, um den Birkenhof als Feriendorf nutzen zu können. Das Erdgeschoss des Birkenhofs war als

Großküche und Speisesaal genutzt worden. Hinter den Baracken mit Blick auf einen See hatten fünfzehn DDR-Bürger Datschen gebaut. Wir waren geschockt. Was sollten wir mit diesem Besitz anfangen? Im „Fährkrug", dem einzigen Hotel in der Nähe, übernachteten wir. Am Abend hatten wir ein Gespräch mit dem Inhaber über eine mögliche Zusammenarbeit. Der junge Hotelier war aufgeschlossen und legte dar, wie man sich gegenseitig ergänzen könnte. Er gab aber zu bedenken, dass die Auslastung seines vor kurzem eröffneten Hauses geringer sei, als er angenommen hatte. Ein Dämpfer für die stolzen Besitzer eines Jagdgeländes. Das Abendessen mit ausgezeichnetem Wein brachte uns alle in Hochstimmung. Die Brüder erzählten von ihren Besuchen auf dem Birkenhof. Ein Paradies für kleine Jungen. Sie erhielten vom Großvater zehn Pfennig für jeden Birkenstamm, den sie von Laub befreiten. Als die Familie aus Berlin flüchten musste, wurde der Birkenhof für einige Zeit Heimat. Am liebsten hätten die Brüder das Gebäude umgebaut, so dass alle Nachkommen die Ferien dort verbringen und große Familientreffen stattfinden könnten. Für Zelte war reichlich Platz. Leider fehlte das Geld.

Mein fünfzigster Geburtstag stand an. Ich hatte mir eine Woche auf Sylt zusammen mit unseren drei Kindern und der Familie meines Schwagers gewünscht. Wir wanderten am Strand entlang und waren vergnügt, so wie ich es mir vorgestellt hatte. Aber nachmittags und abends war der Birkenhof das dominierende Thema. Wo die Familie jetzt so schön beisammen war, wollte mein Mann Meinungsforschung betreiben. Er hatte Fragebogen erstellt, die jeder einzelne von uns nach eigener Einschätzung ausfüllen sollte. Der Plan war, aus dem Haupthaus eine Gaststätte für Wanderer zu machen. Wir sollten schätzen, wie viele Wanderer an wie vielen Tagen der Woche wie viele Brötchen und wie viele Stücke Kuchen essen würden. Mein besonderer Geburtstag war vergessen. An Fox' Fünfzigstem hatten wir im Weilburger Schloss mit achtzig Gästen großartig gefeiert, ein Fest, von dem alle Verwandten und Freunde noch lange schwärmten. Ich war enttäuscht. Die Erkenntnisse aus der Befragung waren auch ernüchternd. Die Brüder beschlossen, das gesamte Objekt zu verpachten. Beide hatten die Zeit nicht, sich weiterhin darum zu kümmern. Mit der Pacht könnte man die Versicherungen, die laufenden Kosten und die Reparaturen finanzieren. Das Gelände wäre bewohnt und vor Vandalismus geschützt. So könnte man in Ruhe nach einer guten Lösung oder einem Käufer suchen. Eine Pferdezüchterin pachtete einen Teil des Grundstücks und zahlte nicht. Es gab viel Ärger und Aufregung. Nun erkannten die Brüder, dass Vater und Tante die Situation besser beurteilt hatten als sie in ihrem Überschwang. Es dauerte lange, bis sich ein Makler fand, der einen Interessenten für das komplette Gelände zu suchen bereit war.

Es trat eine kurze Erholungsphase ein. Dann meinte mein lieber Mann, etwas für den Aufbau Ost leisten zu müssen! Ein Mietshaus, dessen Instandsetzung neben dem notwendigen Kapital Mut und Unternehmergeist erforderte, war ihm angeboten worden. Dazu war Fox wieder einmal der Richtige. Das Haus stand neben einer Tankstelle an einer belebten Ausfallstraße in Leipzig und musste restlos entkernt und aufgegraben, der Keller von Schwarzschimmel befreit werden. Die Oberaufsicht hatte selbstverständlich

Fox. Einige Wochenenden verbrachten wir auf der kalten Baustelle, suchten Fliesen, Böden, Sanitärobjekte und Küchen aus, besprachen die Sanierung der alten Holztreppen, die Gestaltung der Fassade, des Hofes und des Parkplatzes. Danach die Auswahl der Mieter, die nach dem Einzug von uns besucht wurden. Darauf hatte Fox Wert gelegt. In seinen Adern pochte eindeutig das Blut seines Großvaters. Dieser hatte in drei Straßen seiner Heimatstadt Wuppertal lange Reihen von Mietshäusern errichten lassen.

In den ersten Jahren schien sich Fox' Einsatz in Leipzig gelohnt zu haben. Nach und nach wurden auch andere Häuser saniert und Wohnungen in besserer Lage entstanden. Einige Rentner in unserem Haus wechselten ins Altenheim. Trotz Senkung der Miete waren neue Mieter schwer zu finden. Sozialhilfeempfänger zogen ein. So hatte Fox neben seinem alles fordernden Beruf Arbeit und Ärger mit den Immobilien. Trotzdem hatte er sich zum Vorsitzenden des Eigentümerbeirats der Offenbacher Immobilie wählen lassen und zum Elternbeiratsvorsitzenden des Gymnasiums unserer Tochter Lucy. Er war nicht aufzuhalten.

Auf unseren Spaziergängen am Wochenende – wenn ich seine Gesellschaft gefordert hatte und er einsichtig aus seinem Büro im Souterrain gekommen war – berichtete er mir von seinen Sorgen, erklärte, wie er die Probleme lösen wolle. Ich versuchte, die komplizierten Zusammenhänge zu verstehen und Lösungen zu finden. Statt durch den Wald spazierten wir meistens in die Stadt. Vor Bank und Sparkassen zückte Fox seine Kontokärtchen und ließ sich die Auszüge ausdrucken. Ich wartete vor der Tür, sah an seinem Gesicht, dass wieder einige Mieten nicht eingegangen waren, und hörte ihm erneut zu. Im Sommer waren die Bankenbesuche für mich angenehmer. Wir fuhren mit dem Rad und schlossen eine kleine Tour an. Bis zu einer Einkehr hatte sich sein Ärger über Mietrückstände etwas gelegt. Auf die Wochenenden freute ich mich jetzt nicht mehr. Ich war einsam, obwohl Fox zu Hause war. Das war trauriger, als ohne ihn zu sein. Ich dachte an die Zeit, als ich mich scheiden lassen wollte.

Sechs Monate nach unserer Hochzeit hatte ich traute Zweisamkeit vermisst, Zuwendung, Zeichen der Liebe. Wir arbeiteten beide – ich damals mehr als Fox – und waren an den Wochenenden überall dort, wo man uns haben wollte. Fox war wochenlang bei auswärtigen Mandanten eingesetzt. Wäsche und Haushalt waren allein meine Aufgabe. „Dazu hatte ich an den einsamen Abenden ja Zeit." So hatte ich mir das Eheleben nicht vorgestellt. Nun war es einmal umgekehrt. Die AEG hatte mich ein paar Tage zum Messedienst nach Düsseldorf geschickt. An dem Samstag des Wochenendes waren wir sechs Monate verheiratet. Ich war sicher, mein Mann würde mich mit seinem Besuch überraschen, und wartete sehnsüchtig auf ihn. Aber er kam nicht. Ohne ihn nahm ich an dem gemeinsamen Abendessen mit den Kollegen teil. Ein besonders netter Kollege begleitete mich danach zu meinem Hotel. Er war charmant und der Mond schien. Fox fehlte mir. Seine Zuwendung drückte sich im Bau der von mir entworfenen Kleinmöbel aus. Stolz präsentierte er sie mir bei meiner Rückkehr. Sie waren gut gelungen, konnten mich aber nicht trösten. Fox war nicht der Richtige, das war mir jetzt klar. Mein Gang zum Anwalt warf meinen Mann aus der Bahn. Sofort änderte er sein Verhalten und die Familie hielt sich bang zurück, ließ uns alle Zeit, damit wir uns wieder einig werden konnten. Am 13. Dezember brachen die Fronten ein, wir fielen uns schluchzend in die Arme. Unsere Erleichterung und die unserer Familien waren groß. Fox ärgerte nur, dass wir dem Anwalt 1.500 DM zahlen mussten, obwohl es keine Scheidung gab.

Wie konnten wir dreißig Jahre später zur gewohnten Vertrautheit zurückfinden? Wir hatten das Reden über unsere Gefühle verlernt, nur manchmal gelang es. Durch Fox' Krankenhausaufenthalt konnten wir unsere zaghaften Anfänge nicht fortsetzen. Schuld war die nüchterne Atmosphäre. Wegen Rückenproblemen hatte Fox den Arzt der „Frankfurter Eintracht" konsultiert. Dieser stellte ihn im Rot-Kreuz-Krankenhaus für eine Woche ruhig. Liegen mit Beinhochlagerung im rechten Winkel und ein wenig Krankengymnastik, sonst geschah nichts. Mein Mann fügte sich, das war ungewöhnlich, ich erkannte ihn nicht wieder. Sogar die Meniskus-Operation vor ein paar Jahren hatte ihn keinen Tag vom Büro ferngehalten. Täglich hatte ich ihn morgens nach Frankfurt gefahren und abends wieder abgeholt. Seinen Wandel konnte ich mir nicht erklären. Beruflich hatte er mehr zu tun, als machbar war. Vom Bett aus konnte er nur einen Bruchteil dessen erledigen. „Dafür lässt du dich eine Woche aus dem Verkehr ziehen?", fragte ich ihn. Eine einleuchtende Erklärung bekam ich nicht.

Gute Freunde hatten zur Feier eines Jubiläumsgeburtstages in das Wasserschloss Anholt im Münsterland eingeladen. Statt meinem Mann zur Seite zu stehen, fuhr ich mit der Bahn nach Anholt. Zum ersten Mal unternahm ich allein eine mehrtägige Reise. Es ging mir gut dabei. Beim Umsteigen in Köln sah ich meine hochschwangere Tochter für ein paar Minuten. Bei ihrem Anblick hatte ich das Gefühl, dass sie bald niederkommen würde. Dem errechneten Termin nach hatte sie noch zwei Wochen Zeit.

Die Geburtstagsfeier war überwältigend. Die Verwandten unserer Freunde aus Kanada und England steckten mit ihrer Wiedersehensfreude und ihrem Überschwang alle an. Ich fühlte mich frei und beschwingt wie damals in den USA. In der Nacht hatte der Vollmond mich lange am Einschlafen gehindert. Am Morgen erwachte ich von Sonnenstrahlen geblendet. Wir hatten den 29. August. Unser erstes Enkelkind war angekommen! Gern nahm ich das Angebot Bad Homburger Freunde an, gleich nach dem Frühstück mit ihnen nach Hause zu fahren. So konnte ich schon am Nachmittag in Köln sein und den kleinen Jasper auf den Arm nehmen, ein kompaktes Kerlchen, dem meine Rührung und Liebe zufloss. Unserer Tochter Anne ging es erstaunlich gut. Sie war nach nur drei Stunden im Geburtshaus nach Hause gekommen. Ihr Glück und ihre Erleichterung überstrahlten alles. Unser Schwiegersohn war „völlig aus dem Häuschen". Nach seiner Entlassung aus dem Krankenhaus fuhren mein Mann und ich für zwei Tage zu unserer Tochter und konnten so den Kleinen mehrmals bestaunen, halten und Bäuerchen machen lassen.

Zu Hause hatten die Ausgrabungsarbeiten begonnen. Wir hatten stets mit Feuchtigkeit im Souterrain zu kämpfen gehabt. Die Sanierung vor dreizehn Jahren war nicht komplett gelungen. In unserem Schwiegersohn hatten wir nun einen Fachmann. Er griff zum Spaten und legte ein Stück Haussockel frei. Das Ergebnis: unfachmännische Isolierung und Dämmung sowie eine Drainage, die das Wasser nicht abführen konnte, weil sie nicht an den Kanal angeschlossen war. Ein Baufehler; nach so vielen Jahren konnten wir niemanden mehr haftbar machen. Drei Viertel des Hauses wurden freigelegt. Der Garten war nicht mehr zu erkennen, er musste neu angelegt werden. Bald war bis auf den Rasen alles wieder wie vorher. Fox' 60. Geburtstag sollte wie üblich größer gefeiert werden. Mir stand der Sinn nicht danach. Zwei Wochen zuvor war meine Tante Gertrud gestorben, die Letzte aus meiner Elterngeneration und Rückhalt für mich. Die Trauerfeier hatten wir gerade hinter uns.

Doch die Geburtstagsfeier war schon geplant und fand in einem netten Restaurant im Kloster Arnsburg statt. Auch Anne wurde gefeiert. Mit ihrem Mann und dem süßen Söhnchen war sie eine Freude für alle. Philipp hatte zuvor Lucy in North Carolina besucht und einen Brief mitgebracht, den er vorlas und der alle zu Tränen rührte.

Das Weihnachtsfest begingen wir in Oberursel mit Philipp und der jungen Familie. Lucy fehlte uns, doch das neue Familienmitglied, Enkel Jasper, sorgte dafür, dass keine Rührung aufkam. Unsere Kinder reisten nach den Feiertagen ab. Es war wieder still. Für Silvester hatten wir nichts geplant. Kurzfristig entschlossen wir uns, nach Anholt in das Wasserschloss zu fahren. Fox kannte es ja noch nicht. Das Hotel bot ein Menü und Feuerwerk zur Jahrtausendwende an. Die Fahrt durch Regen und Nebel strapazierte unsere Nerven. Früher hatten wir immer Glück gehabt mit dem Wetter. Diesmal blieb es neblig und nass. Wir saßen uns an einem schmalen Zweiertisch gegenüber und wussten die sehr langen Pausen zwischen den vielen Gängen nicht zu füllen. Das Essen zog sich bis kurz vor Mitternacht hin. Um uns herum saßen Gesellschaften an größeren Tischen und unterhielten sich gut gelaunt. Sehnsüchtig sahen wir hinüber. Das Feuerwerk im Nieselregen wurde von Glockenläuten begleitet. Das war schön. So begann für uns das neue Jahrtausend.

Um Tante Gertrud, die Witwe meines Onkels Philipp, hatte ich mich im letzten Jahr verstärkt kümmern müssen. Ich war ihre Vertraute und mit mir hatte sie die Nachlassregelung besprochen. Fox und ich sollten sie umsetzen, damit alles korrekt abgewickelt würde. Das erledigten wir im Januar des neuen Jahres. Eine Herausforderung für uns war die Räumung der Mietwohnung, in der das Ehepaar sechzig Jahre gelebt hatte. Dazu gehörten ein Keller mit alten Vorräten und ein Schuppen im Hof. Dort hatte mein Onkel ein beachtliches Sammelsurium an Schrauben, Werkzeugen und Ersatzteilen angelegt. Mein Bruder mit seiner Familie und wir packten kräftig zu und schafften es, an ein paar Wochenenden alles zu verteilen, zu verkaufen, wegzubringen. Das Schlafzimmer mit der Spiegelkommode und dem Ehebett mit den dicken Daunen-Kopfkissen erinnerte mich an meine Kindheit. Mir war alles so vertraut. Nach dem Krieg hatte mich Tante Gertrud ein paar Wochen bei sich aufgenommen und später war ich immer wieder bei ihnen gewesen, auch weil ich in Sachsenhausen zur Schule ging. Der Schmerz über ihren Tod und dass ich nun ganz allein war, machte mir zu schaffen.

Unser Enkel war ein anstrengendes Kleinkind, deshalb war Anne oft bei uns oder ich in Köln. Die Nähe zu meiner Tochter tat mir gut, durch den Enkelsohn war ich in die Zeit zurückversetzt, als ich noch Mutter und Hausfrau war. Die Sprachlosigkeit in unserer Ehe rückte in den Hintergrund. Das Ferienhaus im Odenwald hatten wir inspiziert. Fox wollte es aus der Vermietung nehmen, damit wir es nach seiner Pensionierung im nächsten Jahr nutzen konnten. Eine gründliche Renovierung war nötig. Die Termine mit den Handwerkern legten wir so, dass wir anschließend Golf spielen konnten. Ein erfreulicher Fortschritt. Mitglieder des Golfclubs waren wir schon einige Jahre, hatten zum Spielen aber nur selten Zeit gehabt. An einem Wochenende im Mai erreichte uns auf dem Golfplatz ein Anruf von Gabi, einer Tochter von Fox' verstorbener Schwester. Markus, der älteste der Geschwister, lag im Koma. Mit seiner Frau Maike und den beiden kleinen Kindern hatte er die Expo in Hannover besucht. Sie waren noch in den deutschen Pavillon hineingelassen worden, obwohl die Vorstellung im Dunkeln schon begonnen hatte. Müde von der Hitze und den Besichtigungen schwang Markus sich auf ein Geländer, verlor das Gleichgewicht und kippte nach hinten. Er schlug drei Meter tiefer auf. Eine schreckliche Nachricht. Wir waren wie gelähmt, hofften auf ein Wunder. Es geschah nicht. Wegen schwerster Kopfverletzungen, die Gabi absichtlich bei ihrem Anruf nicht erwähnt hatte, wurden ein paar Tage später die lebenserhaltenden Geräte abgestellt.

Fox nahm in Maikes Namen Kontakt mit der Geschäftsleitung des deutschen Pavillons auf, fuhr mit ihr zu einer Besprechung nach Hannover. Die Sicherheitsmaßnahmen waren unzureichend gewesen. Der Pavillon wurde geschlossen, Gutachter und Versicherungen berieten. Fox erreichte für die junge Witwe die Zahlung einer Rente, die Übernahme der Ausbildungskosten für die Kinder sowie eine einmalige Abfindung. Die Existenz der Familie war gesichert.

Der zweite Schicksalsschlag in diesem Jahr folgte bald. Wir packten für ein Wochenende in Prag mit Bruder und Schwägerin. Sie hatten meinem Mann diese Reise zu seinem 60. Geburtstag geschenkt. „Fliegt bitte alleine, wir können nicht. Unser Enkelkind ist mit schweren Schäden zur Welt gekommen. Wir müssen Bettina beistehen", presste meine Schwägerin hervor. Wir konnten das schwer verkraften, wären am liebsten auch zu Hause geblieben. Aber wir fühlten uns verpflichtet, das Geschenk nicht verfallen zu lassen. In dieser Stimmung konnten wir den Aufenthalt nicht genießen. Wir hatten unterschiedliche Wünsche, was wir uns ansehen wollten, wo wir essen wollten und was wir ansprechen wollten. Zum ersten Mal sagte ich Fox deutlich, was mich an seinem Verhalten störte. Er fiel aus allen Wolken. Wir redeten die halbe Nacht. Der Bann war gebrochen, es ging uns besser. Nach unserer Rückkehr hatte Fox Arzttermine. Er wollte eine hohe Lebensversicherung abschließen. Der Bericht des Kardiologen irritierte die Versicherung, sie fragte nach. Aber irgendwie schaffte mein Mann es, die Widerstände aus dem Weg zu räumen.

Als nächstes stand Lucys Rückkehr bevor, ein weiterer Lichtblick. Anne reiste mit Jasper an. Gemeinsam standen wir mit vielen Luftballons und klopfenden Herzen am Gate und versuchten, sie in der Menge auszumachen. Eine etwas pummelig gewordene Tochter rannte uns entgegen, welch eine Freude, sie heil und froh zurückzuhaben! Ihr Temperament und ihre Unternehmungslust schienen uns noch gewachsen zu sein. So war der Rest des Jahres mit Reisen und gemeinsamen Unternehmungen gefüllt. Zusammen mit Lucys bester Freundin und ihren Eltern verbrachten wir den Sommerurlaub im Tessin. In dem kleinen Schwimmbad der Pension tummelten wir uns, Lucy und ich. Fox lag angezogen auf der Liege, las Zeitung und wartete geduldig, bis wir ausflugsfertig waren. Wir wunderten uns, dass er nicht mit ins Wasser kam. Unsere besorgten Fragen wimmelte er ab. Zu Hause unternahmen wir kleine Radtouren. Fox war immer mit Lucy um die Wette gefahren und mich hatte er bei Steigungen mit seiner kräftigen Hand auf meinem Rücken unterstützt. Jetzt nahm er einen Umweg in Kauf, um auf einem flacheren Weg nach Hause zurückkehren zu können. Öfter dachte ich über sein verändertes Verhalten nach und vergaß es über dem Tagesgeschehen.

Wir hatten jedes Jahr eine mehrtägige Fahrradtour mit unseren Freunden und deren Kindern unternommen. Im Sommer während Lucys Abwesenheit war sie ausgefallen. Für 2000 hatte Fox wieder eine Tour geplant. Das Wetter war erstmalig nicht schön, es regnete. Wie geplant fuhren wir mit der Bahn nach Kassel. „Dort haben wir sicher besseres Wetter", versuchten wir, die Stimmung aufzuhellen. In Kassel regnete es stärker. Es wurde eine traurige letzte Radtour. Die Steigungen im kalten Regen in der Dämmerung fielen nicht mir allein schwer, auch Fox hatte zu kämpfen. An ein Schieben, die vertraute Hand tröstlich auf meinem Rücken zu spüren, war nicht zu denken. Philipp half mir ab und zu.

Fox' Büroalltag war weiterhin anstrengend. Wie immer in den letzten Jahren hatte er mehr zu tun, als er schaffen konnte. Die Immobilien forderten ihn und die Familie auch. Im Dezember hatte ich den beiden Geburtstagskindern eine Reise nach London geschenkt einschließlich einer Fahrt mit dem neuen Riesenrad an der Themse. Wie schön, dass Fox sich dafür im folgenden September Zeit nahm. Er hatte in den letzten Wochen begonnen, nach und nach Versprechen einzulösen. Auch war er ruhiger, sanfter geworden. Ich wunderte mich. Anfang Oktober reisten Lucy und ich mit der Bahn für zehn Tage nach Sylt. Fox kam zum letzten Wochenende, um uns abzuholen. Bis spät in der Nacht saß er vor dem Fernseher, obwohl wir morgens um sechs Uhr starten mussten und er wie immer selbst chauffieren wollte. Wieder regnete es. Lucy und ich schliefen irgendwann ein. Wegen der Weltausstellung war die dreispurige Autobahn bei Hannover auf vier deutlich schmalere Fahrbahnen erweitert worden. Durch ein lautes Ratschen am Auto wachten wir auf. Fox zum Glück auch, packte das Steuerrad fest, zog das Auto gerade und fuhr weiter. Es blieb ihm nichts anderes übrig. Wir befanden uns auf der linken Spur, rechts von uns drei Reihen Autos dicht hintereinander. Ein Anhalten hätte einen Auffahrunfall verursacht. Als wir endlich halten konnten, stiegen wir zitternd aus. Fox war fertig, sagte, ich solle weiterfahren, er könne nicht mehr. Von zu Hause aus benachrichtigte er die Autobahnpolizei. Die Leitplanke musste beschädigt sein. Seinen Flug nach Amsterdam am Nachmittag, den er hatte erreichen wollen, sagte er ab. Die Autoversicherung weigerte sich, den Schaden zu bezahlen. Fox erhob Einspruch. Ich hätte ihm so gerne erzählt, dass sie im neuen Jahr, das seines nicht mehr war, doch gezahlt haben. Er hätte sich in seiner verschmitzten Art ins Fäustchen gelacht. Er konnte sich auch nicht mehr darüber freuen, dass die Lebensversicherung die doppelte Summe auszahlen musste. Er, der immer im Rückstand mit der Erledigung privater Post gewesen war, hatte zwei Tage vor seinem Tod zugestimmt, die Versicherung auf das Doppelte zu erhöhen. An ihm nagte auch nicht, dass wir keine Gelegenheit mehr gefunden hatten, uns auszusprechen, uns wiederzufinden, und dass wir keine Stunde, keine Minute, keine Sekunde für einen Abschied hatten. Aber in der folgenden Nacht hat er mir etwas Versöhnliches zugeraunt.

Auf einem unserer Bankspaziergänge hatte er mir einmal erklärt, dass die vielen Immobilienkredite durch Versicherungen und Geldanlagen gedeckt seien. Die Fälligkeiten seien bis 2021 aufeinander abgestimmt. Falls er früher sterbe, wünsche er sich, dass er auf einer Geschäftsreise verunglücke. Dann müssten zwei der Versicherungen die doppelte Summe auszahlen und die Kredite wären dadurch auch gedeckt. Dieser Wunsch erfüllte sich nicht. Die Todesursache war ein Herzinfarkt.

Trotzdem hat sich nach zehn Jahren harter Schulung und Arbeit alles gefügt. Die Kredite sind getilgt und die meisten Immobilien verkauft. Seine Vision, „du gibst einmal eine schöne Witwe ab", wird von meinen Kindern als erfüllt angesehen. Mit seiner Vorhersage, dass ich es nicht lange bleiben werde, hat er sich aber gründlich verschätzt.

Er hat nicht berücksichtigt, dass sich mit ihm niemand messen kann.

Überleben und Leben gestalten
Gisela Schweikart

Leben, Tod, Dankbarkeit

Ende November 1944. Meine Mutter bewohnt in diesem sehr kalten Winter ein nicht unterkellertes Zimmer im Dorf Odenbach am Glan. Mit ihr bewohnen diesen Raum meine Großmutter, die aus dem brennenden Stettin geflüchtet ist, und Mutters Schwägerin mit ihrer fünf Monate alten Tochter. Die Waschküche der Vermieter darf mitbenutzt werden. Mutti, im achten Monat schwanger, hebt den schweren Kessel mit Kochwäsche vom Herd, die Wehen beginnen und es wird aus der geplanten Hausgeburt eine Geburt im Krankenhaus.

30. November 1944. Bombenalarm. Die Hebamme und Schwestern sind in den Keller gerannt. Zehn Minuten vor Mitternacht bringt meine Mutter alleine einen Jungen zur Welt. Als der Alarm zu Ende und die Hebamme wieder im Kreißsaal ist, will sie die Nachgeburt holen. Da ruft sie aus: „Da ist ja noch eines", und hebt mich mit meinen 1,25 kg in die Luft. Mein Zwillingsbruder wiegt 1,5 kg. Es ist der 1. Dezember 1944, zehn Minuten nach Mitternacht. Ich lebe.

Wärmebettchen und Frühchenstation gibt es nicht. In der Nacht ist wieder Fliegeralarm. Die Schwestern rennen um ihr Leben und überlassen die Neugeborenen ihrem Schicksal. Mit letzter Kraft schnappt sich Mutter ihre Winzlinge und nimmt sie mit in den Keller.

Zu Hause wird sie mit gemischten Gefühlen empfangen. Wer braucht in Kriegs- und Notzeiten zwei Kinder, die durchgefüttert werden müssen! Großmutter weigert sich, ihre Enkel anzufassen, sie sind so zerbrechlich. Mutter hungert, hat keine Milch, aber sie möchte ihre Kinder am Leben erhalten und so bekommen wir jede Stunde mit einem Teelöffel Kalbsknochenbrühe eingeflößt. Saugen hätten wir in diesem frühen Stadium nicht können.

Ein Jahr vor Kriegsbeginn sind meine Eltern von Usedom nach Ludwigshafen gezogen. Beide hatten dort Arbeit gefunden. Ludwigshafen wird stark bombardiert. Vater muss in den Krieg und Mutter sich eine neue Bleibe suchen. Sie sucht sich Odenbach am Glan im Kreis Kusel als Wahlheimat aus. Mitleidige Nachbarn legen Möhren und andere Dinge nachts heimlich auf den Fenstersims.

Als wir vier Wochen alt sind, stirbt mein Bruder. Der Pfarrer des Dorfes weigert sich, ihn zu begraben, da er noch nicht getauft ist. So hebt sie zusammen mit dem Totengräber ein kleines Grab aus und spricht ein Gebet.

Mutter sitzt ständig an meinem Bett, redet mit mir und bittet mich, nicht auch noch zu sterben. Meine Großmutter fasst mich immer noch nicht an. Nach einem Vierteljahr bin ich endlich so schwer wie ein „Neugeborenes". Die Ängste und Sorgen der Erwachsenen umgeben mich. Acht Monate im Mutterleib und vier Wochen im gemeinsamen, mit Watte ausgefütterten Wäschekorb habe ich mit meinem Zwillingsbruder verbracht. Jetzt muss ich alleine weiterkämpfen. Ich bin „dankbar", ich habe „überlebt."

In den Folgejahren zeigt sich mir, wenn wir zum Grab meines Bruders gehen, dass er der Stammhalter der Familie gewesen wäre, was wohl für die Erwachsenen ein wichtiger Tatbestand ist. Während ich zwischen anderen Grabsteinen herumlaufe oder die bunten Stiefmütterchen betrachte, die meist auf dem

Grab stehen, fühle ich mich traurig. Ich mag nicht daran denken, dass er da unten liegt.

Was mein Leben zusätzlich sichert, ist die Initiative meines Vaters. Er hat einen Kriegskameraden, der frühzeitig aus dem gemeinsamen Gefangenenlager entlassen wird, weil er mit einer Schweizerin verheiratet ist. Mein Vater bittet ihn, Päckchen an meine Mutter zu schicken. Meine Großmutter erzählt oft, welch ein Festtag es war, wenn diese Pakete kamen. Von deren Inhalt wurde einiges in Nahrungsmittel für mich eingetauscht. Für ihren und meiner Mutter Gaumen war auch immer etwas dabei. Es rührt mich sehr an, dass fremde Menschen an meinem Überleben beteiligt sind, deshalb möchte ich einen Brief von Daisy, der Frau des Kriegskameraden, einfügen. Da meine Mutter französisch sprechen kann, gibt es keine Probleme.

Liebe Madame. Ihr letzter Brief ist gut angekommen und es tut uns leid, dass die kleine Gisela so sehr an Keuchhusten erkrankt ist. Wir denken an Sie und verstehen sehr gut Ihr Leid. Ich würde Ihnen sehr gerne sehr schnell zwei Pakete über einen neuen Versandweg zukommen lassen. Ich werde Ihnen per Brief zwei Gutscheine schicken lassen, die Sie in dem Ihnen am nächsten gelegenen Caritasdepot vorlegen müssen. Dann wird man Ihnen sofort die Pakete aushändigen. Ich muss wissen, wo genau Odenbach liegt, da ich es auf keiner Karte gefunden habe. Sie müssten mir auch mitteilen, welches Caritasdepot am nächsten zu Ihrem Wohnsitz liegt und ob Sie dahingelangen und die Pakete abholen können.

Die Caritasdepots in der französischen Zone sind folgende: Baden-Baden, Freiburg i.B., Lindau a.B., Koblenz, Konstanz, Speyer, Saarbrücken, Tübingen. – Ich erwarte eine prompte Antwort, um Ihnen Ihre Gut-

scheine schicken zu können. Ich hoffe, dass die Sendungen Sie in gutem Zustand erreichen. Außerdem werde ich Ihnen auf normalem Weg ein Weihnachtspaket und ein Kinderpaket schicken.
Grüße und an Gisela einen großen Kuss von Onkel Jean.
Ihre Daisy

Koblenz war die nächstgelegene Station. In dem kleinen Ort Odenbach am Glan, in dem ich aufwachse, ist nicht viel los. Die Freude ist riesig, als ich mitbekomme, dass ich verreisen darf. Es soll in die Schweiz gehen, nach Lausanne, an den Genfer See. Onkel Hans und Tante Daisy haben mich eingeladen. Mein Vater ist 1948 aus der russischen Kriegsgefangenschaft zurückgekommen.

Der große Tag naht, Kleider sind ausgebessert, ein Passfoto ist gemacht und dann steht der schwarze Mercedes mit seinem Reserverad auf der Hecktür vor unserem Haus. Zum ersten Mal sehe ich Tante Daisy und Onkel Hans. Da sie mir immer so schöne Spielsachen geschickt haben und Mutti sich über die Pakete immer so gefreut hat, schlägt ihnen mein Herz offen entgegen.

Am nächsten Tag geht es los, Mutti und ich auf dem Rücksitz. Ich lasse mich ganz in das wunderbare Gefühl fallen, in einem Auto zu fahren. Als wir Karlsruhe erreicht und eine Pause gemacht haben, sagt Mutti plötzlich: „Nun fährst du mit Tante Daisy und Onkel Hans alleine weiter, ich muss zurück und mich um Papa und deine kleine Schwester kümmern." Sofort klammere ich mich fest an sie und sage bestimmt: „Ohne dich fahre ich nicht." Ich merke aber, dass Widerstand zwecklos ist, und plötzlich ist Mutti verschwunden.

Wie betäubt steige ich in den Wagen. Mir wird übel und ehe ich etwas sagen kann, muss ich mich übergeben. „Das nächste Mal meldest du dich rechtzeitig", sagt Tante Daisy in bestimmendem Ton.

Langsam komme ich wieder zu mir. Wir fahren und fahren, Landschaften ziehen an mir vorbei. Ich sehe ein riesiges Feld mit weißen Narzissen. In meinem Dorf wachsen solche Blumen nur in Bauerngärten.

Dann kommt die nächste Rast und wir kehren kurz ein. Ich bekomme Orangenlimonade. Das schmeckt mir! Zu Hause gibt es nur Wasser aus dem Wasserhahn. Ich vergesse kurz meinen Trennungsschmerz. Gegen Abend suchen wir ein Stadthotel. Das Zimmer liegt im zweiten Stock. Onkel Hans und Tante Daisy gehen noch einmal nach unten und sagen mir: „Leg dich schon einmal ins Bett und schlafe."

Neugierig stehe ich am Fenster und sehe auf die Straße. Alles ist fremd. Eine Straßenlaterne beleuchtet ein Stück Gehweg und ein junges Paar geht vorüber. Ich weiß nicht, was ich fühle, als ich mir meinen Ball, das einzige Spielzeug, das ich mitgenommen habe, vor die Brust lege und versuche einzuschlafen.

Wieder liegt eine lange Autofahrt vor uns. Bei der nächsten Rast frage ich: „Bekomme ich wieder Orangenlimonade?" „Natürlich", bekomme ich zur Antwort.

Ich kann nicht mehr still sitzen, da ich ein bewegungshungriges Kind bin. Plötzlich vermisse ich meinen Ball, den ich im Auto immer unter meinen Füßen habe, um mit ihm herumzuspielen. Das überbrückt die Langeweile.

„Tante Daisy, ich habe meinen Ball im Hotel vergessen." „Das macht nichts, wir halten in der nächsten Stadt und kaufen dir einen neuen." Die Antwort überrascht mich. Zu Hause hätte ich bis Weihnachten oder bis zum Geburtstag warten müssen. Tatsächlich liegen bald drei Bälle vor mir auf dem Tresen eines Spielzeuggeschäftes. Ein großer roter, ein mittlerer bunter und ein kleiner ockerfarbener mit grünen Streifen. Man ermuntert mich, zuzugreifen. So sehr mich das große Prachtexemplar auch anlacht und der mittlere mir mit seiner Farbenpracht entgegenleuchtet, nehme ich den kleinen mit den grünen Streifen. „Ich kann doch nicht etwas im Hotel liegen lassen und dafür noch mit etwas Besserem belohnt werden", denke ich. Gegen Abend sind wir endlich in dem schönen Haus am Genfer See.

Neugier, Entdeckerfreude
Die Villa sieht prächtig aus, außen und innen. Ich wohne in einem großen Zimmer mit Zugang zu einem riesigen Balkon mit weitem Blick auf den See. Ein Weg führt direkt zum See, den man durch ein großes Tor erreichen kann. „Dieses Tor ist offen, aber du gehst mir nicht allein hindurch; sage Bescheid, wenn du einmal an den See möchtest." Diese Worte richtet Tante Daisy an mich. Dann gibt es noch ein Gewächshaus mit einem offenen Aquarium. In diesem tummeln sich Goldfische. Onkel Hans will sie demnächst in einen großen Brunnen inmitten der kleinen Parkanlage umsiedeln. „Die Goldfische darfst du nur anschauen, nicht anfassen, sonst sterben sie", mahnt Tante Daisy.

All das Neue fasziniert mich und erweckt meine Neugier. Wenn ich keine Lust mehr habe, mit den vielen bunten Stiften von Faber zu malen, das tat ich

meistens auf dem Balkon, hüpfe ich nach unten und stromere durch den kleinen Park. Ich male mit einem Stock in den Sand, sammle Kieselsteine und lege Figuren mit ihnen. Mit den abgefallenen Rosenblättern arrangiere ich große Blütenherzen auf dem Gehweg.

Aber ich wäre nicht ich, wenn es mir nicht gelungen wäre, die Stimme in mir zu überhören, die flüstert: „Ich möchte durch das große Holztor direkt an den See, das Wasser an meinen Füßen spüren, die großen glatten Kieselsteine in meiner Hand halten." Oder: „Ich möchte einmal wissen, wie sich so ein Goldfisch anfühlt." Die Neugier siegt. Gleich an einem Tag verstoße ich gegen beide Anweisungen. Vorsichtig suche ich mit meinen Augen sämtliche Fenster ab. Niemand zu sehen. Onkel Hans ist auf seiner Arbeit und Tante Daisy muss in der Küche sein, die hat ihr Fenster zur Straße. Hurra! Ich zwänge mich durch das Tor und schon sind die Sandalen von den Füßen. Im Ufersand sitzend beobachte ich, wie die weißen Schaumkronen der Wellen meine Zehen umspülen. Die Sonne spiegelt sich auf dem Wasser und die Berge mit Schnee heben sich klar hervor. Ich fühle mich unendlich glücklich. Einige glattgeschliffene Steine nehme ich in die Hand, ich will sie nach Farben vom Hellen ins Dunkle sortieren. Dann zwänge ich mich wieder rasch durch das Tor und warte, bis die Füße trocken sind. Bis zum Gewächshaus sind es ungefähr zehn Meter. Vor dem Aquarium beobachte ich die Fische. Sie haben nicht viel Platz und bewegen sich in langsamen Bahnen. Es juckt mich in meiner Hand. Ohne groß nachzudenken, versuche ich, einen zu erwischen.

„Habe ich dir nicht gesagt, dass du das nicht tun sollst!" Ich erschrecke zu Tode. „Und am See warst du auch, du ungezogenes Mädchen", schimpft Tante Daisy. „Geh sofort auf dein Zimmer und rühre dich nicht vom Fleck, bis Onkel Hans kommt, dem wirst du dann zur Strafe helfen, den Brunnen zu säubern." Schuldbewusst stapfe ich die Treppe nach oben zu meinem Zimmer und höre, wie sie den Schlüssel umdreht. Ich schleiche mich auf den Balkon.

„Wenn sie alles gesehen hat, wo hat sie nur gesteckt?", denke ich. „Warum hat sie keine Angst, dass ich jetzt über das Balkongitter falle?"

Das Glücksgefühl, das ich am See hatte, überwiegt und legt sich über meinen Unmut. Als Onkel Hans mir später eine Drahtbürste in die Hand drückt, damit ich die Putten auf dem Brunnen von ihrem grünlichen Belag befreie, finde ich nichts dabei. Ich habe Verbote übertreten und das ist die Strafe. So ist das nun einmal.

Ich schrubbe, bis mich meine Kräfte zu verlassen drohen. Gott sei Dank bemerkt Onkel Hans, dass ich nicht mehr kann. Er entlässt mich mit meinem Versprechen, demnächst gehorsamer zu sein, aus seinem Dienst.

„Heute machen wir eine Dampferfahrt auf dem See", sagt Tante Daisy. Mein Herz hüpft vor Freude. Täglich kann ich die Dampfer von meinem Balkon aus bewundern, jetzt soll ich selbst das Vergnügen haben, auf solch einem Schiff zu fahren. Ich kann es kaum glauben. Am Nachmittag besteigen wir den Ausflugsdampfer. An Tante Daisys Hand werde ich ins Mitteldeck bugsiert. Sie bestellt Kaffee und Torte, für mich Kakao, den ich nicht gerne trinke. Um mich herum sind nur Erwachsene, die Kaffee trinken. Ich will nach vorne ins Freie, dort, wo ich sehe, wie die Wellen sich brechen, wo mir frischer Wind um die Nase weht, wo ich die Berge sehe. Keine Chance. Mit der Begründung, ich müsse zur Toilette, verlasse ich das geschlossene Deck und war endlich da, wo ich sein wollte. Selig lehne ich an der Reling, genieße die Weite des Sees und den Blick auf die Berge. Begeistert hüpfe ich von der einen auf die andere Seite, war ich doch noch nie Schiff gefahren. „Habe ich dir nicht gesagt, du sollst nicht alleine nach vorne gehen", schimpft Tante Daisy hinter mir. Natürlich habe ich nicht daran gedacht, dass ein Toilettenbesuch nicht so lange dauert, wie ich schon hier an der Luft bin. Nun geht es wieder nach unten, aber ich war wenigstens eine Weile auf dem Oberdeck. Für dieses erste Erlebnis auf dem Dampfer hätte ich auch klaglos eine Tracht Prügel in Kauf genommen.

Das Ende meines dreiwöchigen Aufenthaltes naht. Tante Daisy will mit mir Kleidung einkaufen. Natürlich freue ich mich und diesmal nehme ich mir fest vor, das auszusuchen, was mir gefällt. So dumm wie bei der Auswahl des Balles will ich nicht noch einmal sein. An einem Ständer sehe ich einen roten Anorak hängen. „Der ist schön, den möchte ich haben, verkünde ich fröhlich." Ich stoße auf taube Ohren und muss mir einen beigen Popelinemantel aufschwätzen lassen. Meine Enttäuschung ist riesig. Ich verstehe die Welt nicht mehr.

Erst Jahrzehnte später erfahre ich, dass ein Aupair-Mädchen aus Meisenheim am Glan mitfahren sollte, um Tante Daisy im Haushalt zu unterstützen und auf mich aufzupassen. Eine Woche vor der geplanten Reise sagte es ab. Heute verstehe ich Tante Daisys Angst. Sie hatte keine eigenen Kinder und war permanent besorgt, mir könnte etwas zustoßen. Der Kontakt blieb bis 1958 bestehen. Dann kam ein Brief, es gäbe Erbschwierigkeiten.

In diesem Jahr – 2016 – gehe ich mit meinem Mann auf Spurensuche. Über Google kann ich die Stelle, an der die Villa stehen muss, ganz gut ausmachen, denn sie ist nur durch einen kleinen Park vom See getrennt. Aufgeregt laufen wir den Gehweg am See entlang und halten Ausschau. Wir glauben, die Stelle gefunden zu haben. Um sicher zu gehen, suchen wir noch das Rathaus auf und sind freudig überrascht, dass wir dort mit einer freundlichen und interessierten Archivarin bekannt gemacht werden. Sie recherchiert für uns das, was wir noch nicht wissen und erkundet haben, und bittet uns, die mitgebrachten Fotos für ihr Archiv behalten zu dürfen. Wir freuen uns alle. Wir haben die richtige Stelle gefunden. Wären wir zwei Jahre früher gekommen, hätten wir die Villa noch sehen können, heute stehen Luxusappartements auf dem Grundstück. Die Archivarin sagt uns, dass das Haus nebenan von dem gleichen Architekten gebaut wurde. Es steht noch. Vorsichtig, um kein Aufsehen zu erregen, schieben wir die Zweige der Hecken auseinander und ich erkenne sofort die Ähnlichkeit. Lange sitzen wir am See. Hier habe ich als achtjähriges Mädchen auch meine Füße ins Wasser getaucht. Wieder berührt es mich tief, dass wildfremde Leute sich so sehr um mein Wohlergehen gekümmert haben. Auch eine Schiffsfahrt auf einem nostalgischen Schaufelraddampfer wird gemacht. Wir sitzen ganz entspannt auf dem Vorderdeck. Während ich immer mit etwas Wehmut zurückdenke, überlegt mein Mann, ob wir nicht doch noch einmal herfahren sollten. Die Gegend ist einfach zauberhaft.

Natur
Sobald die Luft nach Frühling riecht, mache ich mich als kleines Mädchen auf die Suche nach den ersten Veilchen. Ich kenne viele verborgene Stellen. Zufrieden bin ich erst, wenn ich ein kleines violettes Sträußchen gepflückt habe. Tief sauge ich den verführerischen Duft ein und freue mich schon über Muttis leuchtende Augen. In solchen Augenblicken war sie mir für einige Minuten ganz und gar zugetan. Bringe ich Walderdbeeren mit, teilen wir uns die Portion, die sie mit Milch und Zucker anrichtet. Die leuchtend roten Beeren finde ich schnell, da sie sich von dem Grün des Untergrunds gut abheben. Wenn ich auch die selteneren gelben Schlüsselblumen entdecke, kann ich mich vor Freude kaum halten.

Im Sommer streife ich stundenlang über die Wiesen, um die Margeriten zu pflücken, die besonders schön zur Geltung kommen, wenn ein paar dunkelblaue Knäuelglockenblumen dazwischen sind. Gerne streife ich an den Kornfeldern entlang, denn die leuchtend blaue Kornblume macht jeden Blumenstrauß zu etwas Besonderem.

Im Herbst nehmen mich Nachbarn zum Feldsalat suchen oder Haselnüsse pflücken mit. Fleißig steche ich den Feldsalat aus, die Portion muss groß genug werden, damit die Großmutter auch ihre Freude hat, sie ist für das Kochen in unserer Familie zuständig. In solchen Momenten bin ich nicht mehr der kleine Winzling, den sie nicht anfassen möchte, sie strahlt mich mit ihren braunen Augen an.

Bei diesen Streifzügen begegnen mir auch manche Kleinlebewesen, Insekten und Schmetterlinge. Nach zwei Bienenstichen und einem Hummelstich schaue ich immer genau um mich. Gerne beobachte ich Schmetterlinge, sitze in der Wiese und am Wegrand und bin mit mir und der Welt im Einklang. Im Biologieunterricht lerne ich ihre Namen, die ich bis heute behalten habe.

Die Liebe zur Natur versuche ich meinen Kindern weiterzugeben.

Kreatives Denken

Es duftet nach Kaffee, der Kuchen steht schon auf dem Tisch. Mein Mann hat Geburtstag und es kommen auch Tante Elisabeth und Onkel Martin.

„Oh wie schön", sage ich. Das Landschaftsaquarell, das Onkel Martin meinem Mann schenkt, gefällt mir. „Das möchte ich auch können." „Komm doch mal mit auf einen Malkurs", meint Martin. „Ich fahre einmal im Jahr in die älteste Malerkolonie Europas, nach Willingshausen im Schwalm-Eder-Kreis." Dieser Satz geht im allgemeinen Kaffeeplausch unter, aber in meinem Kopf bleibt er hängen.

An meinem Geburtstag überrascht mich Martin mit einem Aquarellblock, einem Farbkasten und einem Pinsel.

Als der Besuch gegangen ist, ziehe ich mich in mein Zimmer zurück, streichle mit dem Rotmarderpinsel meinen Handrücken und schaue mir die Farben noch einmal an. Mein Blick fällt auf die Geburtstagskarte meiner Kollegin mit dem Aufdruck: „Man muss nicht all seine Träume dem Alltag opfern." Das inspiriert mich.

Der Gedanke an einen Malkurs beschäftigt mich mehr und mehr. Mein Gehirn arbeitet fieberhaft. Geld würde er kosten. Ein anderes Problem ist, dass ich jemanden brauche, der in den Zeiten, in denen mein Mann arbeitet, die Kinder betreut. Ich überlege: „Würde die Schwiegermutter Verständnis für meinen Wunsch haben?" Sie ist zwar in Notsituationen immer eingesprungen, denn sie ist schon längere Zeit Witwe, aber sollte eine Frau nicht in erster Linie ihre Mutterpflichten wahrnehmen?

Jetzt ist „kreatives Denken" gefragt. Im Haushaltsplan unseres Fachbereichs in der Rubrik „Fortbildung" ist noch Spielraum. Ich frage meinen Chef und er macht mir Mut, mit der Verwaltung abzuklären, ob ein Aquarellkurs genehmigt werden kann, um ein weiteres Angebot für die Feriengäste des Feriendorfes zu haben, in dem ich arbeite.

Den Telefonhörer nehme ich nicht, sondern beschließe, nach Frankfurt zu fahren, um mit dem verantwortlichen Fachleiter persönlich zu sprechen. Vor der Tür des zuständigen Referats bleibe ich stehen, warte, bis mein Herzschlag sich ein wenig beruhigt, und wische meine schweißnassen Hände an meinem Rock ab. Dann klopfe ich. Herr S. weist mir einen Stuhl an und blättert in seinen Unterlagen. „Vor zwei Jahren habe ich Ihnen die Fortbildung nicht genehmigt, dann wollen wir diesmal großzügig sein. Kommen Sie mit den Quittungen für Kursgebühr, Unterkunft und Verpflegung nach dem Kurs zu mir, wir überweisen Ihnen dann den Betrag auf Ihr Konto."

„Sie wollen mir den kompletten Kurs genehmigen?", frage ich erstaunt.

„Ja", meint er. Er setzt seine Unterschrift unter den Antrag und übergibt mir die Kopie für meinen Dienststellenleiter. Ich fliege, immer zwei Stufen auf einmal nehmend, die Treppe zur Tiefgarage hinunter. Als ich in meinem kleinen gelben Polo sitze, lasse ich erst einmal einen Freudenschrei los. Zu Hause angekommen, erkundige ich mich bei Martin, wann er wieder nach Willingshausen fährt. Er meint, im Mai nächsten Jahres.

„Das ist gut", denke ich. In dem Zeitraum stehen keine Familienfreizeiten an und ich kann mir die Überstunden von der Arbeitszeit an und über Ostern dafür aufsparen.

Meinen Mann kann ich auch überzeugen und er auch seine Mutter. So beginnt im Mai 1983 ein großes Abenteuer, das mein Leben sehr prägen sollte.

Malen

Der Mallehrer Günther Heinemann kommt am Anreisetag abends in die Pension, wir Schüler gesellen uns dazu. Dort haben wir einen Aufenthaltsraum und können uns Getränke kaufen.

Am nächsten Tag sind wir bei ihm und seiner Frau zum Tee eingeladen. In ihrem großen Atelier bewundern wir die Werke des Meisters und seiner Frau, die ebenfalls fantastisch malt und oft mitunterrichtet. Ein erhabenes Gefühl überkommt mich. – Bald merke ich, dass ich die einzige Neue bin, die anderen verstehen das Handwerk schon ganz gut.

„In den Himmel mische ich immer etwas Krapplack und Ocker."

„In meinem Ölfarbkasten ist mir das Chromdioxid grün ausgegangen."

„Ich muss wohl bald nach Alsfeld fahren und ein paar Farben auffüllen."

Solche Sätze höre ich zwischen der allgemeinen Unterhaltung und fühle mich als blutiger Anfänger auf einmal ganz klein. Die Freude weicht und die Skepsis kommt. Martin merkt, was mit mir los ist, und meint tröstend: „Setz dich in meine Nähe, dann kann ich dir mal einen Tipp geben, bevor der Meister vorbeikommt." Eine andere Teilnehmerin flüstert mir zu: „Günther lässt die Neulinge nicht hängen."

Da sitze ich nun mit fünf Teilnehmern und Teilnehmerinnen. In der Hand halten wir ein Passepartout, mit dem wir uns einen Ausschnitt aus der Natur aussuchen. Unsere Aufgabe ist, was wir sehen und wahrnehmen, so naturgetreu wie möglich wiederzugeben. Verflixt, ist das schwer. Die Zeichnung ist fertig, da schaut Martin vorbei.

„Den Baum hast du viel zu groß ins Bild gesetzt, die Äste laufen ja aus dem Bild. Bei einer Zeichnung muss immer die Perspektive stimmen." Er deutet mir den Platz an, der für die Eiche richtig ist. Ich schaue noch einmal durch mein Passepartout und sehe, was ich falsch gemacht habe. Dann kommt Günther. Verschmitzt schaut er mich an und sagt: „Die Perspektive stimmt fast, du hast nur die Horizontlinie zu weit nach unten gesetzt und sie ist auch schief, die Horizontlinie ist immer gerade."

Er schaut nochmals auf meinen Malblock und sagt dann: „Es gibt auch eine Farbperspektive, die du beachten musst. Im Vordergrund sind die Farben warm, je weiter die Landschaft entfernt ist, desto bläulicher wird sie."

Er nimmt meinen Block, ich stehe von meinem Hocker auf und lasse ihn Platz nehmen.

„Was sind warme Farben, was sind kalte Farben? Das muss ich noch herausfinden", denke ich. Beim Betrachten der Landschaft merke ich sofort, dass der kleine Waldstreifen im Hintergrund bläulich ist. Blau gehört anscheinend zu den kalten Farben.

„Beim Aquarell malt man immer vom Hellen ins Dunkle, da die Aquarellfarben transparent sind und man auf eine dunkle Farbe keine helle Farbe draufsetzen kann. Beim Öl- und Acrylmalen hingegen geht das", spricht Günther zu mir.

Ich stehe hinter ihm und beobachte wie ein Luchs, in welche Farben er den Pinsel taucht. Ich will mit den Augen stehlen, gerate aber schnell an meine Grenzen, denn keine Farbe im Malkasten kann so benutzt werden, wie sie ist. Immer muss gemischt werden.

„Was muss womit gemischt werden, um den gewünschten Farbton zu erreichen?", schießt es mir durch den Kopf.

Günther steht auf und gibt mir meinen Malblock zurück. Er hat die hellen Töne im Vordergrund angedeutet, da soll ich erst einmal weitermachen.

In dieser Malschule etablierte Günther Heinemann Anfang der siebziger Jahre die Pleinairmalerei. Seine Frau, die Tochter eines bekannten Malers, unterstützte ihn dabei. Beide hatten Kunst studiert.

Gegründet wurde die Malschule 1824, als Ludwig Emil Grimm, der jüngere Bruder der Brüder Grimm, zu Landschaftsstudien nach Willingshausen kam. Er war Professor der Kunstakademie Kassel. Er traf dort Gerhardt Wilhelm von Reutern, dessen Talent von Goethe hoch gelobt wurde. Das Zusammentreffen und der Austausch beider Künstler gilt als Gründung der Künstlerkolonie und war zugleich der Anfang der Freiluftmalerei in der Kunstgeschichte.

Bilder von Malern, die in Willingshausen waren, hängen in vielen Museen, im Haus Giersch in Frankfurt hängt „Der vom Blitz erschlagene Schäfer" von Hans Becker.

Die obere Etage des Ausstellungsraums „Haus Wohra" im Hessenpark ist den Künstlern dieser Malschule gewidmet.

Am Ende des vierzehntägigen Kurses habe ich drei Landschaftsaquarelle, die mir gut gefallen. Das Schönste bekommt gleich einen Rahmen. Ich fühle: „Hier muss ich wieder hin." Da mir die Natur als Kind schon so nahe war, schaue ich mich schnell in die Farben hinein. Um meine Kenntnisse zu vertiefen, belege ich noch einen Kurs an der Malschule in Kronberg, die mit der Malschule in Willingshausen Austausch pflegt.

Auch in der Freizeit geht es wie in einer richtigen Künstlerkolonie zu. Die namhaften Maler der vergangenen Zeiten trafen sich abends in einem Gasthaus, tranken, diskutierten und bemalten im Übermut die Tür der Gaststube, die heute noch im Museum in Willingshausen zu besichtigen ist.
Wir Freizeitmaler treffen uns abends auch in unserer Pension, trinken und diskutieren. Das Publikum ist sehr unterschiedlich und noch sehr männerdominiert. Ich muss erst in einige Fettnäpfchen treten, um mich zurechtzufinden. Jemand gibt eine Runde Kümmerling in kleinen Fläschchen aus. Ich trinke mit, dann gibt der nächste eine Runde aus. Ich weiß nicht, dass man die leergetrunkenen Fläschchen flach auf den Tisch legen muss. Da ich das nicht getan hatte, blieben die nächsten beiden Runden an mir hängen.
„Verschwinde nur schnell in dein Bett", denke ich mir. „Du willst hier malen lernen, wenn du noch etwas trinkst, bist du morgen nicht zu gebrauchen." Ich

hangele mich die Treppe hoch, schließe mein Zimmer auf und werfe mich auf mein Bett. Angezogen schlafe ich meinen Rausch aus. Am nächsten Morgen ist der Kopf wieder klar.

Etwas Unbehagen bereitet mir ein Chemieprofessor, der einmal im Jahr kommt, gut malt, aber auch Abenteuer mit Frauen sucht. Ich habe schon gemerkt, dass er ein Auge auf mich geworfen hat. „Das geht auf gar keinen Fall", denke ich. Erstens will ich es nicht, zweitens hätte mir das zu viel Energie für das Malen weggenommen.

Am nächsten Morgen gehe ich wohlgemut die Treppe hinunter und sehe ihn am Ende der Stufen stehen. Er versperrt mit beiden Armen den Ausgang. Blitzschnell reagiere ich. Auf der vorletzten Stufe gehe ich in die Knie und schlüpfe unter seinen Armen durch. Damit hat er nicht gerechnet. Er vergnügte sich dann mit Elsa, einer alleinstehenden Sekretärin.

Als ich in der Kunst sicherer werde, merke ich, dass ein wenig Flirten den Bildern durchaus gut tut. Eine beschwingte Leichtigkeit führt dann den Pinsel. Man kann ja seine Grenzen setzen.

Inzwischen können sich meine Werke sehen lassen. Ich schließe mich dem Kulturkreis Usinger Land an und stelle erstmalig gemeinsam mit zwölf anderen Künstlern aus.

Meine Aufregung kann ich kaum zähmen. Immer wieder versuche ich die Mimik der Menschen zu deuten, wenn sie vor meinen Bildern stehen. Dass ich in meiner ersten Ausstellung gleich ein Bild verkaufe, macht mich sehr glücklich.

Ich fahre immer noch einmal im Jahr nach Willingshausen und zwar in einen Atelierkurs, in dem ich noch andere Techniken ausprobieren kann. Mein größter Fan ist mein Mann. Er rahmt mir die Bilder, die ein ausgefallenes Format haben.

Seine konstruktive Kritik ist mir wichtig. Unter dem Dach hat er mir ein kleines Atelier ausgebaut. Er besucht mich gerne an einem Malkurswochenende und sitzt auch gerne mit meinen Malkolleginnen und Malkollegen zusammen. Den Ort Willingshausen haben wir uns gemeinsam vertraut gemacht.

Kinder

Khalil Gibran, ein libanesisch-amerikanischer Dichter und Maler, der von 1883 bis 1931 lebte, schrieb folgende Worte:

> Deine Kinder sind nicht deine Kinder. Sie sind Söhne und Töchter der Sehnsucht des Lebens nach sich selbst. Sie kommen durch dich, aber nicht von dir und obwohl sie bei dir sind, gehören sie dir nicht. Du kannst ihnen deine Liebe geben, aber nicht deine Gedanken; denn sie haben ihre eigenen Gedanken. Du kannst ihrem Körper ein Haus geben, aber nicht ihrer Seele; denn ihre Seele wohnt im Haus von morgen, das du nicht besuchen kannst – nicht einmal in deinen Träumen. Du kannst versuchen, ihnen gleich zu sein, aber suche nicht, sie dir gleich zu machen; denn das Leben geht nicht rückwärts und verweilt nicht beim Gestern. Du bist der Bogen, von dem deine Kinder als lebende Pfeile ausgeschickt werden....
> Lass die Bogenrundung in deiner Hand Freude bedeuten.

Noch heute kann ich es nicht lassen, mit einem kleinen Kind zu „flirten", wenn es mich ansieht. In der Regel bekomme ich sofort ein Lächeln zurück.

Meine Freude an Kindern begann, als ich zwölf Jahre alt war und noch eine kleine Schwester bekam. „Pass du mal auf die Kleine auf", sagt meine Mutter, „ich gehe einkaufen. Du brauchst nur mit den Füßen die Wiege hin und her zu schieben, meistens ist sie um diese Uhrzeit ruhig." Widerwillig lege ich mein Buch „ Huckleberry Finn" beiseite. Im Radio spielen sie Walzermusik.

Zum ersten Mal schaue ich mir diese kleine Schwester, der ich bis dahin kaum Beachtung geschenkt habe, genauer an. Es ist ein hübsches Baby, das mich da mit wachen Augen anlächelt. Ich schlage kurzerhand das Deckbett weg, nehme es auf den Arm und tanze Walzer mit ihm. Die kleine Schwester jauchzt und lacht, das macht mir solchen Spaß, dass ich kaum aufhören kann.

Von da an lasse ich mir erklären, wie man das Köpfchen richtig hält und worauf man sonst noch im Umgang mit einem Baby achten muss. Wenn das Wetter gut ist, fahre ich sie durch das Dorf und erzähle jedem, der es hören will: „Das ist meine kleine Schwester, das süßeste Baby auf der ganzen Welt." Ich spüre viel Liebe und Freude.

Mein Mann und ich hatten uns, wie es damals noch üblich war, verlobt. Bei einem abendlichen Spaziergang entspann sich folgender Dialog: „Willst du einmal Kinder haben?", fragte er. „Natürlich", antwortete ich. „Es sollen aber vier werden, drei ist nicht so gut, das sehe ich bei mir zu Hause." „Ich bin Einzelkind und habe mir immer Geschwister gewünscht, ich möchte auch Kinder haben", sagte er. – Da waren wir uns also einig.

Wir sind noch eine Ehe nach altem Muster eingegangen. Der Mann geht arbeiten, die Frau versorgt

Haushalt und Kinder. Im Laufe der Zeit merke ich, dass ich mir die Chance, auch noch berufstätig zu sein, nicht vergeben will. Mit zwei Kindern traue ich mir zu, Beruf und Familie zu vereinbaren und mehr Eigenständigkeit entwickeln zu können. Ich habe zwar ein monatliches Taschengeld ausgehandelt, da wir aber auf dem Land wohnen, möchte ich auch Auto fahren können. Dieses Vorhaben muss erkämpft werden. „Ich kann dich doch fahren", meint mein Mann. „Ich möchte aber auch einmal alleine unterwegs sein können", entgegne ich.

Von meinen Eltern bekomme ich weder finanzielle noch moralische Unterstützung. Mein Mann lenkt ein, kann sich aber die Bemerkung: „Ich habe nur neun Fahrstunden gebraucht", nicht verkneifen. Ich brauche vierzehn Fahrstunden und falle Gott sei Dank nicht durch.

Zwei Monate später bekomme ich von einem Kindergarten bei Bad Wildungen ein tolles Angebot. Ich soll an zwei Vormittagen Vorschulkinder fördern. Mit dem Auto kann ich mich zu dieser Landgemeinde begeben. Die Versorgung der Kinder kann auch geregelt werden.

Nach unserem Umzug in den Raum Frankfurt ist mir das Glück auch hold. Ich bekomme nach einem Jahr eine halbe Stelle als Ferienkindergartenleiterin. Mein Partner lässt sich zur Mithilfe bewegen und als Lehrer hat er auch ein wenig Spielraum in seinem Arbeitsfeld. Außerdem habe ich einen verständnisvollen Chef, der meine Arbeit zu schätzen weiß. Als ich zehn Jahre mit ihm zusammengearbeitet habe, sagt er einmal nachdenklich: „Du hast noch nie wegen deiner Kinder gefehlt."

Die Kinder sehen, dass beide Eltern im Haushalt tätig sind. So übernehmen sie, als sie älter sind, auch ihren Teil an der Familienarbeit, auch der Sohn.

In diesem Zusammenhang kommen mir wieder zwei Begriffe des obengenannten Gedichts in den Sinn: „Lass die Bogenrundung Freude sein." Mit unserer kleinen Tochter mache ich abends ein Aufräumspiel. Ich krabbele mit ihr auf dem Fußboden und wir sammeln das Spielzeug ein. Der Reiz ist, als Erster bei dem Spielzeug zu sein und es dann an seinen Platz zu legen. Ich richte es so ein, dass sie oft die Erste ist, das spornt sie an. Manchmal bin ich die Erste, ein wenig verlieren lernen muss auch sein. So verknüpft sie das Aufräumen mit Spaß und Freude. Als sie ihr eigenes Zimmer hat, war „Aufräumen" bei ihr kein Thema mehr.

Bei unserem Sohn vernachlässige ich dieses Spiel. Es gibt eine Zeit, wo ich mir am Abend, bevor jemand kommt, der mir zwei Stunden beim Reinigen hilft, erst einmal mit dem Schrubber den Weg zum Bett und zur Balkontür bahnen muss. Ich fühle mich nach einem langen Arbeitstag überfordert und plötzlich stehen Tränen in meinen Augen. Er sieht mich an und sagt dann: „Mama, ich wusste nicht, dass dir meine Unordnung so viel ausmacht." Von da an hilft er intensiver mit. Ich hatte seine Seele erreicht, ohne dass es mir bewusst war. Khalil Gibran: „Du kannst ihrem Körper ein Haus geben, aber nicht ihrer Seele."

Immer bewundere ich, mit wie viel Phantasie er in seiner heutigen Wohnung kleine Ecken ausnutzen kann, um noch etwas sinnvoll unterzubringen.

Eines Tages kommt unser Sohn aus der Grundschule nach Hause und erzählt: „Mama, du weißt doch, dass der Franz jeden Tag, wenn er in die Schule kommt, erst einmal ein Kind verprügelt."

„Ja ich weiß, wir haben beim letzten Elternabend darüber gesprochen und überlegt, wie wir das abstellen können."

„Bist du heute verprügelt worden?"

„Nein", antwortet er, „als der Franz auf mich zukam, habe ich ihn freundlich gegrüßt und gefragt, ob er gut geschlafen hat. Da ist er verdutzt an mir vorbeigegangen."

„Das war mutig", lobe ich ihn. Oft habe ich das Gefühl, selbst auch von den Kindern zu lernen. Unser Sohn sucht sich als Konfirmationsspruch aus: „Richtet nicht, auf dass ihr nicht gerichtet werdet." Das hat mich sehr beeindruckt. Toleranz ist eine seiner charakteristischen Eigenschaften.

Die Liebe zur Natur habe ich ihm wohl weitervererbt, denn als Studiendirektor an einem naturwissenschaftlichen Gymnasium hat er auch Biologie als Lehrfach.

In den Schoß ist uns nichts gefallen, immer mussten wir auch kämpfen, Regeln aufstellen und sehen, dass sie eingehalten werden, manchmal auch Rückschläge hinnehmen.

Damals war das Buch von Thomas Gordon „Familienkonferenz" ein Muss für fortschrittliche Pädagogen. Um meinen Kindern die Mitarbeit im Haushalt zu erleichtern, hefte ich Zettelchen mit zu erledigenden Aufgaben, z.B. Müll wegtragen, Spülmaschine ausräumen usw. an eine Pinnwand und überlasse ihnen, wann sie im Laufe des Tages ihre Arbeiten erledigen. Das gibt ihnen mehr Freiheit und mir nimmt es den Druck, ständig ermahnen zu müssen.

1969 melde ich mich zu dem „Funkkolleg Erziehungswissenschaften" an. Dort wird eine Studie vorgestellt, die mir Mut macht, den eingeschlagenen

Weg beizubehalten und mich gegen Anwürfe wie z. B. „Eine Mutter bleibt zu Hause und zieht ihre Kinder groß" zu wappnen. Die Studie besagt, dass am besten die Kinder von zufriedenen Nurhausfrauen gedeihen, mit der Einschränkung, dass zufriedene Nurhausfrauen rar seien. Am zweitbesten sollen die Kinder gedeihen, die zufriedene berufstätige Mütter haben. Am schlechtesten kommen die Kinder von unzufriedenen Nurhausfrauen weg. Da ich mit Sicherheit eine unzufriedene Nurhausfrau geworden wäre, dies hatte mir meine Mutter, solange ich zu Hause war, vorgelebt, ist die zweite Lösung gut für mich und meine Kinder.

Mein schlechtes Gewissen, das immer latent da ist, bekommt einmal richtig Nahrung, als ich einen Aufsatz unserer Tochter lese. Sie besucht das fünfte Schuljahr und soll beschreiben, in welcher Familie sie am liebsten leben möchte:

a) in einer Familie, in der die Mutter arbeiten geht, oder
b) in einer, in der die Mutter den ganzen Tag zu Hause ist.

Das Thema ist damals gesellschaftlich noch sehr relevant.

Zu meinem Entsetzen entscheidet sie sich für b) mit der Begründung, diese Kinder müssen nicht so viel mithelfen. Ich schlucke, sage aber nichts. Meine Überraschung ist groß, als sie am nächsten Morgen verkündet, dass sie den Aufsatz noch einmal geändert hat. Begründung: „Das wäre ja schrecklich, wenn du den ganzen Tag zu Hause wärst und immer mitbekämst, was ich gerade tue." Ich bin erleichtert, also doch Version zwei.

Wieder fühle ich mich an Khalil Gibran erinnert: „Du kannst ihnen deine Liebe geben, aber nicht deine Gedanken."

Wir haben unser Miteinander immer als Geben und Nehmen angesehen. Sie geben mir ihre Natürlichkeit und Lebendigkeit und sie bekommen von mir den Glanz in den Augen der Mutter, der besagt: „Ihr seid geliebt und es ist schön, dass ihr da seid."

Sie haben viel von meinem Arbeitsfeld mitbekommen. Oft konnte ich sie mitnehmen. Ich war zu dieser Zeit für die Organisation, Planung und Durchführung von Familienfreizeiten im evangelischen Familienferiendorf in Mauloff im Taunus zuständig. Auch die Anwerbung und Ausbildung von ehrenamtlichen Mitarbeitern gehörte dazu. Als sie älter waren, haben sie manchmal mitgewirkt.

Unsere Tochter bekam nach Abschluss ihres Studiums der Agrarwissenschaften in diesem Gebiet keine Arbeit, obwohl sie ein sehr gutes Examen gemacht hatte. Die Stellen in den Umweltbehörden waren von jüngeren Kollegen besetzt. Sie musste sich neu orientieren. Jetzt ist sie die persönliche Referentin des Hauptgeschäftsführers der Industrie- und Handelskammer in Gießen. Sie ist unter anderem für den Jahresempfang und den Sommerempfang für über 400 geladene Personen, die mit der IHK zusammenarbeiten, zuständig. Es muss alles stimmen, Referent, umrahmendes Kulturprogramm, Catering. Als ich sie einmal frage, was ihr in ihrem jetzigen Berufsfeld von all dem, was sie so zwischendurch gelernt und gearbeitet hat, am meisten Gewinn gebracht hätte, antwortet sie tatsächlich: „Das, was ich mir von deiner Arbeit im Familienferiendorf abgucken konnte, das Planen, Organisieren und Durchführen einer Familienfreizeit."

Schöne heile Welt? Ganz und gar nicht. Es gibt auch Schwierigkeiten, die gelöst werden wollen. Kinder können beharrlich sein, wenn es um das Besitzen eines Mofas geht oder um gefährliche Auslandsreisen. Immer muss ausgehandelt werden, immer war von Elternseite „Loslassen" angesagt. Dennoch möchte ich keinen Tag missen. Auch Scharlach und Gelbsucht, Krankheiten, mit denen nicht zu spaßen ist, fordern uns Eltern.

Neulich erlebt unsere Tochter mich ziemlich bedrückt, weil Älterwerden nichts für Feiglinge ist. Sie nimmt mich in den Arm, lacht und sagt: „Ach Mama, du fällst mal mit einem Sektglas in der Hand ins Grab." Hoffentlich hat sie recht. Unser Sohn schenkt mir ein Buch von Christine Westermann „Da geht noch was".

Wir fühlen uns wohl miteinander, längst haben mir beide gesagt, dass ich mir mein schlechtes Gewissen hätte sparen können. Als relativ junge Großeltern durften wir auch noch zwei Enkelkinder mit in ihr Leben begleiten.

Von Stuttgart um die halbe Welt

Erika Weber-Herkommer

Klassenbeste war ich nie, obwohl mir das Lernen leicht fiel und ich gern in die Schule ging. Frau Notter, meine junge Klassenlehrerin, drängte meine Eltern, mich von der Mittelschule aufs Gymnasium zu schicken. Diese Chance habe ich verpasst. Mit mehr Ehrgeiz hätte ich mich vielleicht durchgesetzt. Ich wurde 1944 in eine bodenständige Handwerkerfamilie hineingeboren. Meine Vorfahren lassen sich über mehr als zwei Jahrhunderte in Württemberg nachweisen. In meiner Familie wurden die Werte des württembergischen Pietismus Arbeit, Fleiß und Leistung hoch gehalten.

Da mir das Abitur verwehrt blieb, sollte ich 1960 eine Lehre zum Industriekaufmann beginnen. Nicht einmal in Lehrberufen war die Frau, die Kauffrau, vorgesehen. Eine Woche vor Beginn des Lehrjahres fiel der IHK Stuttgart auf, dass die Firma nicht die Ausbildungsbefähigung hatte, weil sie als Industrievertretung weder Produktion noch Logistik oder Einkauf hatte. Ich erinnere mich, wie ich mit meiner Mutter bei der Sachbearbeiterin der IHK saß, die den Irrtum bedauerte. Ich war wütend: „Sie haben drei Monate auf dem Lehrvertrag geschlafen", fauchte ich die Frau an. Meine Mutter war verblüfft. Aber das änderte nichts daran, dass ich nur eine Lehre zur Bürogehilfin machen konnte. Welche Nachteile das hatte, war mir mit sechzehn Jahren nicht bewusst. Meine Eltern hatten sich 1934 in Frankfurt am Main mit einem Sanitär- und Spenglerbetrieb selbständig gemacht. Zwölf Jahre später waren Werkstatt und Wohnung ausgebombt und sie fingen 1946 in Stuttgart, wo meine Mutter aufgewachsen war, wieder an, sich eine Existenz aufzubauen. Eine höhere Bildung für die Tochter war nicht so wichtig. Sie würde ohnehin heiraten und Haus und Kinder versorgen.

Meine Lehrfirma residierte an der Hasenbergsteige im Stuttgarter Westen in einer herrschaftlichen Villa mit einem großen Park. Der Inhaber bewohnte einen Teil der Villa. Im anderen waren die großzügigen ehemaligen Wohnräume mit Glaswänden in Büros unterteilt, in denen etwa zwanzig Mitarbeiter beschäftigt waren. Die Lehrzeit war für mich ein Kinderspiel, nur Maschine schreiben langweilte mich so, dass ich einmal ein miserables Zeugnis bekam. Ein zusätzlicher Kurs brachte mich soweit, dass das Abschlusszeugnis nicht darunter litt.

Die Kolleginnen und Kollegen waren für mich ein Spiegelbild der Zeit, die immer noch von den Kriegsfolgen geprägt war. Der Prokurist, ein ehemaliger Berufsoffizier aus Berlin, erzählte oft vom Frankreichfeldzug. Frau Siebert war mit ihren Kindern aus Königsberg geflohen. Ein Vertriebsingenieur aus Jugoslawien war vor den Kommunisten geflüchtet. Die jungen Frauen gingen in die amerikanischen Clubs, Uschi heiratete einen GI. Ein ganz unscheinbarer Kollege aus der Buchhaltung machte später sein Hobby zum Beruf und wurde Sportreporter. Rückblickend denke ich, dass einige der Männer ihren Beruf nur notgedrungen ausübten, weil der Krieg ihre Pläne zerstört hatte. Die kleine Firma gab mir die Möglichkeit viel zu lernen. Die Bilanzen und Provisionsabrechnungen der Vertretungen wurden mit einer Kurbelrechenmaschine und Rechenschieber kontrolliert.

Wenn ich schon nicht studieren konnte, wollte ich auf jeden Fall Sprachen lernen, denn das war der Schlüssel, um meinen Traum zu verwirklichen und ins Ausland zu gehen. Während für meinen elf Jahre älteren Bruder Herbert und seine Freunde die Not und der Hunger der Nachkriegszeit der Grund waren, über eine Auswanderung nach Kanada nachzudenken, lockten mich die Neugier und mein Freiheitsdrang in die Ferne.

Seit ich die Schule verlassen hatte, besuchte ich Abendkurse für Englisch und Französisch. Aber ich wollte einen richtigen Abschluss und meldete mich 1963 gegen den Widerstand meines Vaters an der Privaten Fachschule für das Dolmetscherwesen in Stuttgart an. Es gab heftigen Streit. Für meinen Vater war es empörend, dass der Sohn nur die Hauptschule besuchen konnte und die Tochter derartige Flausen im Kopf hatte. „Das Schulgeld habe ich gespart und zu essen wirst du mir wohl noch geben", schnaubte ich. Meine Mutter unterstützte meinen Wunsch und letztlich bezahlten meine Eltern das Schulgeld. Ich wählte Spanisch als Erstsprache. In Englisch und Französisch hatte ich zu viele Vorkenntnisse und hätte den Beginn der Ausbildung verschieben müssen. Zur staatlichen Prüfung wurde man erst mit einundzwanzig Jahren zugelassen, der damaligen Volljährigkeit.

Wir waren alle in ähnlichem Alter. Die jungen Männer lernten Sprachen mit dem Ziel, ihre beruflichen Aussichten zu verbessern. Einige der jungen Frauen überbrückten die Zeit bis zur Heirat. Andere wie ich wollten fremde Länder kennenlernen. Anita war schon ein Jahr in Paris gewesen, schminkte sich wie Juliette Gréco, die Chansonsängerin, und trug nur Schwarz. Ihren langen schwarzen Pullover habe ich nachgestrickt.

Im Februar 1965 ging das letzte Semester dem Ende zu. Meine Eltern erwarteten, dass ich sofort nach der Prüfung anfangen würde zu arbeiten. Schließlich war ich zwei Jahre nur zur Schule gegangen, während andere schon richtig Geld verdienten oder verheiratet waren. „Eigentlich dürftest du gar nicht am Tisch sitzen, du arbeitest ja auch nicht." Mein Vater ließ seine schlechte Laune immer beim Essen ab. „Um Strümpfe zu stopfen, brauchst du kein Spanisch." Mich ärgerte, wie wenig er die Leistung meiner Mutter schätzte, die alle kaufmännischen Arbeiten erledigte. Ohne sie hätte er nie selbständig eine Firma betreiben können.

„Sieh dir mal die Anzeige an, da wird jemand mit Spanisch und Englisch gesucht." Meine Mutter schob die Stuttgarter Zeitung über den Tisch. „Die Firma ist in der Augustenstraße. Du hättest nur fünf Minuten ins Büro. Bewirb dich doch mal." Augustenstraße! Ich träumte von Spanien. In vier Wochen würde ich mein Examen als staatlich geprüfte Wirtschaftskorrespondentin machen, Erstsprache Spanisch, Zweitsprache Englisch. Ich hatte mich schon bei drei spanischen Firmen beworben. Die Adressen hatte ich von meiner Lehrfirma erhalten. Allerdings waren bisher nur zwei Absagen eingetroffen. Lustlos schickte ich eine kurze Bewerbung ab.

Wenige Tage später saß ich im Büro einer kleinen Handelsfirma mit fünf Angestellten. „Wir handeln mit technischen Bauteilen. Das kennen Sie ja von Ihrer Lehrfirma. Ab und zu erhalten wir eine Anfrage in Englisch, gelegentlich auch in Spanisch. Deshalb suchen wir eine Fremdsprachenkorrespondentin", sagte der Mann hinter dem Schreibtisch. „Oh je, da verlerne ich die Sprache schneller, als ich sie gelernt habe." Während er meine Unterlagen durchsah, schaute ich mich diskret um. Abgenutzte Holzmöbel, vergilbte Gardinen. Der Inhaber nannte mir Gehalt, Arbeitszeit, Urlaubsanspruch. Ich erbat mir Bedenkzeit. „Wenn du hier zusagst, kommst du nie wieder weg", dachte ich beim Weggehen.

Mein Freund, mit dem ich seit vier Jahren eine feste Beziehung hatte, war zehn Jahre älter als ich und wollte heiraten. Für meine Eltern war er der ideale Kandidat – obwohl sie sich nie die Mühe gemacht hatten, ihn kennenzulernen. Erst als ich in Spanien war und er mich besuchen wollte, trafen sie sich. Er hatte einen angesehenen Beruf – Ingenieur – und ein gutes Einkommen. Er stammte aus einer evangelischen schwäbischen Familie im Zabergäu. Alles sehr solide. Bei seinen verheirateten Freunden hatte ich das Leben der jungen Frauen gesehen: Hochzeit, Beruf bis zum ersten Kind, Hausfrau und Mutter. Das Ideal der Wirtschaftswunderjahre. Warum wollte ich das nicht? Sehr früh, noch ehe ich es manchmal recht verstand, störte mich, wie herablassend Männer über ihre Frauen sprachen. Was Frauen angeblich alles nicht konnten. Die gleichen Frauen, die wenige Jahre zuvor die Trümmer weggeräumt hatten, waren zu schwach, zu naiv, zu empfindsam, um als vollwertig zu gelten. Ich erinnere mich an das Gefühl von Ungerechtigkeit und Empörung, das mich beim Zuhören jedes Mal erfasste. Ich wollte selbständig und unabhängig sein.

Endlich erhielt ich die Zusage einer Firma in Barcelona. Diese Chance ließ ich mir nicht entgehen. Die Firma Piher bot mir eine Stelle im Büro an. Das war außergewöhnlich. Arbeitsgenehmigungen wurden nur für Fachkräfte erteilt.

Woher nahm ich die Zuversicht? Ich war noch nie im Ausland gewesen. War es mein Schwarzwälder Großvater? Er war längst gestorben, als ich auf die Welt kam. Anekdoten von seiner Reiselust wurden mit Bewunderung erzählt und ihn, den „Ähnen", habe ich mir zum Vorbild genommen. Wenn ich heute, fünfzig Jahre später diese Zeilen schreibe, weiß ich, dass ich die Weichen für mein restliches Leben gestellt hatte.

Der Abschied von zu Hause fiel mir nicht schwer. Ich erinnere mich nicht an Diskussionen über meinen Weggang. Wie ablehnend meine Familie meiner Entscheidung gegenüberstand, erfuhr ich erst Jahrzehnte später von meiner Nichte Karin: „Sie fanden es unerhört, dass du dir einfach die Freiheit genommen hast zu gehen." Wer meinen Flug gezahlt hat, weiß ich nicht mehr. Ich sah nur die große Freiheit.

Am Ostersonntag 1965 kam ich in Barcelona an, im selbstgenähten Kostüm. Es war ein besonders aufwendiges Modell, gelb mit braunen paspelierten Kanten und Taschen. Für die passenden Schuhe, Tasche und Handschuhe hatte mein in den Ferien verdientes Geld gereicht. Es war mein erster Flug und ich war so aufgeregt, dass mir schon auf der kurzen Strecke zwischen Stuttgart und Frankfurt übel wurde. Den weiteren Flug überstand ich gut. José Puig, mein künftiger Vorgesetzter, holte mich ab. Er hatte in Hannover studiert und war mit einer Deutschen verheiratet. Die Sprachschule, an der ich Spanisch gelernt hatte, legte großen Wert auf Grammatik und Orthografie. Mein Bewerbungsschreiben war formvollendet, so dass man nicht glauben wollte, dass ich es ohne Hilfe verfasst hatte. Sprechen fiel mir bedeutend schwerer. Es half mir sehr, dass er deutsch sprach.

Sr. Puig brachte mich in ein Hotel in Badalona, einem Nachbarort von Barcelona, wo die Firma ihren Sitz hatte. Das Hotel lag an der Uferpromenade. Zwischen Hotel und Restaurant verlief die Eisenbahnlinie an die Costa Brava. Abends ging ich in das direkt am Strand gelegene Restaurant und war überrascht, einen großen Saal mit Musik und tanzenden jungen Leuten vorzufinden. Während ich noch zögernd an der Tür stand, kam ein Ober im weißen Jackett und führte mich in einen mit Glaswänden abgeteilten Raum, das eigentliche Restaurant. Ich war der einzige Gast. Für Spanier war es viel zu früh zum Abendessen.

Natürlich erregte ich Aufmerksamkeit – eine junge Ausländerin, abends allein im Restaurant. Die jungen Männer sahen neugierig durch die Glasscheiben. Einer wollte Mut beweisen, kam zu mir an den Tisch und sprach mich an. Ich war einigermaßen hilflos, weil ich ihn nicht gut verstand und auch nicht wusste, wie ich antworten sollte. Der Ober war sofort an meiner Seite und wies den jungen Mann aus dem Raum. Ich war ihm sehr dankbar und lernte meine erste Lektion. Wenn man sich richtig benahm, genoss man als Frau auch einen gewissen Schutz.

Am nächsten Morgen holte mich Sr. Puig ab und fuhr mit mir ins Büro. Das Bürogebäude war ein moderner Flachbau. Auch mein Büro war modern eingerichtet. Allerdings hatte es kein Fenster, sondern nur ein Oberlicht. Die Schreibmaschine war eine mechanische Typenhebelmaschine, ein altertümliches Modell, das in Deutschland nicht mehr üblich war. IBM hatte schon 1961 die Kugelkopfmaschine auf den Markt gebracht.

Ich war allein und wartete darauf, dass mir jemand meine Arbeit zeigen würde, als ein Mann mit Schnauzbart mit kurzem „Buenos Días" in mein Büro kam und ohne sich vorzustellen sagte: „Kommen Sie mit." Er ging mit mir in ein Besprechungszimmer, wo ein Besucher aus England wartete. Es stellte sich heraus, dass ich das Gespräch übersetzen sollte. Ich hatte zwar Englisch gelernt und sprach es damals etwa so gut wie Spanisch. Eine ganz andere Sache war es aber, von einer Fremdsprache in die andere zu übersetzen und über eine Materie, die mir völlig fremd war. Der englische Geschäftsmann wunderte sich bestimmt im Stillen über die mangelhaften Fähigkeiten der Übersetzerin. Als er mich nach den Waschräumen fragte, sagte ich ihm, ich sei erst seit zwei Stunden in der Firma und müsse selbst fragen. Er lächelte mich an und sagte: „I see."

Von Sr. Puig erfuhr ich anschließend, dass Piher ein Joint Venture mit einer US-Firma eingegangen war, um Halbleiter, ein damals völlig neues Produkt, herzustellen. Er war Direktor des Joint Ventures, obwohl er erst 27 Jahre alt war. Die Produktionsanlagen in Reinraumtechnik waren im Aufbau. Ein deutscher Ingenieur war der Produktionsleiter. Später kam ein Amerikaner dazu. Mich hatte man eingestellt wegen meiner Englischkenntnisse, nicht wegen meiner deutschen Muttersprache. Vielleicht auch, weil meine Lehrfirma elektrische Bauteile vertrieb, wie sie Piher herstellte. In den folgenden Wochen und Monaten führte ich Besucher durch die Fertigungshallen – meistens Engländer oder Amerikaner, seltener Deutsche – und übersetzte die Korrespondenz. Schwierig war die Übersetzung der englischen Produktionsanweisungen für die neue Fertigung. Wie übersetzt man bei einer Maschine „contact soft like a kiss"? Ich ging zu den spanischen Ingenieuren und schilderte ihnen ein Bauteil oder einen Produktionsvorgang, ließ mir von ihnen die korrekten Begriffe sagen und legte mir mein eigenes Wörterbuch an.

Eine zusätzliche Herausforderung bei der Übersetzung von Gesprächen war, dass die Spanier untereinander Catalán sprachen, was ich überhaupt nicht verstand. Ich musste sofort auf den Satz reagieren, den man mir zum Übersetzen sagte.

Für meine Kolleginnen und Kollegen war ich ein exotisches Wesen. In einem Land, in dem Mädchen meines Alters nur in Begleitung einer Anstandsdame oder in der Gruppe nach Barcelona gingen, reiste ich alleine ins Ausland, um zu arbeiten. Bei der ersten Frühstückspause fragte mich eine der „Rosa Marias" nicht unfreundlich, aber sehr direkt: „Und du? Was bist du? Christin, Kommunistin oder was sonst?" Christin stand für Katholikin, alles andere zählte nicht als christlich. Auch ich stolperte über meine Vorurteile. Als mir am ersten Tag jemand sagte: „Frag Lola, die Empfangsdame", erwartete ich eine schwarzhaarige, rassige Südländerin und war verblüfft, eine blonde, sehr hellhäutige Frau mit blauen Augen anzutreffen.

Ich wohnte in einem möblierten Zimmer bei der Familie Atset. Es war groß und hell mit einer kleinen Terrasse zum Innenhof. Der Kleiderschrank war so baufällig, dass ihn der Hausherr an die Wand nagelte, damit er nicht umfiel.

Ich kam in ein mir sonnig und friedlich erscheinendes Land mit freundlichen Menschen, die mich herzlich aufnahmen, sei es bei der Arbeit, sei es in der Familie, bei der ich wohnte. In der deutschen Presse wurde regelmäßig über die Prozesse berichtet, die das Franco-Regime gegen die politischen Gegner führte.

Hier hörte man weder in der Presse noch im Fernsehen oder Radio von politischen Unruhen oder Unterdrückung. Meine Wirtsleute erzählten mir zwar von den Wirren und Gräueln des spanischen Bürgerkrieges und dass Franco den Katalanen bis heute ihre Opposition nicht verziehen habe. Aber das lag alles lange zurück.

Zum Erhalt meiner Arbeits- und Aufenthaltsgenehmigung begleitete mich der junge Personalchef der Firma zu den Behörden und alles lief reibungslos. Kurze Zeit später jedoch kamen jeden Sonntag gegen Mitternacht zwei Uniformierte der Guardia Civil zu dem Haus, in dem ich wohnte. Es war einstöckig, im spanischen Stil, mit etwa drei Meter hohen massiven Holztoren vor der verglasten Eingangstür. Diese Tore wurden nachts geschlossen. Außen gab es nur einen schmiedeeisernen Türklopfer, keine Klingel. Die Guardia Civil klopfte so lange, bis geöffnet wurde. Nach einigen Sonntagen wussten alle, dass der Besuch mir galt, und ich ging alleine zur Tür, wo die Beamten meine Papiere sehen wollten. Mir war das alles peinlich, weil der nächtliche Lärm in der stillen Straße sicher auch die Nachbarn weckte. Einmal fragte ich daher die Beamten höflich, ob sie nicht zu einer anderen Tageszeit kommen könnten. Die Antwort war so scharf und unfreundlich, dass ich mich bedroht fühlte und schwieg. Einige Tage später erzählte mir Sra. Pilar, meine Zimmerwirtin, dass während meiner Abwesenheit Beamte in Zivil mein Zimmer durchsucht hätten. Irgendwann hörten die nächtlichen Besuche auf und ich dachte nicht mehr an die ganze Angelegenheit.

Nach einigen Monaten lernte ich Andrés, einen Studenten, kennen, der mich einlud, am Samstagnachmittag mit ihm und seinen Freunden einen

Bummel durch die Kneipen des alten, heute verschwundenen Hafens von Barcelona zu machen. Am französischen Bahnhof traf sich eine buntgemischte Gruppe und zog los von Tasca zu Tasca. Während wir in einer Kneipe saßen und sangen, tauchte plötzlich die Polizei in der Tür auf. Schlagartig waren alle ruhig. Mir, der einzigen Ausländerin, flüsterte man zu: „Zeig du deinen Pass zuerst." Die Polizisten kamen an unseren Tisch. Ich lächelte sie freundlich an und sagte: „Ich bin Deutsche, Sie wollen sicher meine Papiere sehen." Sie blickten etwas irritiert in die Runde, kontrollierten meinen Pass und gingen wieder. Alle atmeten erleichtert auf und dann erfuhr ich, dass es seit Tagen an der Universität Studentenunruhen gegeben hatte. Einer in der Runde hatte keine Papiere mehr, weil er bei einer Demonstration verhaftet worden war. Er wäre sofort im Gefängnis gelandet.

Von alldem hatte ich keine Ahnung. Auch nicht davon, dass die dekorativ uniformierten Polizisten in der Innenstadt keineswegs zum Schutz der Touristen da waren, sondern politische Polizei. In dem Moment wurde mir klar, wie einfach es in einer Diktatur ist, nichts zu sehen und nichts zu hören.

Mein Leben war unbeschwert. Ich ging mit meinen Freundinnen tanzen und an den Strand. Die Firma bot Ausflüge an die Costa Brava oder in die Pyrenäen zu sehr günstigen Preisen an. Mit den Mädchen fuhr ich über Ostern zur Semana Santa in den Norden nach Zaragoza, Valladolid und Soria, wo die nächtlichen Prozessionen düster und unheimlich sind. Im zweiten Sommer machten wir gemeinsam eine Woche Urlaub auf Ibiza. Rosa Mari lernte ihren späteren Mann, einen Engländer, kennen. Bei ihrer Hochzeit zwei Jahre später stand ich im sommerlichen Minihängerchen neben dem katholischen Priester in der langen schwarzen Soutane vor dem Altar. Er hatte mich vor Beginn der Zeremonie aufgefordert nach vorne zu kommen, damit die englische Familie seine Worte auch verstehen würde. Der Herzschlag in meinen Ohren übertönte alles. Wie ich die entscheidende Frage „Willst du, David, die hier anwesende Rosa Mari ..." übersetzt habe, weiß ich bis heute nicht.

Ab Sommer 1966 fragte meine Mutter in jedem ihrer Briefe: „Wann kommst du endlich wieder nach Hause?" Ich war nur einmal, an Weihnachten 1965, einige Tage in Stuttgart gewesen. In Spanien fühlte ich mich wohl. Meiner Mutter zuliebe, die mich immer gegen die Launen meines Vaters in Schutz genommen und zu der ich eine enge Beziehung hatte, beschloss ich schweren Herzens die Rückkehr nach Deutschland. Vorher fuhr ich noch mit der Bahn nach Madrid, Sevilla und Cordoba. An Weihnachten 1966 war ich wieder in Stuttgart. Wozu? Sollte ich endlich „unter die Haube"? Während meiner Abwesenheit hatten meine Eltern meinen Freund ja kennengelernt. Er wollte mich noch immer heiraten, aber ich trennte mich und suchte mir eine neue Stelle.

Ich bewarb mich bei der Aufzugfabrik Stahl-Zaiser in Stuttgart für eine Stelle als Sekretärin im Export. Eigentlich wollte ich als Sachbearbeiterin arbeiten, aber mit Schwerpunkt Spanisch gab es nicht viele Angebote. Beim Bewerbungsgespräch legte ich versehentlich Unterlagen auf den Tisch, aus denen man sehen konnte, dass ich mich auch bei Kodak und Bosch beworben hatte. Der Exportleiter hielt das wohl für eine raffinierte Taktik. So wie ich ihn später kennenlernte, imponierte ihm das. Er erhöhte sein Gehaltsangebot auf DM 650,00. Das war 1967 ein gutes Gehalt, ich war dreiundzwanzig Jahre alt und in

Deutschland Berufsanfängerin. Ich entschied mich für diese Stelle.

Am ersten Arbeitstag wurde ich von der Mitteilung überrascht, dass ich nunmehr als Sekretärin des Exportleiters arbeiten sollte. Seine bisherige Sekretärin war schwanger. Er wartete nicht ab, bis sie in Mutterschutz ging, sondern versetzte sie kurzerhand zu seinem Stellvertreter. Das gab mir zu denken, aber nun war ich da und konnte nicht mehr zurück.

Ich hatte ein schönes Büro im sechsten Stock mit Blick auf die Wangener Höhe mit ihren Obstgärten, die im Frühjahr ein weißes Blütenmeer waren. Die Arbeit war interessant und machte mir Spaß. Es gab viel Kontakt mit Kunden und Geschäftspartnern aus aller Welt. Meine Sprachkenntnisse in Spanisch und Englisch waren sehr gefragt. Vor allem für Spanisch gab es im ganzen Haus nur noch einen Deutsch-Kolumbianer, der die Sprache so gut beherrschte wie ich. Selbst die Personalabteilung wandte sich an mich, wenn es Sprachprobleme mit spanischen Gastarbeitern gab.

Stahl-Zaiser beschäftigte ungefähr 4000 Mitarbeiter hauptsächlich in der Produktion von Aufzugsanlagen und Fahrtreppen. Die Arbeitszeit richtete sich nach der Fabrik. Arbeitsbeginn war 7.15 Uhr. Jeden Morgen verließ ich um 6.15 Uhr das Haus und fuhr mit der Straßenbahn quer durch die Stadt nach Stuttgart-Wangen.

Einerseits war die Firma ein typisch schwäbisches Unternehmen. Einer der Inhaber stand morgens an seinem Fenster und kontrollierte, wer zu spät durch das Fabriktor ging. Andererseits führte sie große Projekte durch, wie die Aufzuganlagen für den damals im Bau befindlichen Fernsehturm in Moskau.

Aus diesem Anlass kam eine große russische Delegation zu Besuch. Mitten im Kalten Krieg verhielten sich die Herren genauso, wie man es damals von Sowjetbürgern erwartete. Ernste Gesichter, kaum ein Gruß, nicht einmal die Andeutung eines Lächelns, wenn ich ihnen Kaffee servierte.

Aber nicht alle Vertreter des Ostblocks waren so verschlossen. Ich erinnere mich an eine Gruppe von Intourist aus Bulgarien. Der Politkommissar sprach sehr gut Deutsch, das er in „Norddeutschland" gelernt hatte. Er meinte die DDR. Gleich bei der Begrüßung packten die Bulgaren mehrere Flaschen mit selbst gebranntem Sliwowitz aus und es wurde eine sehr fidele Besprechung.

Für manche Besucher spielte ich auch die Fremdenführerin und begleitete sie zu Einkäufen. Mit einem Scheich aus Kuwait kaufte ich vierzig leichte Daunendecken bei Betten-Braun ein. Er hatte den Komfort einer Daunendecke im Hotel Zeppelin kennengelernt und wollte das zu Hause auch haben.

Ein Herr aus Jordanien bat mich, ihn zu Einkäufen für seine Frau und weitere weibliche Familienmitglieder zu begleiten. Neben mehreren dunkelblauen Kostümen wollte er ausgerechnet Nachthemden und Negligés einkaufen. In einem der teuersten Wäschegeschäfte Stuttgarts, dessen Auslagen ich nur von außen kannte, suchten wir Nachtkleider in allen Farben aus. Zarte durchsichtige Gebilde, die ich an mich halten sollte, damit er sich die Wirkung vorstellen konnte. Vier Verkäuferinnen bedienten ihn gleichzeitig. Ich möchte nicht wissen, was sie über mich dachten.

Eine meiner Aufgaben war es, die Geschäftsreisen zu planen, damals wochenlange Unternehmungen. Herr Schüler reiste nach Südamerika, sein Stellvertreter Herr Stark nach Asien. Von ihm hörte ich zum ersten Mal von Angkor Wat in Kambodscha. Damals hätte ich nicht einmal geträumt, dass ich diese Tempelanlage mit eigenen Augen sehen würde. Stahl-Zaiser hatte weltweite Geschäftsverbindungen. Zehn Jahre später, als ich bei „hospitalia international" arbeitete, lernte ich zwei der Vertretungen in Ecuador und Chile, die ich nur dem Namen nach gekannt hatte, bei meinen Geschäftsbesuchen selbst kennen.

Es wäre alles gut gewesen, wäre mein Vorgesetzter, ein großer, schwerer Mann Ende fünfzig, ganz der Typ autoritärer Boss, nicht so launisch und cholerisch gewesen. Manchmal brüllte er so laut, dass Herr Zaiser, einer der Firmeninhaber, aus seinem Büro kam und sich beschwerte. Ab und zu fragte er mich: „Was hat er denn heute wieder?" Meine Kollegen erkundigten sich erst bei mir nach der Laune, ehe sie in sein Büro gingen.

Einem Zufall verdankte ich die Entdeckung, weshalb er besonders Montagmorgens so schlecht gelaunt war. Ich suchte Unterlagen in seinem Schreibtisch und fand einen Zettel seiner Frau. Die Nachricht war nicht freundlich. Ob das Ehepaar schriftlich miteinander verkehrte? Mir war schon aufgefallen, dass seine Frau häufig dann verreiste, wenn er zu Hause war, und zu Hause blieb, wenn er auf Reisen war.

In seinen Launen und cholerischen Ausbrüchen war er meinem Vater sehr ähnlich. Ich weiß bis heute nicht, ob ich es deswegen so lange ertragen habe oder ob es mich deshalb besonders belastet hat. Wie mein Vater wurde er besonders laut, wenn er unsicher war. Ich erinnere mich an einen Vorfall. Er hatte mich in sein Büro gerufen und minutenlang herumgebrüllt, weil irgendein Kollege einen Fehler gemacht hatte, den er jetzt dem Kunden erklären musste. Er ließ mich bei der Firma anrufen, um ihn mit Direktor X zu verbinden. Als die Sekretärin sagte, Herr X sei kein Direktor, war er mit einem Schlag ganz entspannt und meldete sich jovial mit: „Hier Direktor Schüler."

Er war auch rücksichtslos. Wenn Verträge verhandelt wurden, bedeutete das, den Text stenografisch aufzunehmen, mit der Schreibmaschine zu tippen und bei jeder Änderung viele Seiten wieder und wieder neu zu schreiben. Dabei unterbrach er mich ständig: „Bringen Sie mir Kaffee, verbinden Sie mich mit..., holen Sie mir...", reklamierte dann ungehalten, wenn ich nicht schnell genug fertig war. Als die Exportabteilung einen Schreibautomaten für Serienbriefe bekam, ein Ungetüm groß wie ein Schrank mit Magnetbändern zum Speichern, ließ ich mir die Funktion erklären und reizte alle Möglichkeiten aus, um sie für die Verträge zu nutzen. Jetzt musste ich bei Korrekturen nicht immer den ganzen Vertrag neu tippen. Mein Einstieg in die elektronische Datenverarbeitung.

Nach drei Jahren war ich völlig überarbeitet und erschöpft. Als ich zur Sanitätsstation ging, weil mir übel und schwindlig war, sagte die Krankenschwester: „Das wundert mich überhaupt nicht. Ich frage mich schon lange, wie Sie das aushalten mit dem Chef." Sie war richtig böse auf ihn. Unser Hausarzt diagnostizierte eine schwere Gastritis und gab mir erst Honigspritzen, dann Infusionen. Nach einigen Monaten schickte er mich zur Kur. Während der sechs Wochen in der Kur beschloss ich, meine Stelle zu wechseln.

Als ich wieder ins Büro kam, stellte man mir eine Mitarbeiterin zur Seite. Jetzt erledigten wir das gleiche Arbeitspensum zu zweit und ich fragte mich, wie in aller Welt ich das vorher alleine bewältigt hatte. Herr van Donk, der Vertreter aus Amsterdam, nahm mich in die Arme und sagte: „Ich habe mich immer gewundert, wie lange Sie das ertragen werden."

Mein Entschluss mich zu verändern stand fest. Schon Ende 1969 hatte ich mich in Frankreich beworben und auch eine Stelle gefunden. Die Erkrankung machte mir einen Strich durch die Rechnung. Jetzt bewarb ich mich in Zürich, Darmstadt und Mainz.

Im September 1970 fing ich bei Blendax in Mainz als Privatsekretärin von E. Sch., einem der Inhaber, an. Ein besser bezahltes Angebot bei der Geschäftsleitung einer Maschinenfabrik in Darmstadt schlug ich aus. Dieses Mal verzichtete ich auf das höhere Gehalt und wählte die Stelle, die weniger Stress versprach. Es war eine angenehme und abwechslungsreiche Arbeit, die mir viel Freiheit ließ. Herr E. Sch. besaß eine Fabrik in Peru und war Honorarkonsul dieses Landes. Daher betreute ich auch das Konsulat. Leider zerstritten sich die Gesellschafter und Herr E. Sch. schied aus der Firma aus. Damit fiel auch meine Stelle weg.

Nur wenige hundert Meter von Blendax entfernt ergab sich die Chance für eine ganz ähnliche Stelle bei Hakle als Sekretärin des Junior-Chefs und im Generalkonsulat von Panama. Bei einem Empfang des Botschafters im Mainzer Rathaus, bei dem ich dolmetschte, fragte er mich: „Schreiben Sie diese wunderschönen Briefe? Ich freue mich jedes Mal, wenn ein Brief von Ihnen kommt." Ich hatte in Spanien ein gebrauchtes „Handbuch des kaufmännischen Briefes" gekauft und versah meine Briefe mit langen, blumigen Begrüßungs- und Abschiedsformeln, die schon nicht mehr gebräuchlich waren.

Bisher war jeder Stellenwechsel mit einer Gehaltserhöhung verbunden, trotzdem wollte ich auf Dauer nicht als Sekretärin arbeiten, nebenbei noch Kaffee kochen und von den Launen der Chefs abhängig sein. Seit 1967 wurde der Zweite Bildungsweg vom Arbeitsamt gefördert. Mein Ziel war, meine kaufmännische Ausbildung zu vervollständigen, um eine qualifizierte Arbeit als Sachbearbeiterin zu bekommen. Jetzt war es ein Nachteil, dass ich nur Bürogehilfin gelernt hatte. Ich hätte eine verkürzte kaufmännische Lehre abschließen müssen, um Betriebswirtschaft studieren zu können. Als die Mitarbeiterin des Arbeitsamts mein Gehalt sah, sagte sie: „Was wollen Sie denn? So viel können Sie als Sachbearbeiterin nie verdienen. Die Stellen, die Sie anstreben, gibt es für Frauen nicht. Wahrscheinlich werden Sie noch arbeitslos, überqualifizierte Frauen wollen die Firmen nicht."

Inzwischen hatte ich meinen späteren Mann kennengelernt. Wir zogen 1974 nach Frankfurt und ich trat eine neue, wiederum einträgliche Stelle an. Meine überdurchschnittlichen Spanischkenntnisse eröffneten mir immer wieder Chancen.

Es war im Juli 1977. „Kommen Sie bitte einen Moment in mein Büro", sagte mein Abteilungsleiter. Ich nahm Block und Bleistift, folgte ihm und setzte mich an den runden Besprechungstisch, an dem schon zwei Kollegen saßen. „Herr R. wird als Delegierter in Ecuador bleiben. Wir brauchen also hier in Frankfurt einen Ersatz für ihn." Herr W. mit leidender Miene: „Ich kann die zusätzliche Arbeit auf Dauer nicht bewältigen." Der Kollege R. war schon seit einem Jahr in Ecuador. Alle in seinem Bereich anfallende Arbeit hatte bisher ich zusätzlich erledigt. Herr W. hatte lediglich geprüft und unterschrieben. Mein Abteilungsleiter fuhr fort: „Sie machen die Arbeit ja ganz gut. Wir haben uns überlegt, dass Sie das weiterhin machen. Herr W. wird den Bereich nach außen vertreten. Sie haben sich ja selbst beschwert, dass man im Haus Ihren Weisungen nicht folgt." „Meine fachlichen Anweisungen werden nicht befolgt, weil ich keine Handlungsvollmacht habe und kein Länderreferent bin", protestierte ich. „Eine Frau wird eben nicht akzeptiert", murmelten meine Kollegen. „Das hat damit überhaupt nichts zu tun. Das wäre bei Ihnen genauso, wenn Sie nur Sachbearbeiter wären", entgegnete ich heftig. Die drei Männer sahen sich betreten an. „Soll das heißen, Sie sind mit dem Vorschlag nicht einverstanden?" „Nein, wenn ich die Arbeit mache, will ich sie auch vertreten. Ich brauche niemanden, der mich kontrolliert." Ich stand auf und ließ die Herren sitzen.

Eine Stunde später wurde ich zum Geschäftsführer gerufen. Er sagte verärgert: „Also das verstehe ich nicht. Jetzt bietet man einer Frau eine Chance und Sie lehnen ab." Ich erklärte meine Gründe. Einen Tag später war ich Länderreferentin und offiziell für den Bereich zuständig. Es dauerte Monate, wenn nicht Jahre, bis das alle Kollegen akzeptiert und verdaut hatten.

Die Entrüstung meiner männlichen Kollegen war nicht ganz unverständlich. Die Firma war ein Gemeinschaftsunternehmen von Siemens und Philips. Bei Philips Medizintechnik gab es eine verantwortliche Vertriebsmitarbeiterin, bei Siemens war so etwas undenkbar und noch 30 Jahre später gab es im Auslandsvertrieb von Siemens Medizintechnik kaum eine Frau.

Für manche Männer in der Firma war eine Frau in dieser Position so unfassbar, dass sie mich einfach ignorierten. Der Finanzfachmann sprach noch monatelang nur mit den männlichen Vertriebskollegen, auch wenn es um eine Finanzierung für meine Projekte ging. Auch mein Vertriebsleiter empfing Besucher, die wegen meiner Projekte kamen, ohne mich hinzuzuziehen. War es ihm peinlich eine Frau vorzustellen?

Andere versuchten es mit Einschüchterung. Der Leiter der Planungsabteilung begrüßte mich bei der ersten Projektsitzung süffisant mit den Worten: „So-so, Sie wollen uns jetzt also etwas über das Projekt erzählen?" Ein Vertriebskollege fragte während einer Sitzung gut hörbar: „Sie schreiben Ihre Briefe wirklich alleine?" Er meinte die Frage ernst.

Selbst der mir wohlgesonnene Geschäftsführer brachte es fertig, vor einem Auditorium von etwa einhundert Auslandsvertretern, Delegierten und Mitarbeitern über Mikrofon zu fragen: „Wie fühlen Sie sich denn so als einzige Frau hier?" Die Antwort: „Ich denke nicht pausenlos daran, dass ich eine Frau bin", war dann ein Lacherfolg.

Zum Eklat kam es, als man mir Handlungsvollmacht erteilte, in gleichem Umfang wie den Herren. Die Geschäftsleitung sah sich gezwungen eine Sitzung einzuberufen, um die gekränkten Gemüter zu beruhigen. Einige Jahre später fühlte sich sogar der Personalchef bemüßigt mir zu raten, ich möge doch die Stellvertretung des Abteilungsleiters ablehnen. Natürlich verdiente ich noch jahrelang ganz erheblich weniger.

Auch eine Schreibkraft – man schrieb noch mit der Schreibmaschine – wurde mir nicht zugestanden. „Sie können ja Maschineschreiben." Kein Wunder, dass ich jeden Fortschritt in Richtung Computer als Erste ausprobierte. Auch die häufigen Überseeferngespräche kosteten viel Zeit. Das Fernamt anwählen, ein Auslandsgespräch anmelden, auf den Rückruf warten. Die Kommunikation per Telex mit Lochstreifen war ebenso umständlich. Nicht einmal das Telefax war erfunden.

Zu meinen Fachkollegen aus Planung, Einkauf, Logistik, Montage, Buchhaltung, zu denen keine Konkurrenz bestand, entwickelte sich schnell ein gutes kollegiales Verhältnis. Ihnen war die verlässliche, von gegenseitigem Respekt geprägte Zusammenarbeit wichtig.

Ohne meinen Mann hätte ich irgendwann aufgegeben. Er stärkte mir in jeder Hinsicht den Rücken. Er ermutigte mich, die immer unsportlich war, auf den Sportplatz zu gehen. Er ging mit mir vor der Arbeit ins Schwimmbad. Bei langen Wanderungen durch Wald und Wiesen konnte ich abschalten. Er war nachsichtig, wenn ich mit ihm, dem ehemaligen Zehnkämpfer und Marathonläufer, nicht mithalten konnte. Die körperliche Fitness hob mein Selbstbewusstsein. Mein Mann hörte geduldig zu, wenn ich von meinen Problemen erzählte. Wenn ich Zweifel hatte, sagte er: „Du kannst das, du bist besser." Er hatte von zu Hause auch keine Unterstützung erfahren und musste sich sein Ingenieurstudium hart erkämpfen.

Mit der zunehmenden Verantwortung spürte ich den Mangel an Ausbildung, mir fehlte vieles an Wissen. Ich erinnere mich an kein Jahr, in dem ich nicht irgendeinen Kurs, sei es abends oder im Fernunterricht, absolviert hätte. Fachbücher waren jahrelang meine Lektüre.

Bei einem großen Krankenhausprojekt in Chile hatte auf Kundenseite eine Frau die Projektverantwortung. Da erwies es sich plötzlich als sehr nützlich, auch eine Frau als Projektleiterin benennen zu können. Wir verstanden uns auf Anhieb sehr gut. Kein Wunder, auch die Architektin aus Santiago kämpfte mit den gleichen Schwierigkeiten um Anerkennung ihrer Leistung. Es kam zu einer jahrelangen harmonischen Zusammenarbeit, bei der ich viele Probleme durch ein Gespräch aus der Welt schaffen konnte. Das wurde schließlich auch in meiner Firma anerkannt.

Danach war ich eine Zeitlang die Vorzeigefrau der Firma. War auf Kundenseite eine Frau dabei, sei es bei Meetings oder bei Abendessen, wurde ich einbezogen, auch wenn das Projekt nicht in mein Ressort fiel. Bei Kunden und Vertretungen hatte ich selten Schwierigkeiten. Es waren überwiegend Männer. Nur gelegentlich traf ich bei Projekten auf eine Ärztin oder Anwältin. Bestimmt waren viele Geschäftspartner im ersten Moment verblüfft, wenn sie eine Frau als Gesprächspartnerin vor sich sahen. Andererseits weckte die Neugier auch ihr Interesse und sie erinnerten sich an mich, wenn ich sie wieder traf oder anrief.

Inzwischen war ich auch Betriebsratsvorsitzende. Einer unserer Geschäftsführer hatte mich gefragt: „Warum kandidieren Sie nicht für den Betriebsrat?" Ich schob den Gedanken sofort beiseite. Einige Tage später sprach mich eine Kollegin an: „Wir suchen Kandidaten für die Betriebsratswahl." „Wieso? Es gibt doch einen Betriebsrat." Sie erzählte mir, dass sich die Betriebsratsmitglieder mit dem Vorsitzenden zerstritten hätten. Ich ließ mich auf der Liste an die letzte Stelle setzen mit dem Hintergedanken, sowieso nicht gewählt zu werden. Zu meiner Überraschung erhielt ich die meisten Stimmen und kaufte mir erst einmal ein Betriebsverfassungsgesetz mit Kommentar.

Bei jedem Wechsel der Geschäftsleitung wurde ich besonders kritisch beäugt und anfangs benachteiligt. Auch neue Mitarbeiter im Vertrieb versuchten oft, das „Mädchen" als Hilfskraft für sich einzuspannen. Entwaffnendes Lachen war die beste Waffe gegen alle Zumutungen. Nach einigen Jahren hatte ich genug Selbstbewusstsein und Wissen, um mich zu behaupten.

Natürlich blieb mir nicht verborgen, dass auch die Männer untereinander mit sehr unfeinen Methoden und Intrigen gegeneinander kämpften. Der Unterschied war nur, dass bei mir, wenn andere Argumente fehlten, immer noch in die Waagschale geworfen werden konnte: „Eine Frau wird da nicht akzeptiert."

Die Nachfolge des Bereichsleiters Lateinamerika wurde mir mit den Worten angeboten: „Wir sind zwar alle der Meinung, dass eine Frau da nicht akzeptiert wird, aber Sie kennen sich am besten aus, deshalb bieten wir Ihnen die Stelle an." Das war nach fast zwanzig Jahren Berufserfahrung und dieses Mal schlug ich die Chance aus. Ich hatte keine Lust mehr, gegen Windmühlen zu kämpfen.

Meine Entscheidung war kein Nachteil. Ich bekam die Chance, Projekte in Russland, Südostasien und China zu bearbeiten. Die vielen so unterschiedlichen Menschen, ihr Leben und ihre Kultur waren für mich immer der größte Reiz an meiner Arbeit.

Vieles hat sich verändert, Frauen haben ganze Berufszweige erobert. Ärztinnen, Lehrerinnen, Journalistinnen sind selbstverständlich geworden. Kein Mann wird am Telefon darauf pochen, „einen der Herren" zu sprechen, wenn eine Frau sich als Ansprechpartnerin meldet.

Trotz allem kam in dieser Firma nie mehr eine andere Frau in eine vergleichbare Position. Ein junger Kollege fragte mich kurz vor meiner Pensionierung: „Frau Weber, wie haben Sie das solange in diesem Männerverein ausgehalten?"

„Der Macho stirbt nicht aus", schreibt die FAZ am 22. November 2015. „Die Ingenieurin wird von Kunden als Sekretärin, eventuell noch als Assistentin eingestuft – nicht aber als Projektleiterin. Nein, sie führt kein Protokoll, sondern die Etatverhandlung." Wie wenig hat sich da in vierzig Jahren verändert.

Autorinnen

Ursula Bauer

Geboren 1940 in Hamburg. Besuchte auch dort die Schule und absolvierte ihre berufliche Ausbildung in einer Überseespedition. Seit 1972 lebt sie, nach mehrfachen Ortswechseln – gefühlsmäßig noch immer auf der Durchreise – in der Umgebung von Frankfurt am Main.

Inge Bethke

Geboren 1937 in Pfaffendorf/Sensburg an den Masurischen Seen. Von 1938 bis 1945 in Königsberg, ab 1945 nach Bombenangriffen bei den Großeltern Bednarz auf dem Bauernhof in Nikolaiken. Schule und Verwaltungslehre bei der Stadtverwaltung Mikolajki in polnischer Sprache. Zwei Jahre in Stettin verbracht. Über Stettin, Itzehoe und durch Heirat in Oberursel-Stierstadt, Hessen, angekommen. Die Geschichte schreibe ich vor allem für meinen Sohn.

Susann Deterding

Geboren 1958 im Ruhrgebiet und aufgewachsen in Hannover, wohnt sie mit ihrer Familie seit über dreißig Jahren im Vordertaunus. Ihre Erlebnisse während eines mehrjährigen Aufenthaltes in Saudi-Arabien schrieb sie 2015 in einem Buch für ihre Familie nieder. In der Oberurseler Schreibwerkstatt, der sie seit dem Frühjahr 2016 angehört, möchte sie das Handwerkszeug erlernen, eine vor allem für ihre Kinder und Enkel interessante Autobiographie verfassen zu können. „Hinter dem Schleier" veröffentlicht sie unter ihrem Mädchennamen.

Rosmarie Fichtenkamm-Barde
Geboren 1953 in Rheinzabern/Pfalz, arbeitet als Pädagogin und Supervisorin in Feldern der sozialen Arbeit. Seit 20 Jahren führt sie Seminare und Workshops zum autobiografischen Schreiben u.a. an der Universität des 3. Lebensalters der Goethe-Universität Frankfurt/M. durch, lektoriert Manuskripte und bietet Beratung rund um das Entstehen von Autobiografien und Familiengeschichten an.

Brigitte Herrmann

Geboren 1948 in Lohr am Main. Sie lebt mit ihrer Familie in Eschborn. Durch das Schreiben von Kurzgeschichten will sie Stimmungen und Erinnerungsbilder aus ihrem Leben festhalten.

Sibyl Jackel

Geboren 1963 in Frankfurt am Main. Aufgewachsen mit deutschem Vater, französischer Mutter und zwei Brüdern. Nach einer dreijährigen Pause, die sie in Shanghai verbrachte, besucht sie seit 2015 erneut die Schreibwerkstatt, um an Geschichten aus ihrem Leben weiterzuschreiben. Seitdem lebt sie mit ihrem Mann und den beiden Töchtern wieder im Rhein-Main-Gebiet.

Ingrid Johanna Kiltz

Geboren 1956 in Frankfurt am Main, verheiratet und hat zwei erwachsene Töchter. Seit 1981 lebt sie mit ihrer Familie und Katze in der Nähe von Oberursel. 2012 begann sie in der Schreibwerkstatt mit dem Ziel, Familiengeschichten für ihre Zwillingstöchter im Gedächtnis zu halten.

Heide-Marie Kullmann

Geboren 1940 in Berlin, seit 1968 in Oberursel. Studium der Sozialpädagogik. Ehefrau, Mutter, Großmutter, Sekretärin, Dozentin in der Erwachsenenbildung.

Gerda Liedemann-Heckenmüller

Geboren 1943 in Königstein, aufgewachsen und wohnhaft in Ruppertshain. Besucht seit 1996 die Universität des 3. Lebensalters an der Goethe-Universität in Frankfurt am Main. Schwerpunkt Psychologie und Literatur. Über die psychoanalytische Literaturinterpretation entstand ihr Interesse an biografischen Texten und an der Auseinandersetzung mit ihrer eigenen Biografie. 2005 entdeckte sie für sich das kreative und autobiografische Schreiben in verschiedenen Schreibwerkstätten.

Christel Locher

Geboren 1948 in Hamburg, aufgewachsen zwischen Hamburg und Wien. Wohnhaft zurzeit in Oberursel. Arbeitete nach dem Studium an der Goethe-Universität Frankfurt 25 Jahre als Lehrerin in Südhessen. Danach künstlerische Ausbildung, seit 2001 als freischaffende Künstlerin tätig. Begann in der

Schreibwerkstatt 2016 ihre Biografie. „Wir schreiben, um das Leben zweimal zu schmecken, im Augenblick und im Rückblick" (Anais Nin).

Gabriele Schneider

Geboren 1943 in Frankfurt am Main, lebt seit der Familiengründung 1970 in Oberursel. Sie schreibt seit zwanzig Jahren in der Schreibwerksatt Geschichten und Gedichte.

Gisela Schweikart
Geboren 1944 in Meisenheim am Glan in Rheinland-Pfalz. Jetzt wohnhaft in Weilrod im Taunus. Studium der Sozialpädagogik; als Ehefrau und Mutter auch berufstätig. Sie hat Freude am biografischen Schreiben und gibt gerne Wissenswertes aus ihrem Leben an Kinder und Enkelkinder weiter.

Erika Weber-Herkommer

Geboren 1944 in Tamm, aufgewachsen in Stuttgart. Nach Stationen in Barcelona und Mainz wohnt sie seit 1974 in Frankfurt am Main. Nach dem Tod ihres Mannes 2004 begann sie zu schreiben, um zu erzählen, wie es war.

Grußwort

„Freitags von Zehn bis Zwölf. Wortfenster in zwölf Leben." – So lautet der Titel des dritten Bands, den die Teilnehmerinnen der „Oberurseler Schreibwerkstatt" veröffentlicht haben.

Wie bereits bei den ersten beiden Sammelbänden, so stecken auch in diesem Band wieder zahlreiche persönliche und private Szenen und Momente. Es werden größtenteils Geschichten aus dem persönlichen Lebensumfeld erzählt, die mal lustig, mal spannend, bisweilen auch traurig sind und die den Leser in die Gedanken- und Erlebniswelt der Menschen entführen.

Ich gratuliere den Autorinnen herzlich zu diesem erneut sehr gelungenen Gesamtkunstwerk und wünsche ihnen noch viele Jahre des gemeinsamen kreativen Schaffens mit Rosmarie Fichtenkamm-Barde, die seit 24 Jahren als Dozentin an unserer Volkshochschule lehrt.

Carsten Koehnen,
Leiter der Volkshochschule Hochtaunus

Die Oberurseler Schreibwerkstatt besteht seit 24 Jahren. Sie ist ein Kursangebot der Volkshochschule Hochtaunus und wird von derzeit fünfzehn Teilnehmerinnen besucht. Viele von ihnen sind seit mehr als zehn Jahren regelmäßig dabei.

WFB Verlagsgruppe
Bad Schwartau 2011
220 Seiten
ISBN:
978-3-86672-202-6

Bernd Reimer
Buchproduktion
Frankfurt (M) 2008
224 Seiten
ISBN:
978-3-938266-05-2